Unterwegs
von SLOWENIEN
bis ALBANIEN

Unterwegs von Slowenien bis Albanien

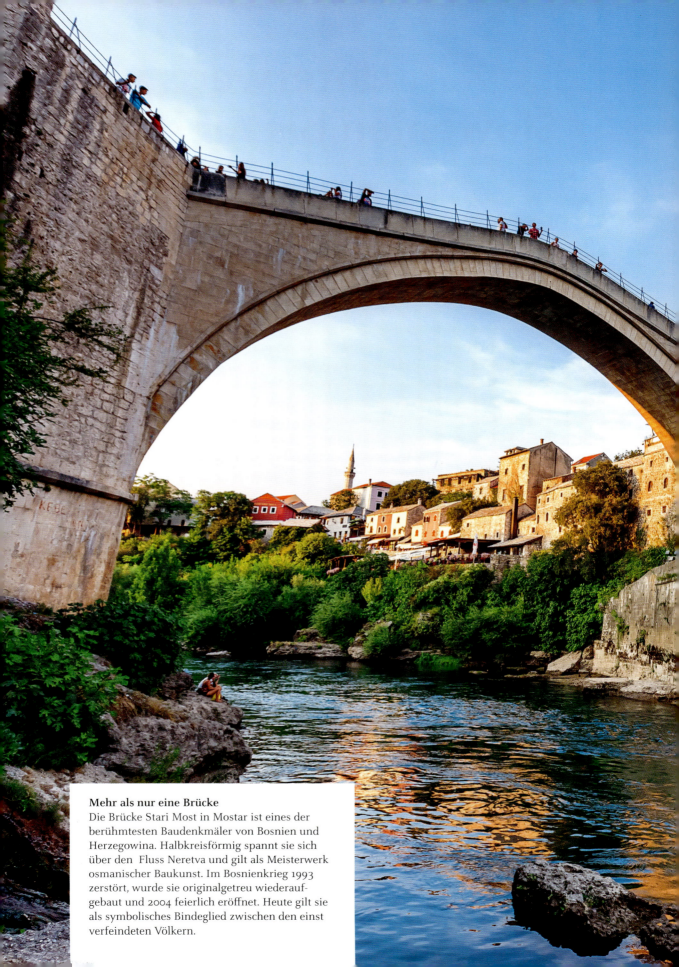

Mehr als nur eine Brücke

Die Brücke Stari Most in Mostar ist eines der berühmtesten Baudenkmäler von Bosnien und Herzegowina. Halbkreisförmig spannt sie sich über den Fluss Neretva und gilt als Meisterwerk osmanischer Baukunst. Im Bosnienkrieg 1993 zerstört, wurde sie originalgetreu wiederaufgebaut und 2004 feierlich eröffnet. Heute gilt sie als symbolisches Bindeglied zwischen den einst verfeindeten Völkern.

Perle der Adria ...

heißt Dubrovnik mit Zweitnamen und man sagt,
außer Venedig habe die Stadt keine Konkurrenz.
Die mittelalterliche Altstadt thront, an drei Seiten
vom Meer umgeben, auf einer Felseninsel, die
roten Dächer der Häuser leuchten dem Reisenden
schon von Weitem entgegen. Markanter Blickpunkt im Dachgewirr ist die Kirche der Heiligen
Verkündigung, ein serbisch-orthodoxer Bau.

Dobrodošli! Mirë se vini!

Inseln, so weit das Auge reicht

Über 1000 Inseln und Riffe säumen Kroatiens Küste wie Perlen an einer Schnur. Beim Island-Hopping begeistern karge Schönheiten wie Pag, das üppige Pflanzenparadies von Lošinj, venezianische Inselmetropolen oder der Nationalpark der Kornaten (Bild oben).

Fleißige Bienchen

Kein anderes Land in Europa zählt so viele Profi- und Hobby-Imker wie Slowenien! Honig aus Feld, Wiese und Wald steht folglich ganz oben auf der Liste der beliebtesten und nachhaltigsten Mitbringsel aus dem kleinen Land am Südrand der Alpen.

> *»Das Haus des Albaners gehört*
> *Gott und dem Gast.«*
> Albanisches Sprichwort

Albanische Entdeckungen

Antike Ruinenstädte, osmanische Moscheen, Traumstrände – eine wilde Mischung präsentiert das für viele noch unbekannte Albanien. Dazu gesellt sich eines der schönsten Trekkinggebiete des Balkans: die Albanischen Alpen (Bild rechts).

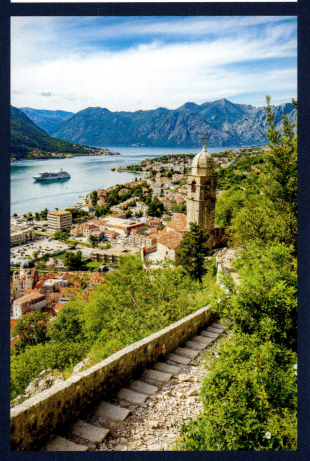

Im Land der schwarzen Berge

Reizvolle Küstenstriche besitzt auch Montenegro, wie zum Beispiel die faszinierende Bucht von Kotor (Bild links). Daneben lockt u. a. der riesige Skudarisee oder die tief eingeschnittene Tara-Schlucht.

Inhalt

124

Mehr entdecken

Meisterarchitekt Jože Plečnik, Game of Thrones hautnah, Tara-Schlucht, Albaniens Traumstrände

Oben: Nationalpark Plitvicer Seen, Kroatien; Rechts oben: Küste bei Budva, Montenegro. S. 2/3: Einsamer Robinsonstrand bei Porto Palermo, Albanien.

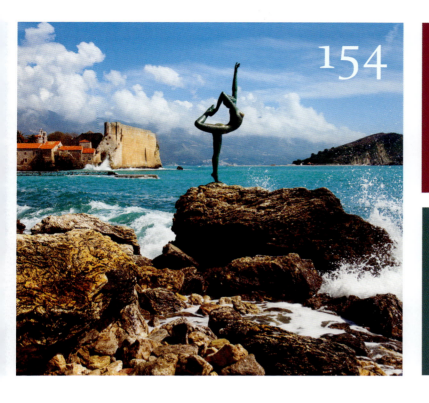

154

Extra Stadtpläne

Ljubljana, Maribor, Pula, Rijeka, Dubrovnik, Zagreb, Mostar, Tirana

Ausgewählte Routen zum Nachfahren

ab Seite 266

»Als unser Planet entstand, muss sich die schönste Begegnung zwischen Meer und Land an der montenegrinischen Küste zugetragen haben.«
Lord Byron

❶ Triglav-Nationalpark
Schroffe Gipfel und idyllische Seen – ein herrliches Wanderparadies erwartet hier den Reisenden.

❷ Ljubljana
Altstadtidyll an der Ljubljanica – Sloweniens Hauptstadt lädt zum Flanieren ein.

❸ Plitvice-Nationalpark
Es rauscht! Wasser ist hier das die Landschaft formende Element.

❹ Split
Eine quirlige Hafenstadt mit einem römischen Kaiserpalast im Herzen.

❺ Dubrovnik
Geschichte zwischen herrischen Mauern – die einstige Königin der Adria.

❻ Mostar
Die architektonischen Spuren des Osmanischen Reichs sind allgegenwärtig.

❼ Durmitor-Nationalpark
Das Sinnbild des wilden Montenegro mit der Tara-Schlucht.

❽ Theth-Nationalpark
Albaniens Bergland begeistert mit viel unberührter Natur.

❾ Ohrid-See
Ein dunkler See, orthodoxe Kirchen und das romantische Städtchen Ohrid.

❿ Berat
Traditionsarchitektur unter dem Schutz der UNESCO: die »Stadt der tausend Fenster«.

⓫ Gjirokastra
Die wehrhafte Altstadt gehört zu den schönsten Albaniens.

⓬ Butrint
Albaniens bedeutendste Ruinenstätte erzählt 3000 Jahre Geschichte.

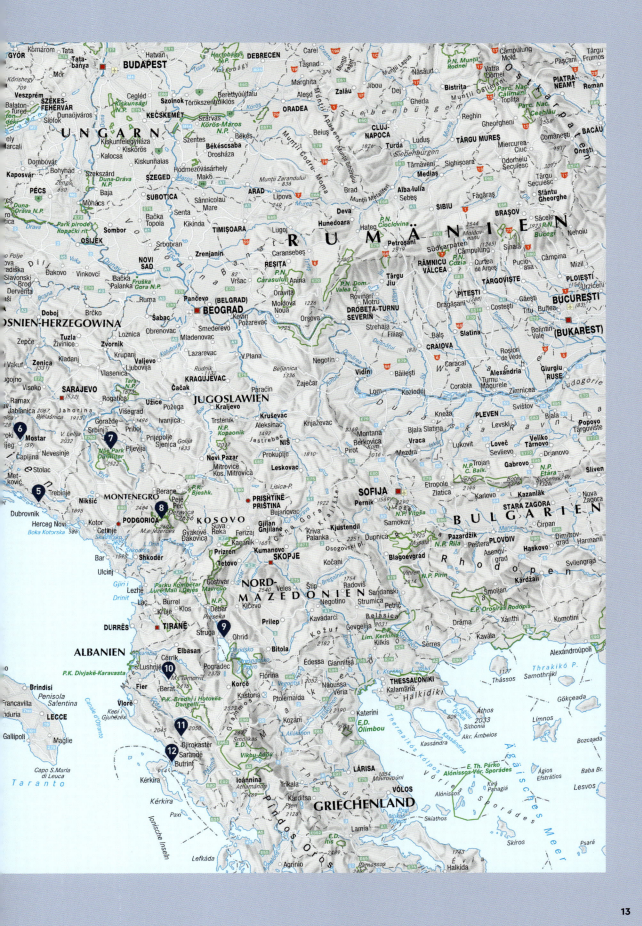

Die schönsten Reiseziele

Von Slowenien aus führt dieses Buch immer in Küstennähe über Kroatien, Bosnien und Herzegowina, Montenegro, Kosovo sowie Nordmazedonien bis nach Albanien. Majestätische Gebirge, Traumstrände, Hafenstädtchen, antike Bauwerke und orthodoxe Klöster bereichern die Reise mit landschaftlicher und kultureller Vielfalt. Region für Region wird vorgestellt – mit Stadtplänen der wichtigsten Orte. Zusätzlich erhöht ein Klassifizierungssystem mit Sternen (*** = »unbedingt eine eigene Reise wert«, ** = »einen Abstecher wert«, * = »sehenswert«) den praktischen Nutzen (Bild: Bucht von Kotor, Montenegro).

Slowenien
Ein Zwerg zwischen Alpen und Adria

Mit nur 20 000 Quadratkilometer Fläche zählt Slowenien zu den kleinsten Ländern Europas. Dennoch vereint es so unterschiedliche Landschaften wie hochalpine Gebirge, skandinavisch anmutende Wälder, sanft gewellte Weinberge, den von Höhlen zerfressenen Karst und eine lieblich-mediterrane Küste mit malerischen Hafenstädten. Kontrastreich präsentieren sich auch die Städte vom mondänen, quirligen Ljubljana bis zu den venezianisch geprägten Häfen an der Adria (Bild: Bleder See mit Insel und Kirche).

Ljubljana ist eine sehr grüne Stadt, was auch an dem vielen Wasser und Ufergrün liegen mag.

Ljubljana und Umgebung – Hauptstadt mit Puppenstubenflair

Das Flüsschen Ljubljanica formt das Herz der slowenischen Hauptstadt. Es rahmt nicht nur die Altstadt ein, sondern animiert auch zum Entlangflanieren oder zu einer sportlichen SUP-Tour. Cafés und Restaurants reihen sich entlang seiner Ufer, aber auch viele von Ljubljanas Highlights sind hier zu finden, darunter die Markthallen und die verspielten Brücken des Meisterarchitekten Jože Plečnik. Keine 30 Kilometer entfernt türmen sich die schroffen Steiner Alpen auf.

INFO

SLOWENIEN
Fläche:
20 273 km²
Bevölkerung:
2.108 000 Einwohner
Sprache:
Slowenisch
Must-see:
Bleder See
Geheimtipp:
Weingüter rund um Jeruzalem
Spezialitäten:
Honig, Wein, Kürbiskern- und Olivenöl

*** Ljubljana

Mit knapp 300 000 Einwohnern ist Ljubljana, das frühere Laibach, eine überschaubare Hauptstadt und eine sehr junge zugleich: Nicht nur die alt-ehrwürdige Universität zieht Studenten an, die jungen Hauptstädter schätzen auch die entspannte Atmosphäre, die vielen Kneipen und das breite Kulturangebot, das vom klassischen Musiktheater im K.-u.-k.-Opernhaus bis zu Punkkonzerten im Clubareal Metelkova mesto reicht. Gegründet im 1. Jahrhundert als römisches »Emona«, gehörte Ljubljana unter dem Namen Laibach zum Habsburgerreich und wurde nach dem Zweiten Weltkrieg Hauptstadt Sloweniens, einer Teilrepublik Jugoslawiens. 1991 dann erfolgte die Unabhängigkeit. Architektonisch präsentiert Ljubljana einen spannenden Mix aus Barock, Jugendstil, Sozialismus und den eigenwilligen Bauten des Architekten Jože Plečnik (s. S. 26/27).

📍 *** Drei Brücken (Tromostovje)

Eine ungewöhnliche Brückenkonstruktion führt vom Prešeren-Platz mit dem Denkmal des slowenischen Nationaldichters France Prešeren (1800 bis 1849) über das Flüsschen Ljubljanica in die Altstadt. Die mittlere von den steinernen Drei Brücken (Tromostovje) wurde 1842 an Stelle der früheren, aus dem Mittelalter stammenden Holzbrücke erbaut. Diese war strate-

Seit 1932 überquert das Drei-Brücken-Ensemble im Schatten der Franziskanerkirche die Ljubljanica.

gisch sehr bedeutend, verband sie doch einst die Länder Nordwesteuropas mit dem Balkan bzw. mit Südosteuropa. In den Jahren 1929 bis 1932 fügte der große Architekt Jože Plečnik links und rechts je eine Fußgängerbrücke hinzu und schuf damit eine einzigartige architektonische Sehenswürdigkeit. Heute ist sie zu einem beliebten Treffpunkt in der Stadt geworden. Der Dichter France Prešeren schaut übrigens nicht zufällig auf das Haus gegenüber – dort wohnte die von ihm unglücklich verehrte Julija – ein Sgraffito der Schönen erinnert daran.

2 ** Markthallen und Markt

Auch hier hatte Jože Plečnik seine kreativen Finger im Spiel. Die an antike Tempel erinnernden, steinernen Kolonnaden entlang der Ljubljanica stammen aus seiner Feder. Im bunten Kontrast bieten Händler an ihren mit Obst und Gemüse beladenen Marktständen am Platz Vodnikov trg regionale Köstlichkeiten feil. Eine Insel der Ruhe in diesem Trubel bildet hingegen der barocke Dom Sv. Nikolaj. In perfektem Jugendstil überspannt die Brücke Zmajski most wenige Meter weiter die Ljubljanica..

Vor der Markthalle grüßt der geschwänzte Prometheus vorbeiziehende Flaneure.

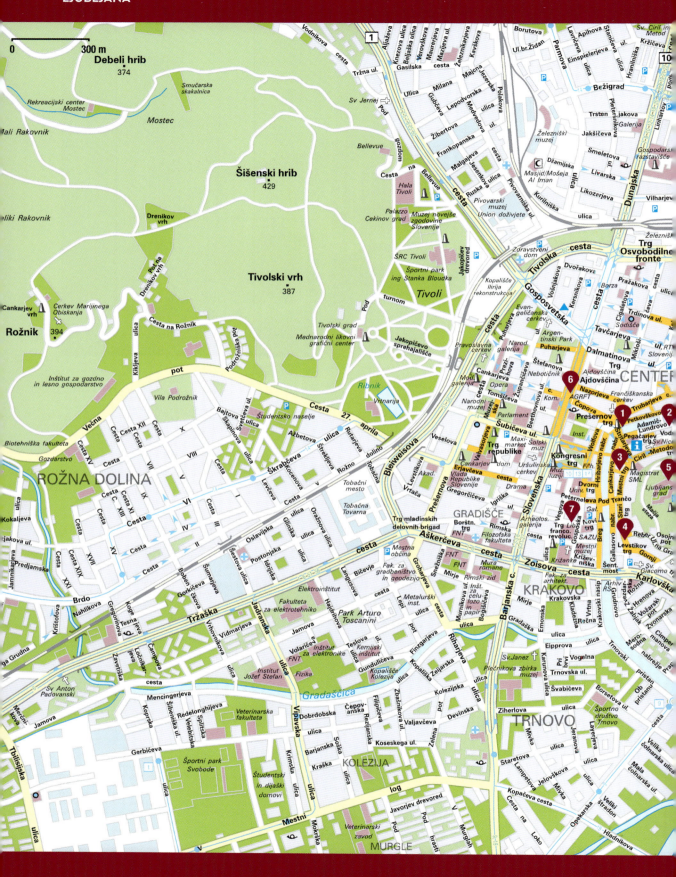

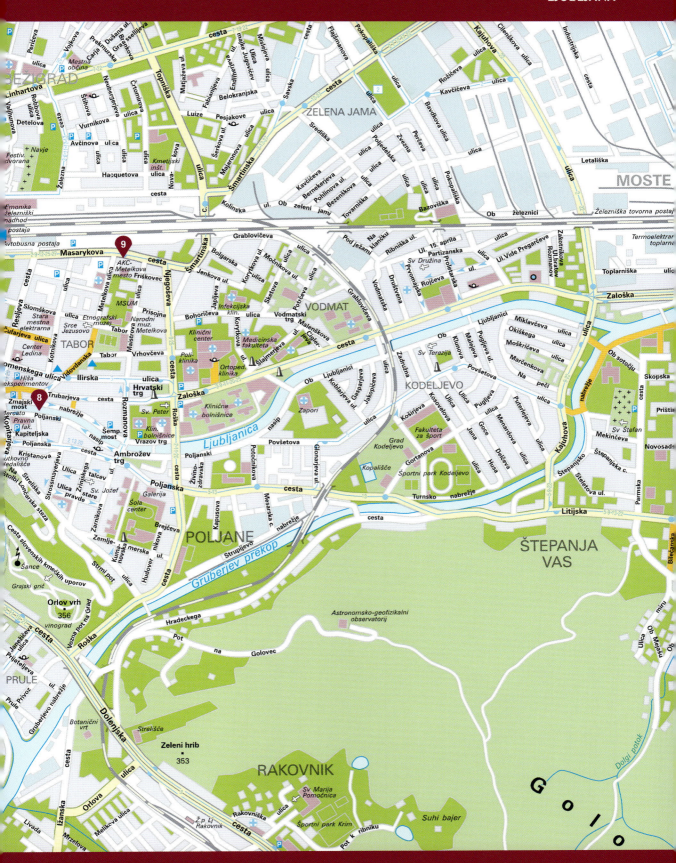

Heute erreicht man die über der Stadt thronende Burg ganz bequem mit einem Schrägaufzug.

Schöne Häuserfassaden schmücken die breite Fußgängerzone.

❸ ** Altstadt

Die Altstadt von Ljubljana schmiegt sich förmlich an den raumgreifenden, bewaldeten Burgberg. In einem sanften Bogen führen Haupt- und Nebengassen zwischen der Ljubljanica-Schleife und den westlichen Hängen der Anhöhe herum. Ihren repräsentativen Mittelpunkt bildet der lang gezogene »Stadtplatz«, Mestni trg, dessen Ursprünge auf das 12. Jahrhundert zurückgehen. Das im 18. Jahrhundert erbaute, barocke Rathaus mit seinem auffälligen Uhrturm bewahrt in seinem lauschigen Arkadenhof noch einige Renaissance-Elemente, darunter zarten Freskenschmuck. Der »Brunnen der drei Krainer Flüsse« bzw. dessen Nachbildung stammt aus der Hand des italienischen Barockbildhauers Francesco Robba (1698–1757).

Einen Platz, um sich zu stärken, findet man in der Altstadt allerorten.

Mythische Göttergestalten symbolisieren darauf die drei wichtigen Flüsse des Herzogtums Krain, wie Slowenien im 18. Jahrhundert hieß: die Save (Sava), die Laibach (Ljubljanica) und die Krainer Gurk (Krka). Der Originalbrunnen ist übrigens in der Nationalgalerie zu besichtigen.

● ** Stari trg

Alter Markt heißt die schmale Gasse, die in Fortsetzung des Stadtplatzes durch die Altstadt führt. Es lohnt sich, in Seitengassen abzubiegen oder in Hinterhöfe zu gucken, denn die zumeist klassizistisch oder barock umgestalteten Fassaden verbergen die teils wesentlich älteren gotischen Bauten dahinter. Viele Gassen heißen nach den Gewerben; die früher dort betrieben wurden, so die Schlosser-

gasse Ključarničavska ulica, die heute eine hübsche Installation des zeitgenössischen Bildhauers Jakov Brdar schmückt. Überbordend ist das Angebot von Restaurants, Cafés und Geschäften am Stari trg, vom Teehaus bis zum Honighändler, von nachhaltiger Mode bis zum Edellokal. Auffällig ist das Schweigerhaus, benannt nach der Familie, die es im 18. Jahrhundert umbauen und mit einem mächtigen Atlanten schmücken ließ. Er hält den Zeigefinger vor die Lippen – ein Verweis auf den Namen der Hausbesitzer.

● ** Burg

Der um das 12. Jahrhundert auf dem Hügel in der Ljubljanica-Schlinge errichtete Wehrbau begeistert vor allem als Aussichtspunkt und ruht auf älteren Fundamenten. Davor stand hier

ein römischer Wachtturm, und noch weiter zurück in der Geschichte breitete sich eine illyrische Siedlung auf der Kuppe aus. Generationen und Jahrhunderte haben die Anlage stark verändert, zuletzt mischte auch Architekt Jože Plečnik bei der Umgestaltung mit. Neben einem sehenswerten Marionettenmuseum und einer Ausstellung zur slowenischen Geschichte bergen die alten Gemäuer zwei beliebte Restaurants – das »Strelec« für Gourmets und das »Gostilna na Gradu« für Freunde slowenischer Küche. Vom Aussichtsturm Razgledni stolp breitet sich bei klarem Wetter Ljubljana mit seiner Flussschleife und den jenseits gelegenen, modernen Wohnvierteln der sozialistischen Ära vor der majestätischen Kulisse des Karawankenmassivs aus.

Eine der Hauptschlagadern der Stadt ist das Flüsschen Ljubljanica, hier spielt sich ganz viel Leben ab.

📍 * Slovenska cesta

Slowenische Straße heißt Ljubljanas schicke Einkaufsmeile. Von der Buchhandlung Mladinska knjiga bis zu Modeläden wie Zara sind entlang der hübsch gestalteten Fußgängerzone nationale und internationale Handelshäuser vertreten. An der Ecke zur Štefanova ulica fällt der Nebotičnik, slowenisch für »Wolkenkratzer«, erst auf den zweiten Blick ins Auge. Für heutige Verhältnisse wirken seine 70 Meter Höhe eher niedlich. In den 1930er-Jahren von Architekt Vladimir Šubic erbaut, galt er jedoch als höchstes Gebäude des Balkans und erregte auch dank der technischen Innovationen großes Aufsehen: Er besaß eine Zentralheizung, drei Aufzüge und eine separate Warmwasserversorgung für die Gastronomie in den oberen drei Etagen. Durch 18 Meter tiefe Verankerungen sei er außerdem absolut erdbebensicher, versprach man damals. Die Dachterrasse mit fantastischer Fernsicht und schickem Café erklimmt man entweder über die Stufen des in einer eleganten Spirale emporschwingenden Original-Treppenhauses oder per ebenso originalem Lift.

📍 ** Universitätsbibliothek

Der wuchtige Quader gilt als eines der Meisterwerke von Jože Plečnik. Wie in den meisten seiner Bauten plante er nicht nur die Hülle, sondern auch deren Innenausstattung bis ins letzte Detail. Bereits die Fassade zeigt das Genie und den Anspruch des Architekten, regional, nachhaltig und mit hohem Symbolgehalt zu bauen. Im nahen Vrhnika gebrannte Ziegel und grauer Karststein sind die Materialien, die Plečnik so geschickt platzierte, das sie wie ein traditionelles, slowenisches Webmuster erscheinen und dem kantigen Bau jede Schwere nehmen. Innen werden Besucher über eine mit schwarzem Marmor verkleidete Treppe von der Dunkelheit ins »Licht der Erkenntnis« geführt, für die der holzgetäfelte, helle Lesesaal steht. Mobiliar, Lampen, Türklinken – fast alle Details hat Plečnik selbst entworfen. Auch die Ausstattung des Cafés im Erdgeschoß stammt von ihm.

📍 ** An der Ljubljanica

Hier zu bummeln ist zu jeder Tages- wie auch Jahreszeit ein entspanntes Vergnügen. Zur Altstadtseite folgt man der Uferstraße Adamič-Lundovo nabrežje, das westliche Ufer säumt die

Ein Hauch von Antike – herrschaftlicher Eingang zur Universitätsbibliothek.

Straße Breg und dazwischen führen in kurzen Abständen Brücken über den Fluss – auch das ein Konzept Plečniks, der mit den vielen Übergängen die Verbindung zwischen den Stadtteilen stärken wollte. Cafés, Restaurants, Schmuckstände, Straßenmusikanten und Street-Artisten nutzen die Ufer als Bühne, und in der Vorweihnachtszeit beleuchten fantasievolle Lichtinstallationen das Flüsschen. Verlässt man den Innenstadtbereich, verwandeln sich die Ljubljanica-Ufer in von Birken und Weiden beschattete Ruhezonen: Plečnik führte flache Stufen hinunter zum Fluss, auf denen Spaziergänger und Studentinnen heute ihre Picknickdecken ausbreiten. Manch einer lässt auch sein SUP-Board zu Wasser und paddelt entspannt den Fluss hinunter.

📍 * Metelkova mesto

Das Clubareal ist, wie der Name mesto sagt, fast schon eine Stadt für sich. Bis 1991 waren auf dem Gelände in der nördlichen Innenstadt Soldaten der jugoslawischen Armee stationiert. Nach deren Abzug folgten Hausbesetzer und verwandelten die Kasernen in unkonventionelle Wohnprojekte, Clubs und Galerien. In Metelkova schlägt das alternative Herz Ljubljanas zwischen Graffiti, Kunstkollektiven, queeren Tanztempeln und einem todschicken Hostel im ehemaligen Gefängnis.

Jože Plečnik – ein Architekt für Slowenien

Als die UNESCO 2021 Jože Plečniks Bauten in Ljubljana zum Weltkulturerbe erklärte, nannte sie seine Arbeit »einen auf den Menschen zentrierten Urbanismus«. Der 1872 in Ljubljana geborene und in Wien unter anderem bei Otto Wagner ausgebildete Architekt mit der eigenwilligen, an der Antike orientierten Formsprache kam in seiner Heimatstadt erst spät zu Ansehen. Nach dem Ersten Weltkrieg, mit knapp 50 Jahren, bekam er den Auftrag, dass Stadtzentrum neu zu planen. In kurzer Zeit entstanden seine berühmtesten Werke: die Markt-Kolonnaden, die Brücke Tromostovje, die Neugestaltung der Ljubljanica-Ufer, die Universitätsbibliothek und der Friedhof Žale, eine marmorne »Stadt der Toten«. Er gestaltete Kirchen, errichtete ein Stauwehr, entwarf Lampen und rekonstruierte römische Zeugnisse. 1957 starb der Junggeselle in seinem Wohnhaus im Stadtteil Trnovo, heute ein Museum.

Plečnik-Haus

Hier lebte der Architekt ab 1921 und entwarf seine größten Projekte. Wohnräume, Atelier und Garten erzählen seine Geschichte. Gezeigt werden u.a. Pläne, Modelle und Fotos seiner größten Werke in Ljubljana. *mgml.si/sl/plecnikova-hisa*

Universitäts-bibliothek

Von den Leselampen an den Pulten bis zur grandios strukturierten Fassade stammt hier fast alles aus Plečniks Atelier. Besichtigung nur nach vorheriger Anmeldung, außer man ist Student natürlich.

www.nuk.uni-lj.si

Friedhof Žale

Der tiefgläubige Katholik Plečnik entwarf einen Friedhof, in dem der Übergang vom Leben zum Tod architektonisch fassbar wird. Mit monumentalem Eingang und Aussegnungskapellen in unterschiedlichsten Baustilen, alles ist in blendendem Weiß gehalten. Auch Plečnik selbst ist hier begraben. *www.zale.si*

Stauwehr

Selbst diese funktionale Anlage an der Ljubljanica wusste Plečnik so zu gestalten, dass ein Kunstwerk daraus wurde, das einem altägyptischen Stadttor gleicht *(Ambrožev trg)*.

Mitten zwischen den Gipfeln erstreckt sich die Hochebene Velika Planina. Hier können Kühe wunderbar weiden.

Kamnik gilt als eine der schönsten mittelalterlichen Städte Sloweniens.

*** Kamniške Alpe & Savinjske Alpe

Die Kamniške Alpe (Steiner Alpen) und die benachbarten Savinjske Alpe (Sanntaler Alpen) zählen zu den schroffsten Gebirgszügen Sloweniens. Sie sind den Karawanken, Sloweniens Grenzgebirge zu Österreich, vorgelagert. Knapp 25 Kilometer nordöstlich von Ljubljana türmen sich ihre Felsenzacken steil aus der Ebene emporwachsend in Höhen um 2500 Meter; höchster Gipfel ist der Grintovec (2558 Meter). Eine Reihe anspruchsvoller Wanderwege und Klettersteige erschließt die faszinierend wilde Berglandschaft, die bis in Höhen von rund 1600 Metern von dichten Wäldern bestanden ist. Schmale Gletschertäler wie das malerische Logartal führen tief hinein bis an die Felswände, die eine schier unüberwindbare Mauer nach Norden bilden. Zwischen den Gipfeln hat die Natur sanfte Karsthochebenen wie die Velika Planina geformt, auf denen die Bauern aus den Tälern ihr Vieh weiden lassen.

* Kamnik

Der Hauptort der Steiner Alpen, im Tal des Flüsschens Kamniška Bistrica, wirkt vor dem Hintergrund der schroffen Gebirgskulisse winzig und unscheinbar, doch seine Altstadt vermittelt gutbürgerliches Flair. Der lang gestreckte Hauptplatz Glavni trg und seine Fortsetzung nach Süden, die Straße Šutna, säumen niedrige Häuser, viele noch aus dem 19. Jahrhundert und einige auch deutlich älter. Sie sind erkennbar an den von Steinmetzen gearbeiteten Torbögen, einige haben sogar noch ihre Arkadenhöfe bewahrt. Kamnik war einst ein lebhaftes Handwerkszentrum, das unter den Grafen von Andechs-Meran zwischen dem 13. und dem 15. Jahrhundert eine eigenwillige, zweistöckige Kapelle auf

Beim Aufstieg auf den Kamnik-Pass trifft man auch auf die wunderschön gelegene Berghütte Kamniška koča.

der Anhöhe Mali grad (Kleine Burg) erhielt. Ihr romanischer Torbogen ist wunderbar erhalten. Übrigens war hier auch Jože Plečnik tätig: Er gestaltete den Platz Glavni trg um.

** Velika Planina

Die »Große Alm« erreicht man per Seilbahn aus dem Talschluss der Kamniška Bistrica. Die rund 1600 Meter hoch gelegene Karstebene zählt nicht nur wegen ihrer landschaftlichen Schönheit und der sie einrahmenden Felsgipfel der Steiner Alpen zu den Naturhighlights Sloweniens. Hier wird auch ein ungewöhnlicher Baustil gepflegt: Die Hütten der Almhirten sind elipsenförmig, ihre Schindeldächer reichen bis auf den Boden. Eine Hälfte ist dem Vieh vorbehalten, in der anderen wird geschlafen, gekocht und gekäst. Der Käse von Velika Planina, der birnenförmige trnič, zählt zu den berühmten Spezialitäten dieser Region. Wanderwege führen über die Hochebene und zu den Startpunkten für Klettertouren.

** Logarska dolina

Das Logartal gilt als Sloweniens schönstes Alpental. Tatsächlich bietet es Wanderern und Radfahrern eine einzigartige Naturkulisse: Mit Blumen gesprenkelte Wiesen führen, eingerahmt von dichten, dunklen Mischwäldern, rund sieben Kilometer auf den Talschluss vor den Felsbarrieren von Turska gora und Rinka zu. Malerisch stürzt hier der Rinka-Wasserfall 90 Meter tief zu Tal. Im Nachbartal Robanov kot wirkt die Szenerie noch urtümlicher. Urige Bauernhöfe wie die Sennerei der seit Jahrhunderten hier beheimateten Familie Roban sind Zeugnisse der langen Besiedlung. Nach nur vier Kilometern schließen die Gipfel Križevnik, Veliki vrh und Ojstrica das Tal ab.

Naturfreunde und Gipfelstürmer sind im ursprünglichen Triglav-Nationalpark auf jeden Fall richtig.

Triglav-Nationalpark – Im Schatten des Dreikopfs

Sloweniens höchster Berg Triglav ist nicht nur Namensgeber des 838 Quadratkilometer großen Nationalparks im Nordwesten, seine markante Silhouette beherrscht auch die Landschaftsszenerie aus nahezu jedem Blickwinkel. Die Julischen Alpen entfalten hier ihre ganze Schönheit mit idyllischen Seen, schroffen Felszacken und sanft gewellten Tälern. Zwischen den Dörfern mäandrieren steile Passstraßen – ein Paradies für Motorradfahrer.

*** Bleder See

Der Gletschersee erscheint wie ein Produkt geschickter Tourismuswerbung: Er liegt so malerisch eingebettet zwischen Höhenzügen, schmückt sich mit eleganten Villen und Hotels, einem herrischen Burgfelsen am Nordufer und einer perfekt platzierten Insel mit Kirche in der Mitte, dass man an seine natürliche Entstehung kaum glauben mag. Legenden erzählen von saftigen Wiesen an der Stelle, an der heute der See liegt. Feengeister aus den umliegenden Bergen kamen hierher zum Tanzen, doch die Hirten trieben ihr Vieh darauf zur Weide, und das Gras verdorrte. Erbost riefen die Feen alle Bäche und Quellen herbei, die kahle Senke zu füllen. Nur ein Fels in der Mitte, die Insel, überragte schließlich das Wasser. Ob Feen oder

Gletscher – der bis zu 30 Meter tiefe und rund 1,5 Quadratkilometer große See zählt zu den beliebtesten Attraktionen Sloweniens.

* Bled

Elegante K.-u.-k.-Villen und Kurhotels der sozialistischen Ära prägen das Bild der Kleinstadt am See (5000 Einw.), deren Wurzeln bis ins 11. Jahrhundert zurückreichen. Seinen Ruf als Luftkurort begründete im damals Veldes genannten Dorf der Schweizer Arzt Arnold Rikli: Er eröffnete 1858 eine Naturheilanstalt, in der sich die europäische Hautevolee unter Riklis Leitung mittels Sonnen- und Luftbädern von allerlei Beschwerden erholte. Der jugoslawische König residierte in einer »Villa« südwestlich des Ortes, und der Staatspräsident Jugoslawiens,

Tito, tat es ihm nach 1945 gleich. Im sozialistischen Jugoslawien verlor Bled seinen elitären Charakter; nun konnten auch Arbeiter und Angestellte die herrliche Szenerie genießen. Nach Sloweniens Unabhängigkeit entwickelte sich Bled zum Touristenmagnet und Sportzentrum: Auf dem See werden internationale Ruderregatten ausgetragen, das schneesichere Pokljuka-Hochplateau dient als Bühne für Wettkämpfe im Biathlon und die Villa Bled ist heute ein Luxushotel.

** Bleder Burg

Seit 1004 ist die Burg auf ihrem 139 Meter hohen Felssporn über Bled bezeugt – damals erhielt sie der Brixener Bischof vom Ottonenkönig Heinrich II. als Lehen. Die Herrschaften wech-

Wie aus dem Bilderbuch: Die Kirche Mariä Himmelfahrt auf Blejski otok, der Insel im Bleder See.

Die Burg von Bled wurde im 11. Jahrhundert errichtet und ist heute noch überaus imposant.

selten, im 16. Jahrhundert zerstörte ein Erdbeben die mittelalterlichen Mauern. Heute präsentiert sich die Burg als Renaissancebau mit romanischem Turm. Als Aussichtspunkt eröffnet sie reizvolle Panoramen über den Bleder See und die angrenzenden Berge. In den Burgräumen präsentiert das Slowenische Nationalmuseum historische Waffen, Mobiliar und Kostüme. Das Burgrestaurant ist eine beliebte Location für Hochzeitsfeiern. Wer den steilen Aufstieg vermeiden möchte, fährt mit einem Fiaker, einer Pferdekutsche, zu dem historischen Gemäuer hinauf.

** Bleder Insel

Viele Legenden handeln von dem Felseneiland im See. Als Tanzplatz von Feen, als Kultort der heidnischen Slawen, als Glücksbringerin für Verliebte wird die Insel besungen. Die barocke Kirche auf ihrem Felsplateau ist Mariä Himmelfahrt geweiht, stammt aus dem 17. Jahrhundert, bewahrt aber auch ältere, gotische und teils sogar frühromanische Elemente. Die Wallfahrtskirche wird besonders von jungen Paaren aufgesucht, die sich durch das Klingeln der »Glücksglocke« im Chor des Gotteshauses eine glückliche Partnerschaft und Kindersegen erhoffen. Als Fruchtbarkeitsbringer soll auch die auf der Insel gebackene »potica«, ein mit Estragon gewürzter Guglhupf, dienen. Viele Besucher schwimmen oder rudern aus eigener Kraft zu dem Eiland, traditionell setzt man aber mit einer »pletna« über, einem flachen Holzkahn, den ein Bootsführer zur Insel stakt.

In der Kirche des Hl. Johannes des Täufers am Bohinjsee trifft man auf eine der ältesten Wandmalereien Sloweniens.

** Bohinjsee

Lang und schmal, an eine Gletscherzunge zwischen Hängen erinnernd, schmiegt sich der Bohinjsko jezero in sein knapp viereinhalb Kilometer langes Becken. Die Spuren der eiszeitlichen Gletscher sind heute noch als Moränen, etwa beim Ort Stara Fužina, sichtbar. Eingerahmt vom beliebten Ski- und Wanderberg Vogel (1923 Meter) im Süden und der Hochebene der Komna (1350–1700 Meter) im Westen besitzt der See einen einzigen Zufluss, die vom Savica-Wasserfall (Slap Savica) gespeiste Savica. Der Fluss verlässt den See im Osten unter dem Namen Sava Bohinjka. Bohinj (deutsch Wochein) bezeichnet die Gesamtheit der um den See liegenden Gemeinden. Der Hauptort am Ostende des Sees, Ribčev Laz, ist eine moderne Feriensiedlung mit einem hübschen, romanischen Kirchlein, das gotisch überformt wurde. Der Bohinjsee liegt innerhalb des Triglav-Nationalparks und bietet sich als Ausgangspunkt für verschiedene Bergtouren, u.a. auch auf den Triglav an.

** Savica-Wasserfall

Ein kurzer Anstieg führt über Stege und Treppen vom Ostende des Bohinjsees zur Aussichtsplattform gegenüber dem Wasserschleier dieser legendenumwitterten »Quelle« des Flusses Sava, eines der wichtigsten Wasserwege Sloweniens. Als Sava Bohinjka verlässt sie den See nach Osten, vereint sich unweit von Bled mit der Sava Dolinjka und tritt dann als Sava ihren Weg zur Donau an. Legendenumwittert ist der beeindruckende Wasserfall aber auch, weil Sloweniens Nationaldichter France Prešeren (1800–1849) hier sein bedeutendstes Epos, »Die Taufe an der Savica«, ansiedelte. Es erzählt von der Christianisierung der Slawen am Beispiel eines Paares, der schönen Bogomila, die als heidnische Priesterin auf der Bleder Insel den slawischen Göttern opfert, und ihrem Gefährten Črtomir, der gegen die Missionierung kämpft. Doch Bogomila bekehrt sich zum Christentum und überzeugt schließlich auch Črtomir, sich am Savica-Fall bekehren und taufen zu lassen.

** Heuharfen bei Stara Fužina

So modern, von Ferienhäusern und Pensionen geprägt, die Siedlungen im Umfeld des Bohinjsees auch erscheinen, Architektur und Brauchtum wurden in der Region Bohinj vorbildlich bewahrt. Ein unübersehbares Symbol stellen die Heuharfen (eigentlich Heuharpfen) der Dörfer Stara Fužina und Studor dar: An einer Heuharpfe, slowenisch kozolec, trocknen die Bauern das gemähte Gras. Die Notwendigkeit für diese häufig überdachten und mit kunstvollen Schnitzereien geschmückten Gestelle bedingen Böden und Klima: Ist der Grund feucht und sumpfig, kann das Heu nicht trocknen, erst recht, wenn der »Regen Kinder hat«, wie die Leute im Tal von Bohinj über das Wetter sagen. Ein Dach gehört also unbedingt dazu, und sind die Bauern wohlhabend, errichten sie einen toplar, zwei miteinander verbundene Harpfen. Am Rand der Dörfer Stara Fužina und Studor stehen wunderbare Beispiele für diese alte Bauernarchitektur.

Typisch für die Region sind die sogenannten Heuharfen, die die Bauern zum Trocknen von Heu verwenden.

500 Stufen muss man erklimmen, um den berühmten Savica-Wasserfall zu bewundern.

Auf den mythischen Dreikopf

Dreikopf, Triglav, heißt Sloweniens höchster Berg (2864 Meter) nicht von ungefähr: Seine Gipfelregion teilt sich in drei Felszacken. Früher vermutete man deshalb hier den Sitz einer gleichnamigen slawischen Gottheit mit drei Köpfen. Als Symbol Sloweniens schmückt der Triglav u.a. auch das Wappen des Landes. Die Erstbesteigung gelang 1778 vier Bergsteigern aus Bohinj. Das Denkmal dieser »vier Beherzten« steht auf einer Anhöhe in Ribčev Laz am Bohinjer See, von der die vier auf ihren Schicksalsberg blicken. Heute führen mehrere Routen in zwei bis drei Tagen zum Gipfel, manche relativ einfach, manche anspruchsvoll, alle jedoch mit einer schwierigen Kletterpassage im Gipfelbereich. Dennoch ziehen bei gutem Wetter Karawanen von mehr schlecht als recht ausgerüsteten Wanderern durch das traumhaft schöne Sieben-Seen-Tal auf die Felszacken zu, wo es dann auf dem Klettersteig ziemlich ungemütlich werden kann. Auch Triglav-Enthusiasten in Flipflops wurden schon gesichtet. Ein Grund für den Andrang ist die Legende, dass sich nur der als echter Slowene fühlen kann, wer einmal in seinem Leben auf dem Triglav stand.

Der Steinbock Zlatorog ist nicht nur eine Sagengestalt, sondern auch Logo einer slowenischen Biermarke.

* Krajnska Gora

Der 5000-Seelen-Ort ist vor allem bei Wintersportlern bekannt und beliebt, finden doch an den Hängen um das recht moderne Dorf regelmäßig internationale Ski-Wettbewerbe statt. Zwei mächtige Gebirgsmassive rahmen Kranjska Gora ein, im Norden die Karawanken, über die der Wurzenpass (Podkoren) nach Österreich führt, und im Süden die Julischen Alpen, Ausgangspunkt der Vršič-Passstraße ins Soča-Tal. Hotels und Ferienwohnungen prägen das Ortsbild, in der Umgebung sind neben verschiedenen Ski- und Schlittenabfahrten im Winter sowie Wanderwegen im Sommer weitere Sehenswürdigkeiten anzutreffen: So die 1000 Meter hohe Nordwand des Triglav im Vrata-Tal oder das Dorf Podkoren mit seinen historischen Bauernhäusern.

Hat es durch viele Instagram-Storys zu Ruhm gebracht, der See Zelenci.

* Skiflugschanzen von Planica

Die Schanzenanlage ist Teil des Skiflug-Zirkus um den Skisprung-/Skiflug-Weltcup. Eine erste Schanzenanlage im Planica-Tal wurde 1930 errichtet; 1936 gelang hier der erste Sprung über 100 Meter, und ab 1969 (bis 2000) besaß Planica lange Zeit die größte Schanze der Welt. Heute trainieren die Skispringer und -flieger im Nordischen Zentrum auf insgesamt acht Schanzen auf höchstem technischem Niveau. Slowenen belegen regelmäßig die ersten Plätze bei internationalen Meisterschaften. Wer sich wie ein Skiflieger fühlen möchte, rast an der steilsten ZIP-Line der Welt hängend neben den Schanzen zu Tal.

Eldorado für die Flieger der Lüfte – die Skisprunganlage von Planica.

** Zlatorog-Denkmal am Jasna-See

Am künstlich angelegten See am Ortsausgang von Kranjska Gora hält wohl jeder kurz an, der auf dem Weg nach Süden der Vršič-Passstraße zustrebt. Die Landschaftskulisse ist einfach grandios: Vorne die wie ein Spiegel glänzende Wasserfläche des Jasna-Sees, dahinter die Pyramiden der Berge Razor und Prisank mit ihren hellgrauen Kalksteinwänden, gefährlich drohend oder Kletter-Abenteuer verheißend. Und mittendrin ein bronzener Steinbock, der mythische Zlatorog. Der weiße Bock mit den goldenen

Hörnern, so der Name, lebte lange von den Menschen geachtet in den damals noch üppig grünen Julischen Alpen, wo er einen Schatz hütete. Eines Tages versuchte ein habgieriger Jäger, den Bock zu erschießen, um an den Schatz zu gelangen. Zlatorog tötete ihn und verschwand für immer, und das einstige Paradies verwandelte sich in Felswüste. So die Legende.

** Zelenci

So klein und doch so »instagramable«: Das winzige Naturschutzgebiet westlich von Kranjska Gora hat es innerhalb kürzester Zeit zum Star auf der Social-Media-Plattform geschafft. Nicht, weil in diesem Moorgebiet Ze-

lenci mehrere Quellen sprudeln, die sich nach Osten plätschernd zum Flüsschen Sava Dolinka vereinen und nach dem Zusammenfluss mit der südlichen Schwester Sava Bohinjka die mächtige Sava bilden. Nein, der Grund für die Beliebtheit der Zelenci ist die intensiv grüne und sehr fotogene Farbe seines Sees, der heißt wie das Schutzgebiet, zelenci, grün. Ursache ist der stark kalkhaltige, nahezu schneeweiße Grund, über dem das Wasser im Sonnenlicht grün und türkis leuchtet. Stege führen am See entlang, Libellen und Schmetterlinge tanzen über den Seerosen, die dunklen Schatten von Forellen flitzen durch die Fluten – ein Paradies!

*** Vršič-Passstraße

Sloweniens höchste mit Normalfahrzeugen befahrbare Passstraße aus dem Sava-Tal bei Kranjska Gora ins Soča-Tal bei Trenta gilt mit ihren 51 Haarnadelkurven, 800 Meter Höhenunterschied und bis zu 13 Prozent Steigung als Herausforderung für Auto- und Motorradfahrer und erst recht für Radfahrer. Angelegt wurde sie 1915/1916 von russischen Kriegsgefangenen Österreich-Ungarns, um im Ersten Weltkrieg den Nachschub für die Soča-Front sicherzustellen. Dort lieferten sich Österreich-Ungarn und das verbündete Deutsche Reich einen zähen Zermürbungskrieg mit Italien. Das südliche Segment der Straße folgt in Teilen nicht mehr der originalen Streckenführung, an den Kurven im nördlichen Teil ist aber noch der Kopfsteinpflasterbelag aus dem Ersten Weltkrieg erhalten. Befahrbar ist die Straße meist nur zwischen Mai und September. Im Winter wird sie je nach Lawinenlage gesperrt.

* Russische Kapelle

Wie viele Opfer der Bau der Passstraße über den Vršič gefordert hat, ist nicht belegt. Die Schätzungen schwanken um die 7000 Tote. Alleine bei einem Lawinenabgang im Frühjahr 1916 kamen bis zu 300 Kriegsgefangene ums Leben. Zwischen Kurve acht und neun erinnert die damals von den Kameraden der Verstorbenen errichtete Russische Kapelle (Ruska kapelica) an das Unglück. Aus Holz im orthodoxen Stil erbaut, ist sie jedes Jahr Anfang August Ziel von Veteranen bzw. Angehörigen, die hier eine Gedenkfeier abhalten. 2020 kam auch Russlands Präsident Wladimir Putin, was viele Slowenen nicht nur wegen der großflächigen Straßensperrungen aufbrachte.

*** Vršič-Pass

24 Kehren sind es von Kranjska Gora, 27 von Trenta kommend, dann ist der 1611 Meter hoch gelegene Sattel erreicht. Ein atemberaubendes Bergpanorama belohnt für die Mühen der Fahrt: Im Rund stehen, Felszacken an Felszacken gereiht, nach Westen die vier Gipfel der Mojstrovka und die markante Kotova špica, nach Osten beherrscht das mächtige Massiv des Prisank die Szenerie. Der Vršič-Pass ist

Der Vršič-Pass gewährt tiefe Einblicke in die Gipfelwelt der Julischen Alpen.

Prächtige Aussichten garantiert auch die Vršič-Passstraße, die vielen Kehren sind aber nichts für schwache Mägen.

Ausgangspunkt zahlreicher Hochgebirgswanderungen, u.a. zum Triglav. Aber auch einfachere Rundwege sind möglich. Fast alle führen an den Fuß der Felsengipfel in der Umgebung und begeistern mit fantastischen Aussichten.

** Alpinum Juliana

Fast am Ende der Vršič-Straße, kurz vor Erreichen des Ortes Trenta, zeigt der 1926 gegründete Alpenflora-Garten die Vielfalt der Pflanzenwelt in den Julischen Alpen, aber auch aus Bergregionen Italiens, Österreichs oder der Pyrenäen. Auf Initiative des passionierten Bergsteigers Julius Kugy (1858–1944) finanzierte der Triestiner Holzhändler und Naturliebhaber Albert Bois de Chesne die Anlage, die

später in jugoslawischen und schließlich slowenischen Staatsbesitz überging. Geschützte Raritäten wie die Zois-Glockenblume, das mysteriöse Trenta-Grindkraut (Scabiosa Trenta) und der Königs-Seidelbast sind hier in ihrem natürlichen Habitat zu besichtigen. Ein Denkmal für Julius Kugy erinnert wenige Kilometer entfernt an den großen Freund der Julischen Alpenwelt, dem unterstützt von slowenischen Bergführern zahlreiche Erstbesteigungen gelangen.

* Bovec

Nicht der gemächliche Ort in 434 Meter Höhe, sondern seine Umgebung verdienen eine nähere Erkundung. Im oberen Soča-Tal gelegen, bieten sich von Bovec verschiedenste Möglichkei-

ten, die nahen Berge Kanin (2587 Meter) und Mangart (2677 Meter) sowie das Flussbett der Soča zu erkunden. Auf den Mangart führt eine Passstraße bis zum Sattel in 2055 Meter Höhe; sie zählt zu den spektakulärsten Bergstraßen der Julier. Das Skigebiet des Kanin ist mit dem benachbarten italienischen Sella Nevea zu einem topmodernen Skizirkus verbunden. Unweit von Bovec bewachen die Ruinen der Felsenfestung Kluže den Übergang ins benachbarte Friaul und nach Italien. Und am Fluss Soča lockt der »Narnia Beach« zu einem Sprung ins eiskalte Wasser: Auf dieser Kiesbank wurden mehrere Szenen der »Chroniken von Narnia« verfilmt. Aktivurlauber finden um Bovec ein reiches und vielfältiges Betätigungsfeld.

Fast wie aus einem Spielzeugland wirkt die hübsche Russische Holzkapelle mit ihren Zwiebeltürmen.

Das monumentale Militärdenkmal Kostnica ist das einzige Beinhaus gefallener italienischer Soldaten in Slowenien.

*** Kobarid

Der hübsche Ort (ca. 1000 Einw.) am Zusammenfluss von Soča und Nadiža (ital. Natisone) verdankt seine Bekanntheit einerseits den vielen Naturschönheiten in seiner Umgebung, andererseits aber auch der verlustreichen Schlacht von Caporetto (ital. Name von Kobarid). 1917 wurden die italienischen Truppen hier von Österreich-Ungarn geschlagen und gezwungen, den Rückzug anzutreten. Dokumentiert wurden die Kämpfe durch den amerikanischen Schriftsteller Ernest Hemingway, der damals als Sanitäter an der Front diente, in seinem Roman »In einem anderen Land«. Den Schlachten im Soča-Tal und auf den Höhen der umliegenden Berge (»Soča-Front«) ist das preisgekrönte Museum in Kobarid gewidmet; auch Hemingway kommt in einem Gedenkraum zu Ehren. Heute steht Kobarid auch für kulinarische Genüsse: Im Restaurant »Hiša Franko« wirkt Sloweniens Meisterköchin Ana Roš, die 2023 als erste Küchenchefin Sloweniens drei Michelin-Sterne errang.

** Napoleonbrücke

Mit Napoleon, dessen Truppen tatsächlich im 18. Jahrhundert durch das Soča-Tal marschierten, hat der steinerne Brückenbogen über das tief eingeschnittene Flussbett der Soča nichts gemein. Einen Übergang gab es hier an der schmalsten Stelle der Schlucht bereits lange vor Napoleon; Venedig ließ ihn in einer Strafaktion 1616 zerstören, im Ersten Weltkrieg sprengte Österreich die neue, steinerne Brücke, und nachdem die Italiener sie wieder aufgebaut hatten, verschanzten sich gegen Ende des Zweiten Weltkriegs Partisanen am Übergang, um ihre Republik von Kobarid zu verteidigen. Heute dient die Brücke als Aussichtspunkt über der wild tosenden Soča, auf der sich Kajakfahrer und Rafter tummeln.

* Italienisches Beinhaus (Kostnica)

Zur Einweihung des Monuments für über 7000 an der Soča-Front im Ersten Weltkrieg gefallene italienische Soldaten kam 1938 Benito Mussolini persönlich. Oberhalb von Kobarid hatte der italienische Architekt Giovanni Greppi – damals gehörte die Region zu Italien – das barocke Kirchlein St. Anton zum Mittelpunkt einer monumentalen Anlage gewählt. Drei übereinander gestaffelte und von Arkaden gesäumte, achteckige Plattformen verjüngen sich auf die Kirche in ihrer Mitte zu. Ein Kreuzweg mit 14 Stationen führt von Kobarids Hauptplatz zu dem Memorial. Bei aller Mo-

Kajak-Paradies Soča

Übermütige Jauchzer hallen aus der Soča-Schlucht hinauf zur Napole-onbrücke: Die spannendste Passage der Kajak-Strecke ist geschafft! In neun Etappen führt sie von Lepena oberhalb von Bovec bis ins rund 42 Kilometer entfernte Kamno hinter Kobarid. Etappen, die es mit Wild-wasser-Stufen II bis V durchaus in sich haben, dabei die Kanuten aber über dramatische Felslabyrinthe, entlang breiter Kiesbetten und durch enge Klammen leiten. Landschaftlich abwechslungsreich wie wenig an-dere Kajakstrecken sei die Soča, da sind sich Wildwasserfahrer einig. Und unübertroffen ihre Farbe: ein eisig-leuchtendes Türkisgrün.

Die Napoleonbrücke ist perfekt, um die Soča von oben zu betrachten.

numentalität wirkt das Beinhaus vor dem Hintergrund der Berge, in denen die zwölf Soča-Schlachten geschlagen wurden, dennoch sehr bewegend.

** Kozjak-Wasserfall

Eine einstündige Wanderung führt von Kobarid der Soča folgend in Rich-tung des Dorfes Magozd und zu dem malerischen Wasserfall (Slap Kozjak), der sich im Schutz eng zusammenge-rückter Felsen über eine muschel-förmige Klamm in eine Gumpe ergießt. Insgesamt stürzt der gleich-namige Bach von seinen Quellen un-terhalb des Berges Krnčica über sechs Felsstufen, doch nur die letzten bei-den Wasserfälle, Veliki Kozjak (15 Me-ter) und Mali Kozjak (8 Meter) sind für Wanderer zugänglich. Baden ist hier verboten, das aus den Bergen herabfließende Wasser wäre aber wahrscheinlich ohnehin zu kalt.

250 Meter stürzt das Wasser im Kozjak-Wasserfall hinab.

Die spektakulär in den Fels gebaute Höhlenburg Predjama gilt als größte Höhlenburg der Welt.

Karst und Küste – Höhlenwunder, tanzende Pferde und Venedig im Kleinen

Dass jenseits ihrer Lebenswelt ein weiterer, unterirdischer Kosmos existiert, reizte schon immer die Neugier der Slowenen: Über 10 000 Höhlen wurden in dem kleinen Land entdeckt. Die beiden spektakulärsten Schauhöhlen liegen nahe beieinander und könnten doch unterschiedlicher nicht sein. Vom unterirdischen Dunkel ins mediterrane Licht der kurzen, aber umso reizvolleren Küste ist es dann nur ein kleiner Sprung. Und Venedig lässt grüßen!

*** Höhlen von Postojna

Als der slowenische Universalgelehrte Valvasor 1689 das Höhlensystem von Postojna (damals Adelsberg) erstmals wissenschaftlich beschrieb, waren die unterirdischen Hallen und Gänge bereits seit mindestens 400 Jahren bekannt. Das vom Fluss Pivka durchflossene Höhlensystem avancierte schnell zum Besuchermagnet; 1818 kam Kaiser Franz Ferdinand persönlich, um es zu besichtigen. Heute steigen jährlich mehr als eine halbe Million Besucher in den Höhlenzug, der sie zu Naturwundern wie der Konzerthalle oder dem »Brillant« genannten, weißen Riesen-Stalagmiten bringt. Reichtum und Vielfalt an Tropfsteinen in Postojna sind phänomenal, doch die Höhle birgt auch eine erstaunlich große Zahl an die Dunkelheit angepasster Tiere. Allen voran der Grottenolm Proteus anguinus, ein Schwanzlurch, der nur in diesen Karstregionen vorkommt. Der Gelehrte Valvasor hielt ihn für Drachenbrut; die Slowenen selbst nennen ihn »Menschenfisch«, človeška riba.

*** Höhlenburg Predjama

Angesichts dieser einmaligen Lage vor einem Höhlenspalt in einer Felswand, wenige Kilometer vom Eingang zu den berühmten Postojna-Grotten entfernt, wirkt die berühmte Raubritter-Legende unbedingt glaubhaft: Burgbesitzer Erasmus überfiel mit Vorliebe Kutschen, die auf ihrem Weg von Ljubljana an die Küste waren. Irgendwann reichte es der Obrigkeit und sie setzte eine Truppe in Bewegung, die Erasmus aushungern sollte. Was nicht gelang, ganz im Gegenteil: Der Ritter bewarf die Belagerer mit frisch gepflücktem Obst und gebratenen Schweinen. Sein Geheimnis: Von der Burg führte ein Geheimgang durch die Höhle dahinter ins Freie, wo sich Erasmus' Leute mit Nachschub versorgten. Ein Diener verriet den Belagerern schließlich, wann und wo Erasmus das stille Örtchen aufsuchte. Dort traf ihn dann letztendlich doch noch die tödliche Kugel. Heute kann der beeindruckende Geheimgang – übrigens genauso wie die Burg – besichtigt werden!

*** Höhlen von Škocjan

Bis zu seiner Aufnahme in die UNESCO-Weltnaturerbeliste im Jahr 1986 stand das Höhlensystem von Škocjanske jame im Schatten der weitaus häufiger besuchten Höhle von Postojna. Obwohl auch Škocjan bereits früh bekannt war und für die Besichtigung ausgebaut wurde, ist die wilde Natur der Höhlen hier deutlich eindrucksvoller erhalten, nicht zuletzt durch den hoch über dem unterirdisch rauschenden Fluss Reka geführten Rundgang. So ist es denn nicht nur die Schönheit der Tropfsteine, sondern das Erlebnis lebendiger Geologie, das fasziniert. Die Besichtigung erfolgt ausschließlich zu Fuß und führt bergauf und bergab, ist also gehbehinderten Besuchern nicht zu empfehlen.

** Gestüt Lipica

Eine wechselvolle Geschichte erlebte das berühmte Lipizzaner-Gestüt beim Dorf Lipica im Hinterland von Triest. 1580 verfügte Erzherzog Karl die Zucht »Spanischer Karster« durch die Kreuzung einheimischer Stuten mit edlen Andalusierhengsten. Das Ergebnis, die berühmten milchweißen Lipizzaner, kam zur Dressur in die Spanische Hofreitschule in Wien, wo sie in Kunststückchen wie der Courbette oder Levade ausgebildet wurden. Damit war es nach dem Zweiten Weltkrieg vorbei – Jugoslawien bestand darauf, seine Lipizzaner in Lipica zu behalten und setzte die Zucht eigenständig fort. Jahrelang kämpften das österreichische Lipizzaner-Gestüt Piber und Lipica um die exklusive Anerkennung der jeweils eigenen Zuchtlinie. Heute sind beide Gestüte (neben weiteren in Ungarn, Italien etc.) anerkannt. Bei Vorführungen werden die Höhepunkte der Spanischen Hofreitschule gezeigt – am elegantesten aber wirken die weißen Pferde in ihrer natürlichen Umgebung auf den mit Linden bestandenen Weiden.

Lipica nennt man auch »Wiege der weißen Pferde«; mehr als 300 Lipizzaner leben hier.

Über Millionen von Jahren von winzigen Tröpfchen geformt, wirken die Höhlen von Postojna beleuchtet besonders mystisch.

Geheimnisvoller Karst

Slowenien hat einen großen Anteil am Dinarischen Karst, jener eigenwilligen, von vielen als magisch beschriebenen Landschaft, die durch einen Mangel an Oberflächenwasser und einer Vielfalt unterschiedlichster Erosionsformen gekennzeichnet ist. »Kras«, der slowenische Name dieser Region, hat die weltweit verwendete Bezeichnung »Karst« geprägt. Die Höhlen von Škocjan vereinen eine Vielzahl charakteristischer Elemente dieses Karstes, wie den unterirdischen Fluss und den mächtigen Einsturztrichter – Ergebnis eines Einbruchs der Höhlendecke, durch den Besucher die Höhle betreten. Im nahen Naturschutzgebiet Rakov Škocjan steht nur noch ein Felsbogen von der einstigen Höhle. Darunter plätschert ein Flüsschen, das nach dem Weg durchs Tageslicht flugs wieder in der Unterwelt verschwindet. Einsturztrichter sind oft gerade so groß, dass im darin angewehten Erdreich ein Bäumchen Wurzeln fasst. Ist die Senke größer, nennt man sie »Doline« (von slow. Tal). Eines der ungewöhnlichsten Phänomene stellt der periodische See von Cerknica dar: Die meiste Zeit des Jahres liegt er trocken und wird landwirtschaftlich genutzt. Regenfälle im Herbst und Frühjahr lassen das im porösen Karstgestein unter der Oberfläche gesammelte Wasser steigen. Der See füllt sich, und die Bauern fangen darin Fische. Bild: Velika Dolina, eine Stadt oberhalb der Škocjan-Höhlen.

Wie ein Schiffsbug schiebt sich die Halbinsel, auf der die Altstadt von Piran liegt, ins Meer.

* Koper

Die Hafenstadt (ca. 25 000 Einw.) weiß ihre Attraktionen gut zu verbergen: Auf den ersten Blick prägend sind Einkaufszentren und Hafenanlagen, doch in der malerischen Altstadt schlägt noch das venezianisch-gotische Herz. Ursprünglich auf einer Insel gelegen, die im 19. Jahrhundert mit dem Festland verbunden wurde, diente Aedgida um das 3. Jahrhundert v. Chr. als Zufluchtsort von griechischen Siedlern, denen bald römische folgten. Im 13. Jahrhundert schließlich avancierte Koper zum Capo d'Istria, dem »Haupt Istriens« von Venedigs Gnaden. Steinerne Zeugnisse der venezianischen Ära sind mehrere prunkvolle Adelshäuser in der Altstadt und die Taverna, das ehemalige Salzlager am Hafen. Den Zauber venezianischer Gotik atmet Kopers Hauptplatz Titov trg mit dem stolzen Prätorenpalast und der eleganten Stadtloggia gegenüber, beide im 15. Jahrhundert erbaut.

* Izola

Dass das Küstenstädtchen (16 000 Einw.) ursprünglich auf einer Insel (ital. isola) gegründet wurde, trägt es im Namen. Zwischen dem fast großstädtischen Koper und den südlichen Küstenorten Portorož und Piran nimmt sich Izola angenehm unspektakulär aus. Ein paar Gassen und Plätze bilden die Altstadt mit hübschen Restaurants und Vinotheken; mittendrin spreizt sich der hochbarocke Besenghi-Palast aus dem 18. Jahrhundert. Izola hat sich trotz großem Jachthafen und Strandhotels bis heute den Charme eines ehemaligen Fischerortes bewahrt. Westlich schließt eine für den slowenischen Küstenabschnitt ungewöhnliche Landschaft an: Steil aus dem Meer emporwachsende, weiße Flyschfelsen bilden eine wie die Mondsichel geschwungene Bucht. Umrundet man das Kap, blickt man auf die ehemaligen Salinen von Strunjan. Tier- und Pflanzenwelt der aufgelassenen Verdunstungsbecken locken heute zahlreiche Wasservögel an.

** Portorož

Der einstige Luftkurort der K.-u.-k.-Society und seine idyllische Bucht erlebten in der Jugoslawien-Ära einen rücksichtslosen Ausbau für sozialistische Badeurlauber. Ein aufgeschütteter Sandstrand und Hochhaushotels prägen die Strandpromenade, doch der ehemalige Charme kehrte nicht zuletzt durch die Wiedereröffnung des eleganten »Palace-Hotels« zurück. Schicke Restaurants, Beach-Lounges und elegante Boutiquen locken heute zahlungskräftige Gäste an Sloweniens Riviera, aber auch für den Normaltouristen ist jede Menge Unterhaltung geboten.

*** Piran

Klein-Venedig, wie Piran genannt wird, passt nicht ganz, denn Kanäle suchen Besucher hier vergebens. Aber

In den Altstadtgassen von Koper geht es meist quirlig zu.

die lauschigen Gassen, Plätze und die Kirche St. Georg (Sv. Jurij) mit einem Venedigs Campanile nachempfundenen Glockenturm wecken durchaus Erinnerung an die Serenissima, die 500 Jahre ihre Hand über den Küstenstreifen hielt. Am kreisrunden Tartini-Platz, dem ehemaligen Hafenbecken, ist venezianische Gotik am zierlichen Eckhaus besonders schön erhalten. Die Einheimischen nennen es »Benečanka«, die Venezianerin, denn darin soll einst ein Kaufmann aus Venedig seine slowenische Kurtisane untergebracht haben. Namensgeber Giuseppe Tartini ziert den Platz als bronzenes Denkmal. Der in Piran geborene Komponist und Geigenvirtuose war im 18. Jahrhundert als »Teufelsgeiger« berühmt. Ein besonderes Panorama genießt, wer zur Kirche hinaufsteigt. Bei klarem Wetter türmen sich jenseits der Adria die schneebedeckten Gipfel der Südalpen am Horizont.

Weißes Gold

Neben den heute nicht mehr aktiven Salinen von Strunjan zählen die Salinen von Sečovlje (früher Salinen von Piran) zu den nördlichen Salzgewinnungsstätten Europas. Bereits zu Beginn des 9. Jahrhunderts ist die Salzlese hier nachgewiesen; unter Venedigs Herrschaft waren Zugang, Arbeitsabläufe, Lagerung und Verkauf des Salzes streng reglementiert und kontrolliert. Heute wird nur noch die Hälfte des ursprünglich 650 Hektar großen Areals bewirtschaftet. Jeder einzelne Arbeitsschritt, von der Reinigung der Verdunstungsbecken über das Ein- und Umleiten des Meerwassers bis zum Zusammenrechen der kristallisierten Salzschichte geschieht manuell. Der der Natur überlassene Teil der Salinen ist Anziehungspunkt für Wasser- und Zugvögel.

Slowenische Weine sind ein beliebtes Mitbringsel, insgesamt gedeihen hier an die 50 Rebsorten.

Zwischen Drava und Krka – Weinberge, Thermalquellen und dunkle Wälder

In Sloweniens Süden und Osten werden Städte und Landschaften »weinselig«: In akkurat gepflanzten Reihen überziehen Reben für Spitzentropfen die sanfte Hügellandschaft, und Weinkeller locken zur Verkostung. Thermalquellen speisen Kurbäder, in denen schon die Römer Heilung suchten. An den Flüssen Krka und Kolpa paddeln Kanuten vorbei an Wasserschlösschen und herrischen Burgen – ein romantisches Idyll!

*** Ptuj

Ein besonderer Zauber liegt auf dem mittelalterlichen Städtchen (18 000 Einw.) am Fluss Drava – das fanden schon die römischen Herren, die es sich ab dem 1. Jahrhundert in Poetovios Thermen bei exzellenten regionalen Tropfen gut gehen ließen. Auf die Völkerwanderung mit Hunnen, Awaren und Slawen folgten die Erzbischöfe von Salzburg und schließlich Habsburg, das die Stadt, nun Pettau genannt, bis 1918 beherrschte. Heute ist Ptuj Sitz des ältesten Weinkellers Sloweniens – die Minoriten legten ihn bereits 1239 unter ihrem Kloster an. Berühmt ist Ptuj auch für das Faschingstreiben Kurentovanje. Daran nehmen auch Winteraustreiber aus den umliegenden Dörfern mit ihren traditionellen Masken teil, die furchterregenden Kurenten.

** Altstadt

Zwei große Klosteranlagen aus dem 13. Jahrhundert beherrschen das historische Zentrum am Fuß einer mächtigen Burg; bergauf und bergab mäandern schmale, von niedrigen Häusern gesäumte Gassen. Rund um den Hauptplatz Slovenski trg mit der Kirche Sv. Jurij wirkt Ptuj, als hätte sich seit Hunderten von Jahren nichts geändert. Selbst ein römischer Grabstein hat mitten auf dem Platz die Zeitläufte überdauert. Errichtet wurde das Orpheusdenkmal genannte Monument zu Ehren des damaligen Statthalters Marcus Valerius Verus im 2. Jahrhundert. Aus dem 14. Jahrhundert stammt der Stadtturm mit der barocken Haube dahinter. Hochgotik schmückt das Innere der Kirche Sv. Jurij mit einer Skulptur des Kirchenpatrons hl. Georg, der den Drachen tötet, und einem anrührenden Flügelaltar in der Taufkapelle.

** Dominikanerkloster

Als architektonisches Highlight präsentiert sich der im 13. Jahrhundert gestiftete Konvent mit seinen gotischen, teils sogar noch romanischen Bauelementen aus der Gründungszeit. Ein gotischer Kreuzgang von klassisch-harmonischen Proportionen, der Kapitelsaal mit seinen romanisch-

Ptuj zählt zu den schönsten Städten Sloweniens und sollte nicht nur während der Faschingszeit besucht werden.

gotischen Fenstern und das barocke Refektorium entführen in eine Zeit, als fromme Gebete die Räume erfüllten. Lange als Kaserne und später als archäologisches Museum genutzt, war das Kloster in bedauernswertem Zustand, als die Stadt es zum Kulturzentrum umwidmete. Nach der Renovierung strahlt auch die Fassade der Klosterkirche mit ihrem Barockschmuck aus zartem Stuck.

** Burg Ptujski Grad

Kelten, Römer, Salzburger, Ungarn, die Pettauer, das Grafengeschlecht im damals deutschsprachigen Pettau, und im 17. Jahrhundert sogar der Schotte Walther Leslie bauten an der Feste über der Drava. Die Burg war vor allem während der Türkeneinfälle ein wichtiger Verteidigungsposten. Später diente sie den jeweiligen Besitzern als Wohnstatt. Heute zeigt das Regionalmuseum in den bestens erhaltenen Räumen eine umfangreiche Waffensammlung, archäologische Funde und historisches Mobiliar. Den in der Region überlieferten Faschingsbräuchen, dem Kurentovanje, widmet sich die volkskundliche Sammlung, in der die Masken und Kostüme der verschiedenen Kurenten ausgestellt sind.

In zotteligen Fellkostümen verjagen die Kurenten den Winter.

Ein rätselhafter Kult

Ab dem 2. Jahrhundert breitete sich vor allem in den Grenzregionen des römischen Reiches, also auch um Poetovio (Ptuj), der Mithras-Kult aus: In unterirdischen oder in Höhlen versteckten Heiligtümern, den Mithräen, opferten Männer dem persischen Lichtgott Mithras, auf Reliefs meist dargestellt als »Stiertöter«. Man nimmt an, dass in diesem symbolischen Akt die Neugeburt der Erde gefeiert wurde. Alleine in Ptuj und in seiner Umgebung existieren fünf Mithräen, eines liegt unter dem heutigen Hotel Mitra.

Bildhübsch reihen sich an der Drau Maribors Häuser aneinander.

Rathaus und Pestsäule schmücken den Hauptplatz Glavni trg in Maribor.

Auch in Liegestühlen kann man sich in so manchem Café in Lent niederlassen.

** Maribor

Umgeben von den sanften Weinhügeln der Slovenske Gorice (Windische Bühel) und dem waldbestandenen Pohorje-Gebirge, durchflossen von der Drava (Drau) – eine idyllischere Lage für ein romantisches Städtchen ist kaum denkbar. Doch Maribor (97 000 Einw.) war lange Zeit eine von Jugoslawiens wichtigsten Industriestädten; zahlreiche Fabriken, darunter für Autobusse, waren in der Peripherie angesiedelt. Seit der Unabhängigkeit Sloweniens hat die Stadt ihre industrielle Bedeutung verloren, ihre touristische hingegen ist gewachsen. Die gut erhaltene, bezaubernde Altstadt, die lange Tradition des Weinbaus und die vielfältigen Freizeitmöglichkeiten im Pohorje-Gebirge machen Marburg an der Drau, so der deutsche Name, zum beliebten Ziel für Ausflügler aus dem nur 25 Kilometer entfernten Österreich.

❶ ** Altstadt

Seit dem 12. Jahrhundert ist ein Castrum Marchburch auf dem heute Piramida genannten Hügel verbrieft. Zwischen schützender Burg und dem Fluss Drava wuchs schnell eine ummauerte Stadt heran, von der heute noch drei Wehrtürme erhalten sind: Gerichts-, Wasser- und Judenturm bewachten den Wasserweg entlang der Drava. Vor dem hübschen Renaissance-Rathaus (16. Jahrhundert) auf dem Hauptplatz Glavni trg erinnert die barocke Mariensäule an die häufigen Pestepidemien. Maribors Stadtschloss am nordöstlichen Rand der Altstadt stammt aus dem 17. Jahrhundert und dient heute als Regionalmuseum. Einfach bezaubernd ist sein verspieltes Rokoko-Treppenhaus. Wenige Schritte entfernt verbirgt sich Sloweniens größter Weinkeller unter dem Pflaster des weitläufigen Platzes Trg Svobode. Als grüne Oase reichen die Ausläufer des Stadtparks fast bis an das Stadtschloss heran. Mit ihren drei Seen zählt die weitläufige Anlage am Fuß der Piramida zu den beliebtesten Erholungszielen der Mariborer.

❷ * Lent

Der Stadtteil entlang der Drava entführt mit seinen schmalen Gässchen und geduckten Häuschen weit zurück

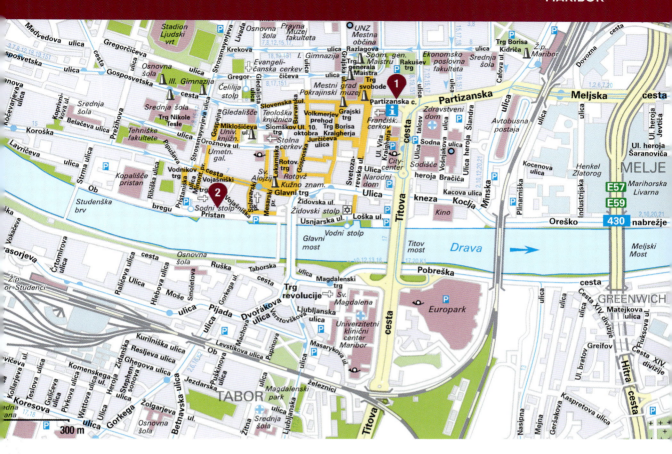

in Maribors Geschichte. Die Drava stellte einen bedeutenden Wasserweg von Österreich in die südliche Balkanhalbinsel dar, und an der Lent (Hafen) befand sich ein Zwischenstopp auf dem Weg nach Süden. Bis zu 1100 Flöße landeten jährlich hier an. Das sich am Hafen entwickelnde Viertel bestand wahrscheinlich schon immer aus einer Ansammlung von Gaststätten und Unterkünften. Früher trafen sich hier die Flößer, heute bummeln Einheimische und Touristen durch die historischen Gassen. Im Juni feiern die Menschen an der Drava eines der größten europäischen Musik- und Theaterfestivals. Es heißt, wie der Stadtteil, Lent.

** Pohorje

Das mit dunklen Nadelwäldern bewachsene, 1000 Quadratkilometer große und bis zu 1543 Meter hohe (Črni vrh) Gebirge südlich von Maribor weist eine besondere geologische Struktur auf. Dank seines wasserundurchlässigen, kristallinen Sockels

haben sich auf dem relativ flachen Gipfelplateau Hochmoore gebildet. Eines, das Lovrensko jezerje, zählt zu den reizvollsten Wanderzielen der Region. Große und kleine Moorseen sprenkeln eine dicht mit Zwergkiefern bewachsene Hochebene, die an skandinavische Landschaften erinnert. Charakteristisch sind auch die von Hirten gerodeten Planje – Almen, auf denen das Vieh weidet und im Frühjahr Arnika und Weidenröschen blühen. Bei ausreichend Schnee verwandelt sich das Pohorje in eine Winter-Zauberlandschaft für Schneeschuhwanderer und Langläufer.

Ein schöner Wanderweg umrundet den Lovrensko jezerje im Pohorje-Gebirge.

*** Jeruzalem

Das gibt es tatsächlich in Slowenien, und zwar im Herzen des Weinlands der slowenischen Štajerska. Wie gemalt gruppieren sich das Kirchlein der Schmerzhaften Gottesmutter (17. Jahrhundert), ein klassizistisches Herrenhaus und in einiger Entfernung locker verteilt Bauernhöfe bzw. Weingüter um eine Kuppe. Umrahmt von den bepflanzten Weinhügeln bietet das slowenische Jeruzalem ein sehr idyllisches Bild. Die Legenden erzählen, Kreuzritter hätten sich auf dem Rückweg aus dem Heiligen Land hier niedergelassen, die Kirche errichtet und ihr ein mitgebrachtes Marienbild gestiftet. Heute schmückt eine Kopie aus dem 17. Jahrhundert den Hauptaltar des reich ausgestatteten Gotteshauses. Ein Glas Weißwein in einem der umliegenden Wirtsgärten, der Blick auf Kirche und Weinberge, dazu das Rattern der klopotci, der traditionellen slowenischen Windräder, die Vögel von den Trauben fernhalten sollen – das himmlische Jerusalem scheint hier sehr nah.

** Land an der Mura

Die Mura (Mur) bildet als Sloweniens östlichster Fluss die Grenze zwischen der hügeligen Weinlandschaft um Jeruzalem (Prlekija) und den flachen Ausläufern der Pannonischen Tiefebene: Dieses Land »jenseits der Mur«, Prekmurje, ist deutlich vom nahen Ungarn geprägt. Die Architektur, der Dialekt, Küche und Brauchtum spiegeln ungarische Einflüsse. Storchennester auf strohgedeckten Bauernhäusern, auf Heuharfen trocknender Mais, Auenlandschaften entlang der

Typisch für die Mura sind die hölzernen Schiffsmühlen, die teilweise immer noch in Betrieb sind.

Mura und Thermalquellen kennzeichnen die Region. Im Gegensatz zum überwiegend katholischen Slowenien lebt im Prekmurje eine große protestantische Minderheit. Bis zum Zweiten Weltkrieg war auch der Anteil jüdischer Bewohner hoch; im Städtchen Lendava wird die Synagoge aus dem Jahr 1866 heute als Kulturzentrum genutzt. Nicht weit entfernt kann man in Dolga Vas einen jüdischen Friedhof besuchen. Im kleinen Landschaftspark Goričko ist die imposante Burg Grad zu besichtigen.

* Mühle bei Veržej

Sie steht am zur Prlekia gehörenden Mura-Ufer wenige Kilometer vom Dorf Veržej, und das seit über 100 Jahren: Babičev mlin, die Babič-Mühle, wird sie nach der Besitzerfamilie genannt, die die Mühle nun schon in der vierten Generation betreibt. Ursprünglich säumten die Mura bis zu 100 Mühlen; heute hat im slowenischen Abschnitt des Flusses nur noch diese überdauert. Sie besteht aus dem Müllerhaus am Ufer und dem Antriebsrad, das zwischen zwei Kähnen im Fluss verankert ist. Die erste Mühle der Familie, 1890 errichtet, brannte 1915 vollständig ab. Großvater Babič stellte eine zweite auf, die 1927 ebenfalls ein Opfer der Flammen wurde. Den nächsten Versuch trug ein Hochwasser fort, der folgende, diesmal mit eisernen Kähnen, hielt bis 1990 durch – dann traf ihn dasselbe Schicksal. In der neuen Mühle ist Karmen Babič die Chefin. Mit Wasserantrieb mahlt sie nach wie vor verschiedene Mehlsorten für die umliegenden Bauern und interessierte Kunden.

Himmlische Tropfen

Die Štajerska, deutsch Untersteiermark, zählt zu den bedeutendsten Weinbaugebieten Sloweniens. Traditionell pflanzen die Bauern Weißweinsorten wie Sauvignon Blanc, Traminec oder Furmint auf den oft sehr steilen, mühsam von Hand terrassierten Hängen, und das wohl schon seit römischer Zeit. Mit der Gründung einer Steiermärkischen Landes-Obst- und Weinbauschule in der Nähe von Maribor legte der österreichische Erzherzog Johann in der ersten Hälfte des 19. Jahrhunderts den Grundstein für den modernen Weinbau. Knapp 1000 Hektar Rebfläche bearbeiten die Bauern zwischen den Regionen Haloze und Ljutomer-Ormoške Gorice mit dem fotogenen Hauptdorf Jeruzalem. Eine steile Karriere hat in den letzten Jahren der autochthone Rote Modra Frankinja (Blaufränkisch) hingelegt.

Die Altstadt von Novo Mesto liegt auf einem Hügel in einer Flussschleife der Krka.

Einst bewohnt von Burgfräuleins und Rittersleut, ist Schloss Otočec heute ein edles Hotel – und beliebtes Ausflugsziel.

** Novo Mesto

Die meisten der rund 24 000 Einwohner der »Neuen Stadt« (deutsch auch Rudolfswerth genannt) leben in den modernen Vierteln jenseits des Flusses Krka. Dieser schlägt hier eine enge Schlinge um eine Anhöhe, auf der sich der historische Stadtkern ausbreitet. Novo Mestos Lage an der Verkehrsachse Ljubljana – Zagreb und die nahe kroatische Grenze begünstigten die Entwicklung zu einer dynamischen Handels- und Industriestadt. Die nahen Thermalorte wie Dolenjske und Šmarješke Toplice empfangen ihre Gäste mit modernen Kur- und Wellnessanlagen; die Krka bietet Wassersportlern und Anglern ein vielseitiges Revier.

** Altstadt

Von der Krka-Brücke Kandinjski most, einer Konstruktion vom Ende des 19. Jahrhunderts, zeigt sich die Altstadt als geschlossenes Ensemble um die Kathedrale Sv. Nikolaj. Arkadenhäuser aus dem 17. und 18. Jahrhundert und eine Reihe von Restaurants und Cafés säumen den langgezogenen Glavni trg (Hauptplatz), der von der Brücke am neugotischen Rathaus vorbei ins Zentrum führt. Steil geht's hinauf zur Kathedrale auf dem Kapiteljski hrib, die von ihrem hohen Standort die Stadt mit strengen, gotischen Formen beherrscht. Im Inneren birgt sie eine Kostbarkeit, einen echten Tintoretto. Das Viertel Breg zwischen Kathedrale und Krka-Fluss gilt als malerischstes der Altstadt. Dort, wo Ende des 18. Jahrhunderts die Stadtmauer abgerissen und teils aus deren Steinen erbaut wurde, drängen sich ärmliche Häuschen mit Holzveranden am Flussufer. So manches dient heute als romantische Kneipe.

** Dolenjski muzej

Besiedelt war die Region in der Krka-Schleife bereits zur Zeit der Illyrer um 1000 v. Chr. Im Stadtgebiet und in der Umgebung brachten Ausgrabungen Hinweise auf eine blühende Gemeinschaft der Bronze- und Eisenzeit zu Tage. Die auffälligsten Funde aus der frühen Eisenzeit, zahlreiche aus Bernstein gearbeitete Schmuckstücke und mit feinen Figurenreliefs geschmückte Bronzegefäße, weisen auf rege Handelsbeziehungen der bronzezeitlichen Bewohner hin. Diese Situlae, der Schmuck sowie Helme und Waffen zählen zu den Höhepunkten der Ausstellung. Neben der Archäologischen Abteilung informiert das Museum über regionale Trachten und Brauchtum sowie über den Befreiungskampf der Partisanen im Zweiten Weltkrieg.

** Schloss Otočec

Wie ein Märchenschloss scheint Otočec, das »Inselchen«, auf seinem künstlich angelegten Eiland in der Krka zwischen Birken und Weiden vor sich hin zu träumen. Allerdings nur, wenn nicht gerade Hochzeitsgesellschaften den romantischen Innenhof mit Musik und Leben füllen. Bereits im 13. Jahrhundert ist ein erstes Schloss an dieser Stelle verzeichnet. Das im Ursprung gotische Anwesen wechselte häufig die Besitzer und wurde mehrmals umgebaut: Renaissance und Barock hielten Einzug. Schließlich brannten Partisanen den im Zweiten Weltkrieg von italienischen Truppen besetzten Bau nieder. Eine neue Karriere startete das wiedererrichtete Schloss als feines Hotel; rundum renoviert bietet es nun Raum für Feriengäste und Feierlichkeiten.

Kathedrale von Novo Mesto. Das Hochaltarbild ist ein Werk von Tintoretto.

Im Thermenland

In einem breiten Streifen zieht sich das slowenische Thermenland von Nordost nach Südwest durch den Osten Sloweniens. Überall, wo Orte den Beinamen Toplice oder Slatina tragen, entspringen Mineralquellen, von Moravske Toplice im Nordosten bis zum südwestlichsten Kurbad Dolenjske Toplice. Dienten die Kurorte in der sozialistischen Ära vorrangig der medizinischen Behandlung der arbeitenden Bevölkerung, haben sie sich im unabhängigen Slowenien in totschicke Resorts mit breitem Anwendungsspektrum verwandelt. Königin der Thermen ist Rogaška Slatina mit ihren aus der K.-u.-k.-Ära stammenden, klassizistischen Hotels und dem herrlichen Kurpark. Zu den modernsten Anlagen zählt die Therme Olimja bei Podčetrtek, ein wahres Wellness-Paradies.

Kroatien

Im Reich der 1000 Inseln

Rund 530 Kilometer Luftlinie von Nord nach Süd addieren sich in Kroatien mit Kaps und Buchten zu 1778 Kilometer Küste und über 1000 Inseln und Riffen – auf der Fahrt entlang der Adriamagistrale eröffnen sich hinter jeder Kurve neue Szenarien, die von kargen, vom Wind abgeschliffenen Felslandschaften bis hin zu türkisgrünen Karibikträumen reichen. Dazwischen erinnern mauerbewehrte Städte an die lange und oft kriegerische Geschichte dieser Küste. Im Landesinneren locken Naturschönheiten wie der Nationalpark Plitvice und die lebhafte Hauptstadt Zagreb (Bild: Altstadt von Rovinj mit Campanile).

So unschuldig die Altstadt von Poreč auch daliegt, der Ort ist das bedeutendste touristische Zentrum Kroatiens.

Istrien – venezianische Städtchen, Traumbuchten und Riesentrüffel

Kristallklares Wasser, einsame Buchten, malerische Hafenstädte, grüne Weingärten und Oliven-haine: Istrien ist die größte Halbinsel der nördlichen Adria. Schon die Römer und Venezianer fühlten sich hier wohl. Ob Rovinj, die Brijuni-Inseln oder Kap Kamenjak – der westlichste Zipfel Kroatiens hat sowohl Erholungsuchenden als auch Kunstinteressierten viel zu bieten.

INFO *

KROATIEN
Fläche:
56 600 km²
Bevölkerung:
3.830 000 Einwohner
Sprache:
Kroatisch
Must-see:
Dubrovnik
Geheimtipp:
Elafitische Inseln
Spezialitäten:
Wein, Olivenöl, Käse, Trüffel

*** Poreč

In Istriens Perle unter den Küstenstäd-ten stören keine großen Hotelburgen das Bild, vielmehr wird alles im alten Stil erhalten oder gebaut. Ein Spazier-gang durch den Ort ist wie eine Zeit-reise: ins Mittelalter, in die byzantini-sche Zeit, die römische und natürlich in die venezianische. Aber auch der Massentourismus ist mit Discos, Bars, Internetcafés und FKK-Stränden ver-treten – Nightlife statt Nachtruhe. Es gibt Pensionen und Hotels für jeden Geldbeutel und Geschmack. Und in je-der Lage: So haben Besucher aus den Fenstern der Stadthotels zwar einen wunderschönen Blick auf das Meer und den Jachthafen, sind aber auch bei den Partys bis zum frühen Morgen live an Bord. Doch es gibt sie auch

noch, die romantischen und eher ru-higeren Ecken: in den Innenhöfen der venezianischen Stadthäuser, in denen kleine Restaurants zum Candle-Light-Dinner einladen.

** Altstadt

Dass hier etwas anders ist als in den typischen istrischen Städtchen mit verwinkelten Gassen und lauschigen Plätzen fällt Besuchern schnell ins Auge: Schnurgerade führt die Haupt-gasse, ulica Decumanus, durch die Alt-stadt, gekreuzt von ebenso gerade ver-laufenden Querstraßen. Der Grund: Poreč ist eine römische Gründung, und den Grundriss der Stadt prägt die römische Liebe zur geraden Linie und zum rechten Winkel. Er ist bis heute erhalten, ebenso einige Straßennamen wie der Decumanus. Dieser wiederum mündet am trg Marafor, dem ehemaligen Forum, woran Tempelreste erinnern. Wo heute Restaurants und Cafés das Pflaster besetzen, wandelten vor 2000 Jahren noch römische Damen und Herren umher, um dem Gott Jupiter Opfer zu bringen.

*** Euphrasius-Basilika

In Porečs frühchristliche Geschichte entführt die frühbyzantinische Euphrasius-Basilika. Sie gehört seit 1997 zum Weltkulturerbe der UNESCO. Man betritt das Gotteshaus von der Gasse Sv. Eleuterija aus. Die dreischiffige Basilika aus dem 6. Jahrhundert ist der ganze Stolz der Stadt, nicht nur wegen ihrer imposanten Fassade. Vielmehr sind es die Schätze im Inneren, die begeistern: Die reiche Ausstattung umfasst teuren, importierten Marmor, Stuckaturen und Einlegearbeiten aus Stein und Perlmutt. Eindrucksvolle Mosaiken auf goldenem Grund leuchten dem Besucher schon beim Eintreten entgegen. Über dem mit Silber verkleideten Hauptaltar wölbt sich ein verzierter Baldachin auf vier gedrehten Marmorsäulen. Durch das achteckige Baptisterium gelangt man zum Glockenturm, von dem man die Altstadt überblickt. Vom Atrium aus führt ein Gang zum früheren Bischofspalast, der heute ein Museum für sakrale Kunst beherbergt.

** Strände & Insel

Feriengäste suchen in Poreč nicht nur Geschichte und Kultur – auch die Strände um die malerische Altstadt sind attraktiv. Im Gegensatz zu der oft von Fels geprägten Küste Istriens findet man hier auch breite und sanft ins Meer abfallende Kiesstrände. Mehrere wie Gradsko kupalište im Ort selbst oder Brulo tragen das Qualitätssiegel der Blauen Flagge für besonders sauberes Wasser und beste Infrastruktur. Auch die meisten Strände entlang der Blauen und der Grünen Lagune, Plava und Zelena Laguna, südlich des Ortes wurden damit ausgezeichnet. Die beiden »Lagunen« sind reizvolle, von Kiefernwäldern und Hotels gesäumte Buchten mit Fels- und Kies-, teils sogar Sandstränden. Trendy und schick steigen die Besucher der Insel Sv. Nikola in die Adria. Ein Luxushotel und Edel-

Am Strand des Hotels Molindrio Plava Laguna weht die Blaue Flagge.

Im unterirdischen See der Baredine-Höhle haust angeblich ein Grottenolm.

Badeanlagen sorgen dafür, dass es an nichts mangelt.

** Baredine-Höhle

Einen Ausflug in die Wunderwelt des Karstes verspricht der Abstecher zur 7 Kilometer landeinwärts gelegenen jama Baredine. Die Tropfsteinhöhle entführt Abenteuerlustige in 132 Meter Tiefe. Bei der geführten Besichtigung steigt man durch fünf Hallen 60 Meter zu einem unterirdischen See ab. Einzigartige Tropfsteinformationen und ein Besuch beim hier lebenden Grottenolm (Proteus Anguinus) machen die Tour zu einem echten Erlebnis. Neben dem Höhleneingang zeigt die Ausstellung »Traktor Story« u. a. 50 Oldtimer-Traktoren. Doch die Höhle lässt sich auch abenteuerlich erforschen: mit Helm, Stirnlampe und Kletterausrüstung.

Istrische Freskenkirchen

Steht die Euphrasius-Basilika in Poreč für das städtische Christentum, zeigen die zahlreichen spätmittelalterlichen Freskenkirchen in Istrien Szenen bäuerlicher Frömmigkeit. Rund 140 Kirchlein wurden im slowenischen und kroatischen Teil Istriens gezählt; die meisten stammen aus dem 12. bis 15. Jahrhundert und sind mit ländlich-naiven Szenen ausgemalt. Leider sind nur noch wenige Freskenzyklen gut erhalten – Verwitterung und spätere Übermalungen haben viele dieser Schätze zerstört. Im slowenischen Hrastovlje zeigt die Dreifaltigkeitskirche ein besonders beliebtes Fresko, den »Totentanz«, bei dem Menschen allen Alters und Herkunft mit Gevatter Tod tanzend zu Gleichen werden. Der Totentanz findet sich als Motiv auch im kroatischen Beram wieder, wo die Kirche Sv. Marija na Škriljinah außerdem ein beliebtes Thema eigenwillig interpretiert: Die Heiligen Drei Könige reiten auf ihrem Weg nach Bethlehem nicht durch das Heilige Land, sondern durch typisch istrische Landschaft. Dass die Fresken auch eine belehrende Funktion hatten, beweist Sv. Vincent in Svetvinčenat, wo der Freskant die landwirtschaftlichen Arbeiten im Lauf des Jahres als eine Art Kalender festgehalten hat.

Über dem Dächergewirr von Rovinj ragt der markante Glockenturm der Euphemia-Kirche in den Himmel.

Die schöne Altstadt ist mit ihren Geschäften, Cafés und Restaurants ein beliebtes Ausflugsziel.

*** Rovinj

Vom Boot aus betrachtet, scheint Rovinj mitten im Meer zu stehen und seine Häuser geradewegs daraus aufzuragen. Von drei Seiten umgibt Wasser die Stadt, ihre Gebäude sind fast überall direkt ans Meer gebaut. Am frühen Morgen beginnt im Hafen für die Besucher eine Art Zeitreise: Denn Rovinj besitzt einen der ältesten Fischereihäfen des gesamten Mittelmeerraums. Hier machen Fischer bei Tagesanbruch mit ihrem Fang fest, Möwen begleiten kreischend ihre schaukelnden Boote. Mittags dann kann man ihnen beim Reparieren der Netze zuschauen – und wer dem einen oder anderen in der Basilika Sv. Eufemija begegnet, sieht, dass sie dort für einen guten Fang beten.

** Altstadt

Das alte Pflaster ist uneben, die Gassen eng und holprig. Schmale Häuser, von deren steinernen Fassaden der Putz bröckelt, schiefe Stufen, durch die Jahrhunderte hinweg abgenutzt. Wäsche hängt auf den Leinen, die einfach zwischen zwei Häusern gespannt sind. Besucher erleben bei einem Spaziergang durch die Altstadt Nostalgie pur. Doch Rovinj verharrt nicht im Gestern: Künstler hauchen der Altstadt modernes Leben ein; in den Ateliers und Läden entlang der Grisia-Gasse stehen historisierende Gemälde, avantgardistische Kunst und so mancher Kitsch zum Verkauf. Auch für einen romantischen Aperitif ist gesorgt: Einige Bars stellen Sofas mit bunten Kissen auf die umspülten Felsen. Wer hier sitzt, kann bei einem Gläschen fast mit den Füßen in den Wellen planschen und am Abend einen perfekten Sonnenuntergang genießen.

* Sv. Eufemija

Auf dem höchsten Punkt der Altstadt im 18. Jahrhundert erbaut, fungiert das Gotteshaus nicht nur als Wahrzeichen Rovinjs, sondern auch als eine Art Wetterfrosch. Die bronzene Statue der hl. Euphemia auf der Kirchturmspitze dreht sich mit dem Wind: Schaut sie landeinwärts, wird das Wetter schön. Blickt sie aufs Meer – Pech gehabt! Um das Jahr 800 verschwand der Sarkophag mit den Gebeinen der Märtyrerin Euphemia aus Konstantinopel und wurde in Rovinj an Land gespült. Seither hütet das Gotteshaus die wertvollen Reliquien. Und noch etwas lohnt den Aufstieg: der Blick über das Inselarchipel von Rovinj, ein Teppich grüner Kleckse in der Adria.

** Archipel von Rovinj

Rund 20 Inseln, Inselchen und Klippen sprenkeln die Bucht vor Rovinjs Altstadt-Halbinsel und bilden so ein herrliches Bootsrevier. Mindestens ebenso schön, wie zwischen Eilanden und Riffen zu segeln oder meditativ mit dem SUP-Board hindurch zu paddeln, ist es, dem Treiben von Booten von der Anhöhe der Euphemia-Kirche aus zuzusehen. Zwei große Inseln, Crveni otok (Rote Insel) und Sv. Katarina, sind auch touristisch erschlossen. Boote setzen vom Hafen zu ihnen über, ehemalige K.-u.-k.-Villen – heute zu Luxushotels umgebaut – empfangen ihre Gäste und Strandbuchten laden zum Sonnenbaden und Schwimmen. Einem botanischen Garten gleicht Sv. Katarina, auf der der letzte Eigentümer, ein polnischer Adeliger, einen üppigen Garten anlegen ließ.

* Lim-Fjord (Limski zaljev)

Die Bucht nördlich von Rovinj ist so schmal und greift so tief ins Land, dass sie meist als Fjord bezeichnet wird. Dabei ist sie weder Fjord noch Bucht (wie der kroatische Name suggeriert), sondern das trockengefallene Mündungsgebiet eines Flusses, in das nach und nach Meerwasser eindrang. Es hat nur einen geringen Salzgehalt und bietet optimale Bedingungen für eine ausgiebige Muschel- und Austernzucht. Mehrere Restaurants am Wasser und auch einige Kioske verarbeiten und verkaufen das kostbare Meeresgetier, das man frischer als hier selten verkosten kann.

Der Trüffel-Papst

1310 Gramm veränderten 1999 das Leben von Gianfranco Zigante. Die Hunde des istrischen Trüffeljägers hatten einen Weißen Trüffel (Tuber magnatum) aufgespürt, der sich als größter, jemals gefundener Trüffel der Welt entpuppte und im Guinness-Buch der Rekorde landete. Für Zigante der Beginn einer sehr erfolgreichen Laufbahn. Heute nennt er Geschäfte, Restaurants und eine Produktionsstätte für Trüffelprodukte sein Eigen. Istrische Trüffel wachsen vor allem um die Städtchen Livade und Motovun und werden von darauf abgerichteten Hunden »gejagt«. Zigante war und blieb nicht der Einzige im Trüffel-Geschäft, eine Reihe von Trüffeljägern tat es ihm gleich. Nach wie vor aber ist er der bekannteste. Und immer noch Träger des Guinness-Rekords.

Hat ein bisschen was von Norwegen – der beeindruckende Lim-Fjord.

Die auf einem Hügel thronende Burg von Motovun ist jedes Jahr Schauplatz eines berühmten Filmfestivals.

Rebgärten und Olivenhaine umgeben das Hügelstädtchen Buje, die »Wacht von Istrien«.

** Grožnjan

Slowenisch, Kroatisch und venezianisches Italienisch: Istrien hat drei Sprachen. Doch viele, deren Muttersprache Italienisch war, sind mittlerweile ausgewandert. Sie verließen nach der Rückgabe der besetzten Gebiete an Jugoslawien das Land. So auch in Grožnjan: 1954 kehrten die meisten Bewohner der kleinen Stadt den Rücken, der Ort drohte zu veröden. Bis ein paar Künstler das schöne Fleckchen mit seiner inspirierenden Lage auf einem Hügel und dem fantastischen Blick über die umliegenden Orte entdeckten. In die alten Steinhäuser mit ihren Adelswappen und blumengeschmückten Innenhöfen zog wieder Leben ein. Die einstige Bischofskirche aus dem Jahr 1577 wurde restauriert, Werkstätten und Galerien eröffnet. Heute ist Grožnjan wegen seiner zahlreichen Ateliers und der Sommer-Musikschule mit Kursen für Orchester, Ballett und Gesang ein lebendiges Künstlerdorf wie aus dem Bilderbuch.

** Motovun

Nebelschwaden hängen wie Schleier über den dunkelgrünen Wipfeln der Bäume, aus ihnen ragt ein Hügel empor. Auf seinem höchsten Punkt thront das mittelalterliche Städtchen Motovun, besser gesagt: sein Kastell. Eine durch und durch filmreife Kulisse – deshalb findet hier jeden Sommer ein Filmfestival mit Konzerten und Partys statt. Mauerringe umgeben Burg, Ober- und Unterstadt, die die Besucher durch imposante Tore betreten. Sie entstanden vor allem in venezianischer Zeit, nachdem der Ort sich 1278 der Herrschaft der Serenissima gebeugt hatte. Den besten Blick auf die Stadt und das ihr zu Füßen liegende Mirna-Tal mit Wäldern und Weinbaugebieten hat man bei einem Spaziergang rund um die Oberstadt auf den alten Festungsmauern. Motovun ist außerdem Istriens Trüffelhauptstadt: Die Knollen, die das Herz jedes Gourmets höherschlagen lassen, stöbern abgerichtete Hunde in den Wäl-

In Grožnjan wurden bröckelnde historische Gemäuer zu Werkstätten und Ateliers umfunktioniert.

dern des Mirna-Tals auf. Viele Geschäfte in der Altstadt verkaufen die Kostbarkeiten grammweise; in den Restaurants stehen Trüffelgerichte zuoberst auf der Speisekarte.

* Buje
Grün ist die dominante Farbe im Inneren der Halbinsel Istrien. Mit einer Hügellandschaft aus zum Teil dichten Wäldern, Wiesen, Weinbergen und Olivenhainen prägt es ebenso das Gesamtbild wie das tiefe Blau des Meeres an der Küste. Buje ist ein kleiner Ort, der aus diesem satten Grün mit seinen hellen Natursteinhäusern und deren roten Dächern herausragt. Vom Trubel der Küstenorte ist in dem alten Städt-

chen nichts zu spüren. Ein Spaziergang durch die engen Gassen zeigt den Verfall der Häuser – viele Einwohner sind auf der Suche nach Arbeit in die Ferienorte an der Küste umgezogen. Putz bröckelt pittoresk von den Wänden, einige Gebäude scheinen vom Einsturz bedroht. Dennoch lohnt ein Abstecher: In der Ölmühle des Ortes können Besucher feinstes kaltgepresstes Olivenöl verkosten und natürlich auch erwerben.

* Oprtalj
Zu den malerischen, istrischen Bergstädtchen zählt auch Oprtalj, das von seiner 288 Meter hohen Kuppe über Olivenpflanzungen und Weinreben

blickt. Am Ortseingang, am Beginn einer Zypressenallee, lohnt in der 1479 errichteten Kirche Sv. Marija ein Blick auf die Fresken (Mariä Verkündigung mit Heiligen); das Gotteshaus ist aber leider oft geschlossen. Die Altstadt ist teils noch von einer Mauer geschützt, durch die ein Tor aus dem 18. Jahrhundert führt. Ihm gegenüber birgt die venezianische Loggia ein kleines Lapidarium. Noch ist Oprtalj nicht so bekannt und besucht wie andere Bergstädtchen; hier lässt es sich entspannt bummeln. Zum Abschluss kehrt man im Restaurant »Loggia« neben der Loggia bzw. in dessen Garten ein, bestellt sich eine Bruschetta mit Trüffel und genießt die Aussicht.

Absoluter Blickfang am Hafen von Pula ist das imposante Amphitheater, das Wahrzeichen der Stadt.

Durch den imposanten römischen Sergier-Bogen gelangt man in die Altstadt.

Auf den Spuren der Dinos

Dino-Fans aufgepasst! Auf der Halbinsel Kap Kamenjak südlich von Pula sind die Urviecher vor Jahrmillionen entlanggelaufen und haben Abdrücke ihrer dreiklauigen Füße im damals feuchten Schlamm hinterlassen, der heute zu Fels erstarrt ist. Aber nicht nur deshalb ist Kap Kamenjak besuchenswert: Der Naturpark prunkt mit einer Fülle seltener Pflanzen, darunter Orchideen, und seine Buchten und Klippen verlocken zum Baden oder zu waghalsigen Sprüngen; auch ein verstecktes Café gibt es – ein kleines Paradies vor den Toren der Hafenstadt!

** Pula

Die auf sieben Hügeln gegründete Stadt (52 000 Einw.) blickt auf eine mehr als 3000-jährige, bewegte Geschichte zurück. So tauschte einst ein ungarischer König auf einem der Hügel sein prachtvolles Gewand gegen ein einfaches Ordenskleid, Dante schrieb vom Ausblick inspiriert die Verse seiner »Göttlichen Komödie«. Pula bzw. das illyrische Nesactium einige Kilometer nordöstlich war Roms Schlüssel zur Unterwerfung Istriens. Nesactium eroberten sie bereits 177 v. Chr. und trieben von dort ihre Land-

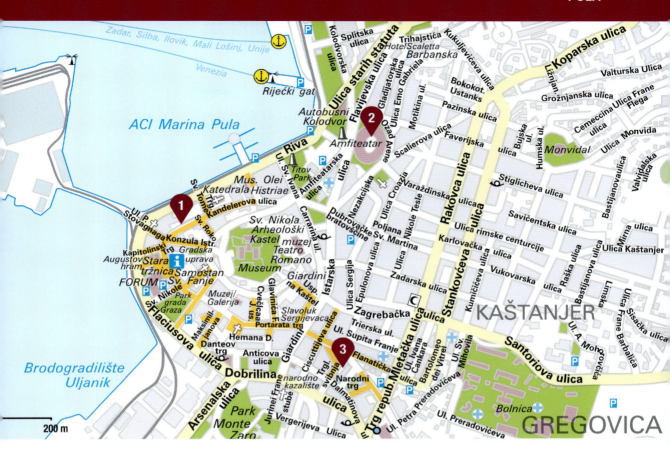

nahme voran. Pulas Blüte begann mit der Zeitenwende; damals entstand die für eine römische Stadt nötige Infrastruktur: Amphitheater, Tempel, Thermen und Theater. Die römische Herrschaft endete im 5. Jahrhundert. Heute ist Pula sicher Istriens lebhafteste und untouristischste Stadt und gerade deshalb einen Besuch wert.

❶ * Altstadt

Durch den Sergier-Bogen aus dem 1. Jahrhundert mit seinem feinen Reliefschmuck geht's in die Altstadt und entlang der Ulica Sergievaca vorbei an Restaurants, Modegeschäften und Souvenirshops. Linkerhand führt ein Durchgang zu einem Haus, in dessen Untergeschoss ein fein gearbeitetes und gut erhaltenes römisches Mosaik die mythologische Szene »Bestrafung der Dirke« festhält. Das Forum schmückt an der Ostseite das venezianische Rathaus (13. Jahrhundert), die Nordseite schließt der römische Tempel des Augustus (Anfang 1. Jahrhundert) ab. Hier ist der Mittelpunkt der

Altstadt, man trifft sich in den Cafés oder verbummelt den Tag auf den Stufen des Augustustempels. Die Fundamente der Renaissancekathedrale Mariä Himmelfahrt wenige Schritte weiter stammen wahrscheinlich noch aus frühchristlicher Zeit. Ein Sarkophag aus dem 3. Jahrhundert bildet ihren Hauptaltar. Der Campanile kam im 17. Jahrhundert hinzu und wurde zum Teil aus Steinen des Amphitheaters errichtet.

❷ *** Amphitheater

Das einst 23 000 Besucher fassende Oval, in dem Gladiatoren gegeneinander und gegen wilde Tiere kämpften, wurde auf Veranlassung des Kaisers Augustus im 1. Jahrhundert aus istrischem Kalk erbaut und dient heute als Konzert- und Festivalbühne. Istrische Legenden erzählen, Riesen hätten es vor den Toren Pulas errichtet. Der Eindruck dieses monumentalen Baus, im Vergleich zu dem Pulas Altstadt geradezu winzig erscheint, beeindruckte die Dogen von Venedig so nachhaltig,

dass sie planten, das Amphitheater hier ab- und in der Serenissima wieder aufzubauen. Dazu ist es zum Glück nie gekommen. Die unterirdischen Gänge und Kammern, in denen Gladiatoren und Tiere untergebracht waren, sind zu einem Museum für antiken Wein- und Olivenanbau umfunktioniert.

❸ ** Markthalle

Bei so viel Römischem übersieht man leicht, dass in Pula auch das ganz normale Alltagsleben stattfindet. Zum Beispiel auf dem Markt in der 1903 eröffneten Halle, deren Konstruktion aus Stahl und Glas im Stil der Wiener Sezession die Fachwelt damals als Meisterwerk der Architektur feierte. Sie beherbergt Obst- und Gemüsehändler, Fleischer und eine Fischabteilung. Am besten kommt man früh am Vormittag, wenn die Auswahl noch groß ist. Nicht verpassen: den Stand von Kumparička mit Bio-Streetfood von der gleichnamigen Ziegenfarm in der Nähe von Pula.

Die Brijuni-Inseln sind ein Naturparadies mit üppiger Vegetation und römischen Ruinen, wie hier in der Verige-Bucht.

** Brijuni-Inseln

Etwa eine Viertelstunde dauert die Überfahrt mit dem Schiff vom friedlichen und noch sehr authentischen Küstenstädtchen Fažana zu den Brijuni-Inseln. Es legt in Veli Brijun an, wo einst illustre Gäste an Land gingen. Bereits römische Landjunker schätzten das Eiland. Byzanz nistete sich mit einem gut befestigten Castrum ein, dann folgte Venedig mit einem Kastell in der Inselmitte. Im 19. Jahrhundert begann mit österreichischer Dominanz der Ausbau zur Seefestung, und Ende des 19. Jahrhunderts erwarb der Unternehmer Paul Kupelwieser die Eilande, rottete mithilfe von Robert Koch die grassierende Malaria aus und erschloss sie für den Tourismus. Schließlich erwählte Jugoslawiens Staatschef Tito die Inseln zu seinem persönlichen Sommersitz. Nur geladene Gäste, Prominente und Staatsoberhäupter wie Sophia Loren oder Fidel Castro waren willkommen. Nach Titos Tod wurde der Archipel der 14 Inseln 1983 zum Nationalpark erkoren. Nur Veli Brijun und – mit Reisegruppen - Mali Brijun können seitdem besucht werden. Wer im Nationalpark tauchen möchte, schließt sich den Exkursionen von darauf spezialisierten Tauchschulen an; Unterwasserflora und -fauna sind sensationell.

* Safari-Park

Eine der eigenwilligsten Attraktionen auf Veli Brijun ist mit Sicherheit der Safari-Park. Im Grunde war Titos Idee, alle von fremden Staatsoberhäuptern als Geschenk überreichten Tiere in diesem Park relativ frei leben zu lassen, eine gute Lösung. Denn wohin mit den beiden Elefanten, die ihm Indira Gandhi 1972 schenkte, oder den Zebras von Guineas Präsident Sekou Touré? Heute sind hier noch der indische Elefant Lanka, Lamas, Zebras und Strauße zu bewundern. Ein Touristenzug tuckert durch die weitläufigen Gehege und besucht auch einen istrischen Bauernhof.

* Verige-Bucht

Ein Höhepunkt sind die Ausgrabungen einer antiken Siedlung sowie einer römischen Villa in der Verige-Bucht. Rund einen Kilometer lang war die gesamte Anlage mit Tempeln, Wirtschaftsgebäuden und Prunkräumen, errichtet zwischen dem 1. Jahrhundert vor und dem 1. Jahrhundert nach Christus und bis zum 6. Jahrhundert bewohnt. Der Kai des Anwesens befindet sich heute einen Meter unter der Wasserlinie. Neben dieser Luxus-Bleibe existierte auf Veli Brijun eine Reihe weiterer römischer Landhäuser, die offensichtlich landwirtschaftlichen Zwecken dienten.

Auch einige der einstigen Sommerfrische-Villen sind noch erhalten.

Strand Vela plaža bei Baška auf Krk.

Kvarner Bucht – K.u.k.-Villen, Gänsegeier und Delfine

Eingerahmt im Norden durch die Halbinsel Istrien und im Süden durch Dalmatien, zählt die Kvarner Bucht zu den beliebtesten Urlaubsregionen Kroatiens. Neben den hübschen Küstenstädten Opatija und Lovran und der quirligen Hafenmetropole Rijeka sind insbesondere die dem Festland vorgelagerten Inseln Cres, Lošinj, Krk und Rab, die sich im tiefen Blau der Adria aneinanderreihen, eine Reise wert.

** Lovran

»Lovor«, Lorbeer, – von dieser Pflanze leitet sich der Name der kleinen Stadt an der Küste ab. Weil die Lorbeerpflanze die Vegetation der Umgebung bestimmt, ist sie auch Teil des Stadtwappens. Doch heute zeichnet den einstigen Fischerort etwas anderes aus: sein Heilklima. Seit 1905 ist Lovran Luftkurort und wegen seiner milden Temperaturen ein beliebtes Touristenziel. Vor allem Urlauber, die einen schicken, sauberen und aufgeräumten Ort mit liebevoll restaurierten Villen aus Gründerzeit und Jugendstil zu schätzen wissen, zieht es hierher – und Gäste, die Erholung suchen. Denn Wellness und Gesundheit stehen ganz oben auf dem Urlaubs-

programm. Viele Hotels haben sich in den ehemaligen Villen eingerichtet und bieten neben höchstem Komfort auch das nostalgische Flair vergangener Zeiten.

* Altstadt

Vor dem Hintergrund geballter K.-u.-k.-Seligkeit an der Meerespromenade wirkt Lovrans historischer Kern fast unscheinbar. Ein Tor führt durch die teils noch erhaltene Stadtmauer zum Hauptplatz mit der in Ursprüngen romanischen Kirche Sv. Juraj, die im 17. und 18. Jahrhundert barockisiert wurde. Das Netzgewölbe im Chor ist vollständig mit Fresken aus dem 15. Jahrhundert bemalt, darunter ein Martyrium des hl. Georg und ein Ma-

rienzyklus. Der Kirche gegenüber fallen zwei Häuser ins Auge: das mit einem Holzrelief des hl. Georg geschmückte, ehemalige Rathaus und daneben ein auf 1720 datiertes Haus mit dem Mustaćon im Portikus. Der stilisierte Kopf eines schnauzbärtigen Orientalen soll schlechte Einflüsse fernhalten. Feinde soll-e der wuchtige, quadratische Turm Kaštel der ehemaligen Stadtbefestigung abwehren. Heute lockt er Besucher in die darin untergebrachte Kunstgalerie.

** K.-u.-k.-Villen

Lovran war um die Wende vom 19. zum 20. Jahrhundert einer der beliebtesten Luftkurorte der Habsburger Society, deren Erbe prachtvolle Hotels

Zwischen Maronen- und Lorbeerbäumen, Zypressen und Palmen schlängelt sich die Uferpromenade die Küste entlang.

und Villen lebendig halten. Entweder entlang der Durchgangsstraße Šetalište maršala Tita oder unten entlang der Meerespromenade, die vom Hafen ins 10 Kilometer entfernte Opatija und Volosko führt, passiert man ein prächtiges Anwesen nach dem anderen – die meisten heute vorbildlich restauriert. Die drei schönsten verbergen sich in großzügigen Gartenanlagen am nördlichen Stadtrand: Der Wiener Architekt Carl Seidl (1858–1936) erbaute die Villa Santa Maria, Villa Frappart und Villa San Niccolo (heute Villa Magnolia) in einem von der floralen Gotik inspirierten Jugendstil, schmückte sie mit Biforienfenstern, Mosaiken und Renaissancearkaden und umgab sie mit parkähnlichen Gartenanlagen.

Nicht alles ist schick in Lovran, aber auch bröckelnde Fassaden haben Charme.

** Franz-Joseph-Promenade

Der Name ist Programm: Die etwa zehn Kilometer lange Uferpromenade von Lovran in Opatijas nördlichen Vorort Volosko feiert die gute alte Zeit, als die Habsburger Gesellschaft an ihr entlang im heilsamen »Aerosol« des milden Kvarner Winters spazieren ging. Kaiser Franz Joseph I. stand Namenspate und das nicht zufällig. Sowohl der Kaiser als auch seine Gattin Elisabeth (Sisi) schätzten die Kurorte am »Kvarnerobusen«. Zwischen 1885 und 1911 wurde die direkt am Meer entlangführende Promenade in den Fels geschlagen, wogegen sich viele Eigentümer der prachtvollen Villen am Meer erfolglos wehrten. Einige der repräsentativen Anwesen sind gründlich renoviert und bis heute erhalten.

** Mošćenice

Die ursprünglich liburnische Wehrsiedlung in 172 Meter Höhe zeigt sich heute noch gesichert durch die mittelalterliche Anlage der Häuser: Ihre Rückseiten bilden, dicht an dicht in einem äußeren Kreis errichtet, das Verteidigungssystem des Ortes. Ein Tor führt hinein in ein Labyrinth von Gassen und Treppenaufgängen rund um die Kirche Sv. Andrija, die im barocken Gewand ihre präromanischen Wurzeln verbirgt. Der Blick vom Vorplatz auf die Küste und die Insel Cres ist einmalig und lohnt den mühevollen Aufstieg über 750 Stufen vom Badeort Mošćenička draga.

Das legendäre »Hotel Kvarner« (1884) in Opatija ist eines der ältesten Hotels an der Ostadria.

Die Villa Angiolina in Opatija beherbergt heute das Kroatische Tourismusmuseum.

Zu den sehenswerten Orten an der Riviera von Opatija gehört auch das hübsche Volosko.

** Opatija

»Adriatisches Nizza« wird die Riviera von Opatija genannt, sie war neben der Côte d'Azur das Hauptreiseziel der Habsburger Elite. Als österreichisch-ungarischer Kurort und Seebad mit dem italienischen Namen Abbazia war die Stadt bis 1914 ein beliebtes Winterquartier, denn das Učka-Gebirge, das sich unmittelbar hinter dem Ort erhebt, schützt Opatija vor kalten Winden aus dem Hinterland. Der Habsburger Adel wusste das zu schätzen. Viele flohen vor Schnee und Kälte aus Wien oder Budapest in den Kurort an der kroatischen Riviera. Anton Tschechow fand sich hier ebenso ein wie Kaiser Wilhelm II. oder König Umberto von Savoyen. Noch heute kann man dieses Flair aus herrschaftlichen Prachtbauten, subtropischen Gärten und Kaffeehäusern genießen.

** Villen & Hotels

Mit Eröffnung der Bahntrasse Wien – Rijeka 1873 und des Bahnhofs Matulji oberhalb des heutigen Opatija begann der Tourismusboom: Imposante Hotels wurden errichtet, reiche Gäste ließen sich Villen erbauen. Erstes Haus am Platz war und ist das Hotel Kvarner, das in seinen Prunkräumen bis heute Gäste empfängt. Obwohl Opatija nach 1945 als Kurort für alle Schichten der jugoslawischen Bevölkerung fungierte und die historische Bausubstanz nur schlecht erhalten wurde, gelang es dem unabhängigen Kroatien, die große Ära des Kurorts in den 1990er-Jahren neu zu beleben. Die meisten der damaligen Prachtbauten sind heute liebevoll restauriert und verströmen pure Nostalgie.

* Park Angiolina

Iginio Scarpa errichtete Villa und Park Angiolina 1844 und benannte das prachtvolle Anwesen am Meer nach seiner verstorbenen Frau Angiolina. Gekauft hatte er das Grundstück für 700 Gulden (heute knapp 20 000 €); einige Besitzerwechsel später ging die Villa Angiolina 1910 schon für 2,5 Millionen Kronen (18 Mio. €) über den Tisch. Gekrönte Häupter aus ganz Europa, Dichter, Komponisten – alles, was Rang und Namen hatte, verbrachte hier die Wintermonate. Noch immer ist der Park der Villa mit seinen seltenen Pflanzen wie etwa Bananen, Magnolien, Kamelien, Libanonzedern und Fächerpalmen und den sorgfältig arrangierten Blumenrabatten eine große Attraktion. In der mit illusionistischen Fresken geschmückten Villa lässt Opatijas Tourismusmuseum mit historischen Fotografien und Erinnerungsstücken die gute alte Zeit wiederaufleben.

** Volosko

Das ehemalige Fischerdorf ist längst ein Vorort von Opatija und dessen kulinarisches Aushängeschild. Um das malerische Hafenbecken scharen sich schicke Fischrestaurants, und auch in den steil bergauf führenden Gassen dahinter lassen sich Entdeckungen wie die urige Ribarnica, machen. Hier gibt's frisch gegrillten Fisch als Streetfood. Der Volksmund erzählt, dass Kaiserin Sisi öfters in Volosko zu Gast war. Nicht um vornehm zu speisen, sondern um ihren Liebhaber, Graf Andrássy, in der Villa Minach zu besuchen. Gemessen an den Luxusjachten, die heute am kleinen Hafenbecken festmachen, findet in Volosko wohl auch heute noch so manches Promi-Rendezvous statt.

Dreh- und Angelpunkt von Rijeka ist der große Hafen – ein Umschlagplatz für Waren aus ganz Europa.

** Rijeka

Die drittgrößte kroatische Stadt nach Zagreb und Split ist das kulturelle und wirtschaftliche Zentrum der Kvarner-Region. Insbesondere der Hafen hat für den Ort eine große Bedeutung. Hier legen gewaltige Containerschiffe ebenso wie zahlreiche Fähren an. Eine Kathedrale, eine Universität und ein Theater verleihen Rijeka großstädtisches Flair. Die Uferpromenade säumen herrschaftliche Palazzi, in der quirligen Altstadt locken schicke Boutiquen. Die älteste Kirche Rijekas, Mariä Himmelfahrt, geht auf das 12. Jahrhundert zurück. Ihr um mehr als 40 Zentimeter geneigter Campanile wird von den Einwohnern auch der »schiefe Turm von Rijeka« genannt.

❶ ** Altstadt

Klein, aber malerisch präsentiert sich das historische Zentrum von Rijeka: Römische Fundamente, mittelalterliche Häuser und die neobarocken Bauten der Habsburger-Ära bilden ein harmonisches Ensemble. Den Korzo, auf dem die Rijeker abends gerne promenieren, säumen zahlreiche Geschäfte und Cafés sowie der auffällige Stadtturm, der ursprüngliche Zugang zur Altstadt. Etwas oberhalb bildet die dem Stadtpatron geweihte St.-Veits-Kathedrale einen Blickfang: Die Jesuiten erbauten die barocke Rundkirche mit der säulengetragenen Kuppel ab

1638 nach dem Vorbild von Santa Maria della Salute in Venedig. Das Innere beherbergt ein kostbares gotisches Kruzifix und einen Stein, den ein zorniger Mann der Überlieferung nach auf dieses Kreuz warf, nachdem er beim Glücksspiel verloren hatte. Weil die Christusfigur daraufhin geblutet haben soll, wird das Kruzifix von den Gläubigen bis heute als wundertätig verehrt.

❷ ** Nationaltheater Ivan Zajc

Die Architekten Ferdinand Fellner und Hermann Helmer errichtete zahlreiche Theater in den Metropolen der Donaumonarchie, auch das Kroatische Nationaltheater Ivan Zajc in Rijeka ist ihr Werk. Allerdings modernisierten sie in diesem Fall nur einen älteren Bau. Am 3. Oktober 1885 wurde das Theater nach zweijähriger Bauzeit feierlich mit Verdis »Aida« eröffnet. In Ausstattung und Architektur ähnelt es anderen Bühnen des Habsburgerreichs, an der Bemalung der Decke des Zuschauerraums war der junge Gustav Klimt beteiligt. Benannt ist das Theater nach dem kroatischen Komponisten Ivan Zajc.

❸ ** Markthallen Velika tržnica

Vis-à-vis vom Theater entstanden um 1880 die historischen Markthallen von Rijeka neben dem alten Fischmarkt. Das Land dafür wurde durch Auf-

schüttung dem Meer abgerungen und ab 1914 auch der Fischmarkt durch eine Glas-/Eisenhalle ersetzt, die mit Meer- und Fischmotiven geschmückt ist. In den Morgenstunden bieten Obst- und Gemüsehändler, Fleischer und Fischverkäufer frische regionale Waren feil. Samstags geht es in den Hallen und an den Ständen im Außenbereich besonders hoch her. Hier den Wochenendeinkauf zu erledigen, ist Tradition. Meist trifft man sich mit Freunden und kehrt nach dem Shopping in einem der umliegenden Cafés oder Restaurants ein.

❹ ** Burg von Trsat

Schon die Römer unterhielten 140 Meter über der Bucht von Rijeka einen Beobachtungsposten, der mit weiteren entlang der Küste verbunden war und potenzielle Angreifer früh sichten und melden konnte. Im Mittelalter unterstand Trsat den kroatischen Frankopanen-Herrschern und danach den Habsburgern. Letzter Eigentümer der Burg war ab 1826 Laval Graf Nugent, der die inzwischen in Ruinen liegende Feste umbaute und in eine luxuriöse Residenz mit neugotischen Elementen verwandelte. Dieses eigenwillige Architekturensemble bildet den Mittelpunkt von Rijekas beliebtestem Kneipenviertel. Vor allem Studenten kommen gerne herauf, um bei Bier oder Wein zu feiern.

Monumentale St.-Veits-Kathedrale.

Das Nationaltheater aus K.-u.-k.-Zeit.

Der Fischmarkt befindet sich in einer historischen Markthalle von 1880.

Karneval

In den Städten an der Kvarner Küste, vor allem aber in Rijeka, stellt der Karneval einen leidenschaftlichen Höhepunkt im Jahreslauf dar: Im Februar und März feiern mehr als 100 000 Narren in den bunt geschmückten Straßen. Die verrücktesten Masken werden bei den Umzügen durch die Stadt zur Schau gestellt. In Rijeka treten u.a. die zvončari auf, zottelige Gesellen mit Hörnern und Kuhglocken, die gerne hübsche Mädchen erschrecken. Im nahen Kastav tragen die Männer Riesenhüte aus bunten Papierschlangen. Auf der Insel Krk sind babine und škrabani unterwegs, ganz hässliche, furchterregende Masken. Beim Mesopust in Novi Vinodolski kündigen an den drei Sonntagen vor Aschermittwoch feuchtfröhlich durch die Straßen paradierende »Hochzeitslader« Eheschließungen von betagten Witwen und Witwern an. Ein Highlight des Karnevals ist die Rallye »Pariz-Bakar«. Dabei geht es mit schrillbunten Spaßmobilen und roten Clownsnasen von der Pizzeria »Pariz« in Rijeka bis in den Küstenort Bakar. (Im Bild: Karnevalsfeier in Rijeka mit prächtigen Kostümen.)

Am schönen Strand von Lubenice gehen auch Segler gern vor Anker.

Von seinem 130 Meter hohen Hügel blickt Beli über die tiefblaue Adria.

Die Steinhäuser von Lubenice wirken, als seien sie mit den Felsen verschmolzen.

** Cres

Zwei Gesichter hat die 66 Kilometer lange Insel Cres, die weit in die Bucht von Rijeka hineinragt: karg der Norden, üppig bewachsen und mediterran der Süden mit idyllischen Kiesbuchten. Im Hauptort Cres-Stadt, einem dichten Gewirr aus kleinen Häuschen, wohnen mehr als zwei Drittel aller Inselbewohner. Hier trifft man sich gerne an der Uferpromenade oder auf dem Hauptplatz direkt am Meer. Pastellfarbene Häuser und venezianische Palazzi säumen den Hafen. Sehenswert sind die drei erhaltenen Stadttore und das Franziskanerkloster aus der Zeit um 1300, das südöstlich der Altstadt zu finden ist. Es besticht durch seinen schönen Kreuzgang und den markanten Glockenturm. Ganz im

Die typischen Lošinjer Segelschiffe sorgen mit ihrer bunten Bemalung im Hafen von Mali Lošinj für gute Laune.

Süden hat das von seinen Einwohnern verlassene Osor den Charakter einer Museumsstadt: Nicht nur wegen seiner venezianischen Architektur, sondern auch dank der Skulpturen zeitgenössischer Künstler, die Gassen und Plätze schmücken.

*** Lošinj

Ursprünglich gehörten sie zusammen: Cres und Lošinj. Doch die Römer trennten sie durch einen elf Meter breiten Durchstich bei Osor. Fortan konnten Schiffe den kürzeren Weg durch den neuen Kavada-Kanal nehmen, statt Lošinj umfahren zu müssen. Pflanzenfreunden bietet die etwa 31 Kilometer lange Insel artenreiche Natur: Exotische Gewächse wie Bananen, Zitronen oder Eukalyptus, die

Lošinjs Kapitäne aus fernen Ländern mitbrachten, gedeihen auf der Insel. Dichte Kiefernwälder verströmen aromatischen Duft und spenden Schatten – sie wurden unter Habsburger Herrschaft gepflanzt. Zu verdanken ist dies dem Lošinjer Botaniker Ambroz Haračić (1855–1916), der die Aufforstung vorantrieb und letztendlich erreichte, dass Lošinj das Prädikat Luftkurort erhielt. Wie in Opatija und Lovran bauten auch hier wohlhabende Zeitgenossen aus Wien und Budapest repräsentative Villen, die unter anderem die geschützte Bucht von Čikat säumen.

*** Mali Lošinj

Eine tiefe Bucht bietet sichere Ankerplätze vor der bunten Kulisse niedri-

ger Häuser und einiger K.-u.-k.-Paläste. Die Inselhauptstadt Mali Lošinj heißt zwar »klein« (mali) ist aber die größte der drei Siedlungen auf Lošinj. Zu jeder Tageszeit herrscht um das Hafenbecken lebhaftes Treiben – Fischer machen ihre Boote seefest, Freizeitkapitäne gehen von Bord ihrer Jachten, Gruppen von Radfahrern brechen auf zur Inselerkundung. Einem hübschen, 1,93 Meter großen Bronzejüngling ist in Mali Lošinj ein eigenes Museum gewidmet: Der rund 2000 Jahre alte griechische Apoxyomenos ging wohl um 100 v. Chr. bei einem Sturm über Bord eines antiken Handelsschiffes und wurde erst im Jahr 1999 vor der Insel aus dem Meer geborgen. Der sensationelle Fund ist bis heute Lošinjs ganzer Stolz.

Gänsegeier und Delfine

Etwa 80 Brutpaare des unter Artenschutz stehenden Gänsegeiers (Gyps fulvus) nisten an den schroffen Uferfelsen von Cres und Krk sowie auf der Mini-Insel Prvić. Früher waren die majestätischen Vögel mit bis zu 2,70 Meter Spannweite regelmäßig über den Kvarner Inseln zu beobachten, wie sie kreisend den Boden nach Aas, bevorzugt verendeten Schafen, absuchten. Der Rückgang der Schafzucht besonders auf Cres reduzierte die Zahl der Geier, die immer weniger Nahrung fanden. Der Öko-Initiative Caput Insulae in Beli im Norden von Cres gelang es in den letzten Jahren, durch Auslegen von Kadavern sowie Pflege und Auswilderung verletzter Geier den Bestand zu stabilisieren – ein Besuch dort informiert über die Eigenarten und Lebensbedingungen der Vögel. Bedroht ist auch eine der letzten Delfinpopulationen der Adria, besonders der Fischfang mit Treibnetzen gefährdet die Meeressäuger. Die Tiere leben in den Gewässern zwischen Lošinj und der Halbinsel Punta Križa, die mittlerweile zum Unterwasserschutzgebiet erklärt wurden. Besucher im Umweltzentrum Blue World in Veli Lošinj können mit erfahrenen Guides Ausflüge zur Delfinbeobachtung machen oder Patenschaften für die Meeressäuger übernehmen.

Sonnenaufgang über Krk-Stadt: Der Hafen trennt das moderne Krk vom historischen Teil.

*** Krk

Die größte Insel der Adria hat zwei Gesichter: Betrachtet man sie vom Festland aus, blickt man auf kahlen Fels. Die Ostküste wird regelmäßig von den kalten, salzgeschwängerten Sturmböen des Nordostwinds Bora heimgesucht und geradezu geschmirgelt. Hinter dieser unfruchtbaren Barriere liegt jedoch eine grüne Landschaft: blühende Macchia, Weinreben, Pinienwälder. Und eine Vielzahl idyllischer Badebuchten. Sogar einen (Beinahe-)Sandstrand nennt Krk sein Eigen, in der Bucht von Baška ganz im Süden. In Kroatiens Geschichte kommt Krk eine besondere Rolle zu: Die Frankopanen, die im Mittelalter über die Region herrschten, stammten von der Insel. Die Überreste ihrer Stammburg verbergen sich als malerische Ruine in dichtem Wald in der Inselmitte. Und die »Tafel von Baška«, das älteste kroatische Kulturdenkmal mit glagolitischer Schrift, wurde hier gefunden.

** Krk-Stadt

Die Stadt an der Westküste der Insel ist noch immer umgeben von ihren alten, venezianischen Stadtmauern. Ein imposanter Wachturm flankiert das Haupttor, und ein runder Turm diente einst als Hafenposten. Zentrales Bauwerk in der Altstadt ist die wuchtige romanische Kathedrale Mariä Himmelfahrt, die auf den Überbleibseln einer römischen Thermenanlage errichtet wurde und mit der gegenüberliegenden zweigeschossigen Doppelkirche einen Komplex bildet. Römische Fundamente sind auch im Keller der beliebten Bar Volsonis zu besichtigen. An der Uferpromenade von Krk herrscht vor allem in den Sommermonaten buntes Treiben. Restaurants reihen sich aneinander, an Eisdielen stehen Touristen Schlange. Von hier starten Ausflugsboote zu den Inseln Prvić, Rab, Grgur und Goli. Badespaß verspricht der Porporela-Strand in der Nähe des Campingplatzes Ježevac.

*** Baška & Jurandvor

Baška, an einer tiefen Bucht im Süden der Insel gelegen, besteht aus einem modernen Ortsteil mit zahlreichen Hotels, Restaurants und Souvenirläden und dem alten, romantischen Ortskern. In den schmalen Gassen sind noch viele Häuser in der Originalarchitektur der Region erhalten: Im Erdgeschoß lagerten Waren oder Vorräte, zum Wohnbereich führte eine Außentreppe in den ersten Stock.

Üppiger Blumenschmuck setzt bunte Tupfer in das Grau der Mauern. Highlight des Ortes ist der zwei Kilometer lange, flach abfallende Feinkies-Strand, der geradezu paradiesisch von kargen Hügeln umrahmt wird. Ein Aquarium zeigt etwa 100 Fisch- sowie 400 Muschel- und Schneckenarten. Über dem Ort thront majestätisch die Johanniskirche. Wenige Kilometer von Baška entfernt, in der winzigen Kirche von Jurandvor, wurde die »Tafel von Baška« aus dem Jahr 1100 entdeckt, das älteste kroatische Schriftdenkmal in Glagolica. Heute ist hier nur noch eine Replik der Tafel zu sehen, das Original wird in Zagreb aufbewahrt. Zahlreiche Fußwege erschließen die Buchten der Umgebung. Eine anspruchsvolle Wanderung verbindet den Ferienort mit Stara Baška, ebenfalls mit einer wunderschönen Bucht.

Karstige Gebirgszüge umrahmen das charmante Baška.

Blick auf drei der vier Glockentürme, die so prägend für die Silhouette von Rab sind.

FKK-Jünger finden auf der Insel Rab eine Vielzahl versteckter Buchten.

Der Paradiesstrand bei Lopar ist einer der wenigen Sandstrände Kroatiens.

*** Rab

Es war, so erzählt man sich, der englische König Edward VIII., der auf der Insel Rab die Tradition des Nacktbadens begründet hat. Nachdem die Behörden dem gekrönten britischen Haupt und seiner Geliebten 1936 erlaubt hatten, hüllenlos in einer Bucht zu planschen, zählt dieses Ereignis als offizieller Beginn der Freikörperkultur auf der Insel. Tatsächlich wurde auf Rab auch schon früher hüllenlos ins Wasser gestiegen – wie sonst wäre Edward wohl auf die Idee gekommen, es ausgerechnet hier zu versuchen. Die FKK-Welle rollte aber erst einige Jahre später so richtig über Rabs Strände. Kein Wunder, besitzt die mit nur etwa 90 Quadratkilometern kleinste der »großen« Inseln des Kvarner doch zahlreiche Buchten, in denen man sogar im Hochsommer noch ungestört Sonne und Meer genießen kann – viele sind nur zu Fuß oder mit einem Boot zu erreichen. Im Nordwesten liegen Urlauber in feinem Sand, im Süden auf Kies oder Felsen. Die Landseite ist karg und gebirgig, die Seeseite hingegen grün mit duftenden Kiefernwäldern, Weinbergen und Gemüsegärten.

*** Rab-Stadt

Wenige Hafenorte der Adria liegen so malerisch wie Rab-Stadt: Die Häuser der Inselhauptstadt staffeln sich auf dem Bergrücken einer Halbinsel den Hang hinauf, sodass die Altstadt aus der Luft betrachtet wie ein Schiffsbug ins Meer ragt. Zwischen den drei Hauptstraßen klettern steile Gassen und Treppen hinauf zur höchsten, der Gornja Ulica, an der sich gleich vier Gotteshäuser aneinanderreihen. Von der Burgruine mit ihrem wuchtigen Wehrturm blickt man auf die Kirchen und ihre vier Türme – ein fotogenes Panorama, da zückt man gerne die Kamera. Wie alt Rab ist, belegen Mosaikreste in der schönen romanischen Kathedrale, die aus dem 4. und 5. Jahrhundert stammen. Noch weiter zurückreichende Funde dokumentieren, dass die Stadt bereits in römischer Zeit ein bedeutender Hafen war. Heute ist Rab ein beliebter Anlaufpunkt für Badeurlauber und Segler. In den Gassen reihen sich zahlreiche Konobas und Restaurants aneinander.

In Rab-Stadt findet sich auch im Hochsommer so manches kühles Plätzchen.

Fisch steht zuoberst auf den Speisekarten, mal deftig, mal fein kredenzt.

* Lopar

Die kleine Gemeinde Lopar an der Nordspitze der Insel Rab schmückt sich mit zwei Besonderheiten: Zum einen soll sie die Heimat des Steinmetzes und späteren Heiligen Marinus sein, der um 300 nach Italien segelte, um beim Bau der Festung von Rimini mitzuhelfen. Später zog er sich als Einsiedler in eine Höhle zurück: die Keimzelle der Republik San Marino. Zum anderen, und dies ist keine Legende, gibt es rund um Lopar richtige Sandstrände. Sie sind den besonderen Strömungen in diesem Teil des Kvarner Golfs zu verdanken. Die meisten sind nur vom Meer aus per Boot oder zu Fuß zu erreichen, versprechen aber echtes Robinson-Feeling. Lopars Hauptstrand, die Rajska Plaža, läuft so flach ins Meer aus, dass man bei Ebbe zu Fuß zu dem vorgelagerten Inselchen laufen kann.

* Kalifront

Mit einem für die waldarmen Kvarner Inseln ungewöhnlichen Landschaftstableau überrascht Rabs Halbinsel Kalifront: Sie ist mit dichtem Urwald bedeckt. Auf 1270 Hektar Fläche bilden Steineichen, Flaumeichen, Manna-Eschen und wilde Oliven ein dichtes Blätterdach, in dessen Schatten vom Damhirsch bis zum Marder eine reiche Tierwelt vertreten ist. Im Unterholz verschränkt sich vielfältiges Buschwerk wie Christdorn, Lorbeer und Mastix zu nahezu undurchdringlichen Wänden. Im Frühjahr leuchten Cyklamen und Duftveilchen aus dem Grün. Wanderwege führen kreuz und quer durch den »Dundo« genannten Wald und enden oft an kleinen Fels- und Kiesbuchten, wo ein Sprung ins glasklare Meer erfrischt.

Unter Bären

»Falls Sie einem Bären begegnen, verhalten Sie sich still. Versuchen Sie, einen großen Bogen um die Tiere zu machen oder legen Sie sich flach auf den Boden.« Lust auf Abenteuer gehört bei Wanderungen im Velebit-Gebirge auf jeden Fall in den Rucksack. Auch wenn es nur selten zur Begegnung mit einem Bären kommt: Der Warnhinweis am Parkeingang beschleunigt den Puls sicherlich, und die atemberaubende Landschaft trägt das ihre dazu bei. Große Teile des bis zu 1757 Meter hohen Gebirgsstocks (Vaganski vrh) sind noch unerschlossen und stehen unter Naturschutz. So zum Beispiel der Sjeverni-Velebit-Nationalpark, der nördliche Teil der Gebirgskette, an deren Hängen ein botanischer Garten die ganze Fülle der Gebirgsflora zeigt. Schroff fallen die weißen Kalkfelsen zur Adriaküste hin ab und halten die von Nordosten heranstürmenden, kalten Bora-Winde von den Orten am Meer ab. Gebirgsbäche sprudeln am Rand naturbelassener Pfade oder ergießen sich als Wasserfälle über das Gestein. In den mal dichten, mal lichten Wäldern leben Luchse und Bären ganz ungestört und meist ungesehen. Die Chance, ihnen zu begegnen, ist also tatsächlich gering.

Berühmt ist Zadar für seine Sonnenuntergänge, sie tauchen die Stadt in einen wahren Farbrausch.

Dalmatien – 1000 Inseln, romantische Hafen-städtchen und ein römischer Palast

Die sonnenreiche Region Dalmatien erstreckt sich von der Metropole Zadar etwa 400 Kilometer weit über Split in Richtung Süden, bis kurz hinter Dubrovnik, das auch gern als »Perle der Adria« bezeichnet wird. Unzählige Inseln und Halbinseln, malerische Strände und zahlreiche Kunstschätze in pittoresken Orten machen Dalmatien zum Urlaubsparadies.

** Zadar

»Zadar hat den schönsten Sonnenuntergang der Welt«, soll Alfred Hitchcock einst geschwärmt haben. Recht hatte er! Wenn sich die Sonne abends am Horizont verabschiedet, mischt sie den himmlischen Tuschekasten mit bombastischem Rot und Orange auf. Ein Farbspektakel, als wenn es kein Morgen gäbe. Die passende musikalische Begleitung liefert die weltweit einzige Meeresorgel an der Uferpromenade. Seit der illyrischen Zeit besiedelt, bewahrt Zadar (75 000 Einw.) Spuren der römischen, kroatischen, venezianischen und Habsburger Herrschaft. Als bedeutender Hafen erlebte Zadar im Zweiten Weltkrieg schwere Bombardements, sodass in den 1950er-Jahren ein kompletter Abriss des historischen Zentrums und der Bau einer neuen Stadt geplant wurde. Glücklicherweise war diese »Vision« nicht finanzierbar und so füllte man die Kriegslücken mit moderner Architektur. Alt und Neu nebeneinander machen daher den besonderen Charme von Zadar aus.

** Altstadt

Sie liegt auf einer Landzunge, auf der sich sehenswerte historisch-architektonische Schmuckstücke wie Perlen auf einer Schnur aneinanderreihen: alte Stadttore, das römische Forum, venezianische Paläste und bedeutende Kirchen mit wertvollen Kunstschätzen. Beim Bummel durch die geradlinig verlaufenden und kreuzenden Gassen sind nette Cafés und Restaurants zu entdecken. Mächtige Mauern und Tore schirmen das alte Zadar zum Hafenbecken Foša hin ab, an dem eine Ruderbootfähre Passagiere ans andere Ende des Hafens bringt. Eine Renaissance-Stadtwache aus dem 16. Jahrhundert, die frühromanische Kirche Sv. Lovro (11.Jahrhundert), deren Mauerreste im Café Lovre zu besichtigen sind, und die ebenfalls im 16. Jahrhundert auf älteren Fundamenten wieder aufgebaute Loggia rahmen den lebhaften Platz Narodni trg mit seinen Straßencafés.

*** Sv. Donat

Das älteste und ungewöhnlichste Gotteshaus der Altstadt ist sicherlich St. Donatus aus dem 9. Jahrhundert. Das 26 Meter hohe, zylindrische Ge-

Die antike Säule auf dem Forum Romanum wurde im Mittelalter als Schandpfahl genutzt.

Sonnentanz und Meeresklang

Nikola Bašić, einem bekannten Architekten aus Murter, ist es zu verdanken, dass Albert Hitchcocks Zitat über die Zadarer Sonnenuntergänge heute noch mehr gilt als damals. Bei der Neugestaltung der Uferpromenade am alten Fähranleger installierte er die »Morske orgulje«: Diese Meeresorgel besteht aus Treppenstufen, die von der Riva ins Meer führen und unter denen Plastikröhren mit Pfeifen verborgen sind. Wenn das Wasser eindringt, entstehen dabei, je nach Wellengang, leise, klagende Töne. Direkt daneben produziert der »Gruß an die Sonne« ein fantastisches Farbenspiel. Die in den Boden eingelassene Scheibe aus Solarzellen leuchtet beim Betreten in verschiedensten Farben auf – das Ganze mit Blick auf »Hitchs« apokalyptischen Sonnenuntergang!

Spitze: Souvenirstand in der Altstadt.

bäude wirkt abweisend und wehrhaft. Römische Säulen und Kapitelle schmücken das Innere – sie stammen teils von Bauten des römischen Forums gleich nebenan. Es heißt, der Bauherr, Zadars damaliger Bischof Donatus, habe sich mit diesem vorromanischen Gotteshaus an der Pfalzkapelle in Aachen oder San Vitale in Ravenna orientiert. Heute präsentiert sich die Kirche bar jeglichen Schmucks und wird wegen ihrer exzellenten Akustik hauptsächlich für Konzerte genutzt.

** Sv. Stošija

Die Fassade von Zadars Kathedrale St. Anastasia wurde im 14. Jahrhundert vollendet und zeigt typisch lombardische, von Blendbögen strukturierte Wechsellagen, eine zierliche romanische sowie eine gotische Rosette und beidseits des Hauptportals Skulpturen von Löwe und Stier als Symbole der Evangelisten Markus und Lukas. Unter den reich dekorierten Altären ist vor allem der Anastasia geweihte mit den Reliquien der Heiligen interessant. Außergewöhnlich ist auch das reich geschnitzte Chorgestühl.

Die Altstadt von Šibenik zieht sich einen Hügel hinauf, den die Festung St. Anna krönt.

St. Jakob gehört seit dem Jahr 2000 zum UNESCO-Weltkulturerbe.

Kleinste Kathedrale der Welt in Nin.

** Nin

Die winzige Kirche Sv. Križ aus dem 9. Jahrhundert im wenige Kilometer entfernten Nin diente einer Reihe von altkroatischen Königen als Krönungskapelle. Mit ihren Maßen von 7,80 auf 7,60 Metern wirkt sie wie eine Puppenstubenausgabe von Sv. Donat in Zadar. Nicht zu Unrecht gilt sie daher auch als kleinste Kathedrale der Welt. Ihr berühmtester Bischof, Grgur Ninski, opponierte im 10. Jahrhundert gegen den Papst und bestand auf einer eigenen, kroatischen Liturgie – seither gilt das Gotteshaus als Symbol der kroatischen Eigenständigkeit gegenüber Rom. Nin ist aber nicht nur wegen seiner frühchristlichen Kirche berühmt, sondern auch wegen der weiten Sandstrände, die sich an eine Lagune schmiegen.

*** Šibenik

Venedig lässt grüßen – nur ohne Massentourismus, Taubenplage und singende Gondolieri. Zahlreiche venezianische Prachtbauten aus dem 15. Jahrhundert, darunter die Kathedrale St. Jakob, erinnern an die Herrschaft der Dogenrepublik und verleihen der Stadt italienisches Flair. Im Sommer erklingen auf den Plätzen der Altstadt Lieder und Melodien, dann unterhalten Musikgruppen die Gäste mit ihrem traditionellen polyphonen Gesang, der »Klapa«. Šibenik ist ein guter Ausgangspunkt für Exkursionen in den Krka-Nationalpark und für Bootsausflüge in die Inselwelt der Kornaten. Baden kann man am besten auf der nahe gelegenen Landzunge Solaris, die mit schönen Kiesstränden aufwartet.

** Altstadt

Feste Schuhe anziehen, denn die in den Hang gebaute Stadt besitzt die meisten Treppen Kroatiens. Und die sind steil! Hat man alle Stufen nach oben erklommen, wartet auf einem Hügel die St.-Anna-Festung (auch St.-Michaels-Festung genannt), die stolz über der Stadt thront – sie wurde zur Abwehr der Osmanen erbaut. Von hier bieten sich schöne Ausblicke über die Altstadt und den engen Meereskanal, besonders bei Sonnenuntergang. Venedig, das die Stadt seit 1412 regierte, sicherte Šibenik mit einer Reihe von Festungsanlagen, darunter auch auf den vorgelagerten Inseln und Halbinseln. Das brachte der Stadt einen zweiten UNESCO-Welterbetitel ein, den sie mit anderen venezianischen Verteidigungsanlagen, darunter

Altstadtgassenidyll in Šibenik.

In unzähligen Kaskaden ergießt sich das Wasser über den Skradinski buk im Krka-Nationalpark in die Tiefe.

in Zadar, teilt. Wenn die Füße schmerzen und sich der Hunger meldet, besucht man am besten eines der vielen Restaurants. Unbedingt probieren sollte man »Brudet«, einen pikant gewürzten Meeresfrüchte-Eintopf, eine kulinarische Spezialität der Stadt.

***Kathedrale St. Jakob

Die strahlend weiße Kirche St. Jakob überragt alle Gebäude; sie ist UNESCO-Weltkulturerbe und das Wahrzeichen der Stadt. Der Bau war ein Kraftakt, nicht nur in finanzieller Hinsicht. Mehr als 100 Jahre sollte die Bauzeit insgesamt betragen. 1298 erhielt Šibenik einen eigenen Bischof, der eine seinem Rang angemessene Kirche benötigte; größer und schöner als die der Nachbarn sollte das Gotteshaus werden. Aber wie das so ist, der

Baubeginn wurde immer wieder verschoben, bis ins Jahr 1431. Da hatten schon die Venezianer das Sagen. Diverse venezianische Architekten und der dalmatische Baumeister Juraj Dalmatinac machten sich an die Gestaltung und schufen ein Meisterwerk, dessen italienische Väter sich nicht verleugnen lassen. Genial ist die Dachkonstruktion der Kathedrale, die ganz ohne Mörtel oder anderes Bindemittel auskommt. Die länglichen Marmorplatten sind so kunstvoll miteinander verzahnt, dass sie sich gegenseitig stützen.

** Krka-Nationalpark

Brodelnd und schäumend stürzen sich die Wassermassen des Flusses Krka auf einer Länge von rund 20 Kilometern in die Tiefe. Dutzende große und

kleine Wasserfälle, zahlreiche Kaskaden und Stromschnellen sind die Hauptattraktionen des Krka-Nationalparks. Der Skradinski buk ist der größte Wasserfall. An dieser Stelle verengt sich das Flussbett zu einem schmalen Durchlass und von Herbst bis Frühjahr drängt ein weiterer Bach ins Tal. Über ein Gerüst aus Stegen, Brücken und Aussichtspunkten kommen Besucher dem wilden, feuchten Schauspiel ganz nah. Unten angekommen, wird das Wasser zahm und träge, versammelt sich zu einem breiten Strom und fließt gemächlich weiter, um bei Šibenik in die Adria zu münden. Im Sommer erwärmt sich das glasklare Nass schnell und wird zu einem einladenden Badegewässer. Dann bietet der Skradinski buk Wasserratten Erfrischung von der Tageshitze.

Nationalpark Kornaten

Wer in seinen Ferien shoppen, feiern oder Handyempfang haben will, sollte die Kornaten, die auch als »Robinson-Inseln« bekannt sind, nach Möglichkeit meiden. Der Nationalpark Kornaten mit seinen 89 zumeist unbewohnten Inseln, Inselchen, Klippen und Riffen erstreckt sich zwischen Dugi Otok und Zirje. Er ist ein Paradies für Naturliebhaber, Segler und Taucher. Im glasklaren Wasser flitzen bunte Fische, tummeln sich Tintenfische, Muränen und kleine Haie zum Greifen nah, sogar Korallen haben sich angesiedelt. Wie eine Mondlandschaft glänzen die felsigen, nackten Eilande in der Sonne. Das war nicht immer so: Einst bedeckten Wälder die Kornaten, doch dann kamen die Römer und holzten alles ab, um Schiffe zu bauen. Der Boden verkarstete, sodass Versuche der Bauern, Obst und Oliven anzubauen, oft erfolglos blieben. Die größten Eilande sind neben der Hauptinsel Kurba Vela, Lavsa, Levrnaka und Piskera. Der englische Dramatiker George Bernard Shaw sagte einmal über das Archipel: »Himmlische Tränen und die Seufzer des Meeres sind der Stoff, aus dem die Kornaten sind«.

Wie ein ins Meer, direkt vor die Küste hingeworfenes Städtchen wirkt das schmucke Primošten aus der Ferne.

*** Trogir

Im Windschatten der Geschichte hat Trogir sein mittelalterliches Stadtbild bewahrt, das sich hier so geschlossen präsentiert wie in keiner anderen dalmatinischen Stadt. Seinen besonderen Charme hat Trogir den Römern zu verdanken: Sie trennten die Siedlung durch einen Kanal vom Festland und schufen so eine künstliche Insel, auf der die Altstadt liegt. Wer durch die engen Gassen schlendert, reist in der Zeit zurück. Sehenswürdigkeiten liegen hier nahe beieinander, beispielsweise am Johannes-Paul-II.-Platz mit seinen kleinen Cafés. Um ihn gruppieren sich die wichtigsten Gebäude wie die Kathedrale St. Laurentius, die Kirche St. Barbara, das Rathaus, die Stadtloggia, der Ćipiko-Palast und der Glockenturm St. Sebastian. Das Kloster St. Nikolaus bewahrt ein griechisches Relief, das Kairos darstellt, den Gott des günstigen Augenblicks. Wer ihm begegnet und im richtigen Augenblick an der Stirnlocke packt, hat das Glück auf seiner Seite. An der Außenloggia neben dem Seetor findet der tägliche Fischmarkt am Hafen statt. Der Unterstand diente im 16. Jahrhundert Reisenden als Obdach, die erst nach dem abendlichen Schließen der Stadttore mit dem Schiff ankamen und die Nacht draußen verbringen mussten. Auch der UNESCO blieb der Charme von Trogir nicht verborgen. Sie erklärte 1997 den gesamten Altstadtkomplex zum Weltkulturerbe. Doch auch außerhalb der Stadtmauer hat Trogir viel zu bieten: So laden die zauberhafte Uferpromenade, die Stadtstrände Medena und Pantan sowie die Strände der vorgelagerten Insel Čiovo zu erholsamen Tagen am Meer ein.

*** Laurentius-Kathedrale

Nur selten sind an einem Gebäude so viele unterschiedliche Stilepochen zu erkennen wie an der Kathedrale St. Laurentius, kroatisch Sv. Lovro. Die Bauarbeiten begannen 1123 und endeten erst 1610 mit der Fertigstellung des Glockenturms. Die Stilfolge seines Unterbaus und der drei Stockwerke reicht in Schichten von der Romanik über die frühe und venezianische Gotik bis zur Renaissance. Zu den ältesten Teilen der Kirche gehört das Westportal aus dem Jahr 1240. Es zählt zu den Meisterwerken romanischer Steinmetzkunst in Kroatien. Löwen umrahmen das Portal, auf ihnen stehen Adam und Eva. In den Bögen sind Darstellungen aus dem Alten und Neuen Testament zu sehen. Innen lohnt es sich, die Taufkapelle aus dem Jahr 1464 näher zu begutachten und die Kapelle des Seligen Johannes, des Stadtpatrons – ein Juwel der Renaissance. Die Figur von Trogirs erstem Bischof ruht auf einem Sarkophag aus rotem Marmor über dem Altar. Das geschnitzte Chorgestühl ist äußerst fein gearbeitet und zählt zu den schönsten seiner Art in Kroatien.

** Primošten

Ein mit kleinen Fischerhäuschen bebauter Hügel mitten im Meer, nur durch einen schmalen Damm mit dem Festland verbunden – das ist Primošten. Früher ermöglichte eine Zugbrücke den Zugang zum Festland. Auf dem höchsten Punkt wacht die Pfarrkirche St. Georg aus dem 15. Jahrhundert. Von hier ist der Blick über die rot gedeckten Fischerhäuschen auf das azurblaue Meer besonders hübsch. Im Gassengewirr erwarten den Besucher alte dalmatinische Steinhäuser, liebevoll gestaltete Hinterhöfe und kleine gepflegte Gärten. Rings um die Altstadt laden an heißen Sommertagen traumhafte Strände zum Sonnenbaden und das kristallklare Meer zu einem erfrischenden Bad ein. Weltweit bekannt ist Primošten für seinen Rotwein, den Babić. Die Weinstöcke wachsen auf kleinen, teils nur handtuchgroßen Flächen. Das Geheimnis seines guten Geschmacks sind die weißen Steinchen, die rund um die Weinstöcke den Boden bedecken. Sie reflektieren die Sonne und heizen den Reben richtig ein.

Von der Festung Kamerlengo aus dem 15. Jahrhundert hat man einen herrlichen Blick über die Altstadt von Trogir.

Als unbestritten architektonisches Prunkstück von Trogir gilt die prächtige Laurentius-Kathedrale.

Das schön gelegene Split ist für viele das Herz von Mitteldalmatien.

*** Split

Mit seinen knapp 170 000 Einwohnern ist das auf einer Halbinsel gelegene Split nach der Hauptstadt Zagreb die zweitgrößte Stadt Kroatiens und zugleich das wirtschaftliche und kulturelle Zentrum Dalmatiens. Vor seinen Toren erstreckt sich der gleichnamige Archipel mit vielen kleinen Inseln. Größter Anziehungspunkt ist der spätantike Diokletianspalast, der 1979 zum UNESCO-Weltkulturerbe erklärt wurde und Splits Altstadt beher-

bergt. Um die teils noch gut erhaltenen Mauern des Palastes gruppieren sich neuere Stadtteile, die unter der Herrschaft der Habsburger und später im sozialistischen Jugoslawien entstanden. Fähren starten von Split zu nahen Eilanden wie Ugljan und Pašman ebenso wie ins mehrere Stunden Fahrt entfernte Vis und zu italienischen Häfen. Und mit »Dynamo Zagreb« steht »Hajduk Split« im ewigen Wettstreit um den kroatischen Fußballpokal.

** Altstadt

Splits Altstadt liegt innerhalb der Mauern des Diokletianspalastes. Der Kaiser hatte seine Festung so groß bauen lassen, dass sowohl der Hofstaat als auch die komplette Garde darin Platz fanden. So entdeckt der Besucher heute ein dicht besiedeltes historisches Zentrum inmitten spätantiker Mauern und steinerner Paläste, trinkt einen Cappuccino oder probiert die lokalen Spezialitäten in den kleinen Restaurants der Altstadtgas-

Ein eindrucksvoller Ort: das Peristyl des Diokletianspalastes.

An der Uferpromenade reiht sich ein prächtiges Gebäude an das andere, darunter auch viele Hotels.

sen – er befindet sich dabei ununter-
brochen in einem einzigen riesigen
römischen Baudenkmal. Die gesamte
Innenstadt prägen Spuren und Bau-
elemente, die auf die römische Palast-
anlage zurückgehen, sogar Stadttore
wie die Porta Aurea sind erhalten. Aus
der Blütezeit der venezianischen Handelsmetropole Split zwischen dem 15.
und 18. Jahrhundert stammen der
spätgotische Papalić-Palast sowie das
Cindro- und das Agubio-Palais, Splits
schönste Barockpaläste.

** Galerija Ivan Meštrović

Splits berühmtester, wenn auch nur
kurzzeitiger Wahlbürger war der Bildhauer Ivan Meštrović (1883–1962). Er
erwarb in den 1930er-Jahren einen
Sommersitz auf dem Marjan-Hügel
oberhalb von Split, um dort seine Arbeiten auszustellen. Schon wenige
Jahre später emigrierte der Künstler in
die USA und vermachte das Museum
und seine Villa dem jugoslawischen
Staat. Obwohl Meštrović in erster Linie in den USA arbeitete, wird er in

Kroatien noch immer stark verehrt.
Seine Werke, die zwischen Wiener Sezession, Expressionismus und Moderne anzusiedeln sind, zeichnen sich
häufig durch monumentale Ausmaße
und christliche Symbolik aus. Die Statue des legendären Bischofs von Nin
Grgur Ninski an der Spliter Porta Aurea beispielsweise ist stolze zehn Meter hoch. In der Galerie sind auch in-
timere Werke vertreten, so zum
Beispiel die anrührende Büste seiner
Ehefrau Olga.

Der Palast des Kaisers

Kaiser Diokletian kümmerte sich schon früh um die Planung seines Altersruhesitzes. Der römische Herrscher, der das Reich neu geordnet und die Christen unbarmherzig verfolgt hatte, ließ sich eine Sommerresidenz in Split nahe seiner Geburtsstadt Salona erbauen, die eine Mischung aus Landsitz, Stadtpalast und Festung sein sollte. In nur zehn Jahren, von 295 bis 305 n. Chr., entstand der Komplex vom Typus eines römischen Castrums mit einer Fläche von 215 × 180 Metern und turmbewehrten Mauern. Bei einem Awareneinfall im Jahr 614/615 floh ein Teil der Bewohner Salonas in die schützenden Mauern des Palastes, dessen Areal auf diese Weise zur Keimzelle des heutigen Split wurde. Das achteckige Mausoleum des Christenverfolgers Diokletian wurde durch den Anbau einer Eingangshalle und eines Glockenturms zum christlichen Dom. Der Jupitertempel verwandelte sich in ein Baptisterium, und im zentralen Peristyl, dem von Säulenhallen eingefassten Hof, trifft sich heute die Jugend. In den Podrumi, den Kellergewölben unter den kaiserlichen Wohngemächern, gewinnt man einen Eindruck von der wahren Größe der Anlage: Alleine das Untergeschoss bestand aus über 50 Räumen.

Korsaren bauten Omiš im Mittelalter zum wehrhaften Seeräubernest aus.

In der hübschen Altstadt von Makarska gibt es vieles zu entdecken.

** Makarska-Riviera

Blaues Meer, dahinter weiße Häuser, die eine steil emporragende Gebirgskette scheinbar vom Rest der Welt abschneidet: Die rund 60 Kilometer lange Riviera um den Hauptort Makarska gilt als eine der schönsten Badedestinationen an der kroatischen Küste. Durch das schroffe Biokovo-Gebirge vor klimatischen Kapriolen bewahrt, schmiegt sich zwischen Gradac im Norden und Brela im Süden eine Reihe von Hafenstädtchen in geschützte Buchten. Kiesstrände und nicht wie sonst meist Fels säumen die Küstenlinie, und davor erheben sich die Silhouetten der großen Inseln Brač und Hvar wie Walrücken aus dem Meer. Sehenswert in Makarska sind die palmengesäumte Uferpromenade, die schöne Altstadt mit zahllosen kleinen Geschäften und das Franziskanerkloster mit seinem im 14. Jahrhundert erbauten Kreuzgang, einer kleinen Pinakothek mit einem Mariengemälde von Pietro de Coster sowie einer interessanten malakologischen Sammlung.

** Biokovo-Gebirge

Vom Meer aus betrachtet wirkt das Biokovo-Gebirge hinter den Küstenorten der Makarska-Riviera wie eine graue, schroff gezackte Mauer aus Karstgestein. Steil wächst der ca. 30 Kilometer lange Gebirgszug, der zu den Dinarischen Alpen gehört, aus der Ebene empor. Sein höchster Gipfel Sv. Jure erreicht 1762 Meter. Ein Teil des Gebirges steht als Naturpark unter Schutz. Die karg bewachsenen Hänge lassen den Pflanzenreichtum – über 1500 Arten sind verzeichnet – kaum vermuten. Im Botanischen Garten Koština duften Tommasini-Glockenblumen, Dalmatinische Insektenblumen und Biokovo-Salbei um die Wette. Dalmatinische Kiefern und Steineichen besiedeln Flächen, in denen sich etwas Regenwasser halten kann. Schwindelfreie wagen sich auf den elf Meter über dem Abgrund hinausragenden, gläsernen Skywalk Nebeska šetnica. Kroatiens höchste Asphaltstraße windet sich spektakulär von Makarska hinauf bis unterhalb des Gipfels des Sv. Jure. Doch Vorsicht, auf der Strecke ist große Fahrsicherheit gefordert, denn hier geht es eng zu und der Abgrund ist nah!

Die Strände rund um Makarska gehören zu den schönsten Kroatiens.

* Omiš

Kurz bevor der Fluss Cetina in die Adria mündet, durchbricht er eine Art Felsentor. Diese besonders enge Stelle nutzten Piraten jahrhundertelang als natürliche Festung zwischen Felsen, Fluss und Küste. Von dieser Bastion aus, dem heutigen Städtchen Omiš, kaperten sie Handelsschiffe gleich welcher Nationalität. Mit Gewalt war den Freibeutern nicht beizukommen; erst Venedig gelang die Unterwerfung – es kaufte Omiš 1444 dem letzten ungarisch-kroatischen König ab. Kriegerisches ist im kleinstädtischen Omiš heute nicht mehr zu spüren. Musik liegt stattdessen in der Luft, und zwar der charakteristische, mehrstimmige Gesang, der lange Männern vorbehalten war, die Klapa. Einmal im Jahr ist Omiš Zentrum der Klapa-Chöre aus Dalmatien, dann treten sie hier zum Wettbewerb an – inzwischen sind übrigens auch Frauen dabei. Neben den Chören und der abenteuerlichen Cetina-Schlucht besitzt Omiš auch reizvolle Strände.

** Cetina-Schlucht

Nur 100 Kilometer lang ist der Fluss Cetina, der aus einer Karstquelle im Dinarischen Gebirge entspringt, mehrmals die Bergbarriere durchbricht, sich durch enge Felskorridore und über Steinstufen arbeitet, um schließlich in der Cetina-Schlucht bei Omiš mit Karacho die letzten Kilometer bis zur Adria zurückzulegen. Die bis zu 300 Meter hohen Felswände rücken auf diesem Teilstück eng zusammen, Raubvögel kreisen in den Lüften, und unten im Talgrund arbeiten sich Rafter und Kanuten durch den schäumenden Fluss. Wasser spritzt von allen Seiten in das Schlauchboot, die Strömung wirft es hin und her. Plötzlich steckt es zwischen zwei Felsen fest, der Fluss zerrt an ihm. Ruckartig löst sich das Boot: Rafting durch die Cetina-Schlucht ist ein adrenalinhaltiger Höhepunkt für Aktivurlauber. Das nasse Abenteuer endet mit einem köstlichen Mahl in der idyllisch am Fluss gelegenen Gaststätte Radmanove Mlinice.

Weit ragt die sichelförmige Landzunge namens »Goldenes Horn« ins Meer hinaus.

** Brač

Am Weißen Haus in Washington kann man ihn sehen, ebenso am Reichstag in Berlin: den weißen Marmor von Brač. Er ist jedoch kein richtiger Marmor, sondern ein weißer Kalksandstein, der sich durch Bodenerosion gebildet hat. Daher müssen die Arbeiter ihn auch nicht herausschlagen, sondern lediglich abtragen. Schon in der Antike gab es an der Küste Steinbrüche; Sklaven wuchteten den Sandstein von hier in großen Blöcken auf Handelsschiffe. Ab dem 15. Jahrhundert besaßen berühmte Architekten auf Brač eigene Steinbrüche für ihre Bauprojekte, so auch Andrija Aleši, der beim Bau des Šibeniker Doms beteiligt war. Heute wird der weiße Stein vor allem an der Nordküste, bei Pučišća, abgebaut und bearbeitet. Brač ist im Gegensatz zum Nachbareiland Hvar nicht mondän,

sondern eine Insel der Bauern, Fischer und Steinmetze. Touristisch ist Brač mit seinem bergigen Inselinneren für diejenigen interessant, die es still, ursprünglich und ohne großen Trubel mögen oder einfach am Strand entspannen möchten. Ausnahme: Bol mit seinem berühmten Strand Zlatni rat.

** Bol & das Goldene Horn

Der Ferienort an der Südküste ist berühmt für ein einzigartiges Naturphänomen: das Goldene Horn. Eine Landzunge aus Sand und feinem Kies ragt hier fast 500 Meter ins Blau der Adria hinein und krümmt sich je nach vorherrschender Meeresströmung mal in die eine, mal in die andere Richtung. Nicht nur Sonnenanbeter schätzen das »Zlatni rat«, wie das Goldene Horn auf Kroatisch heißt, es gilt auch als Windsurfer-Mekka, weil die Winde hier rasante Fahrten möglich machen.

Keine Frage, dass Bol bei Brač-Besuchern die Nummer eins unter den Ferienorten ist. Neben dem Goldenen Horn besitzt Bol aber auch weitere reizvolle Strände, eine Uferpromenade mit Cafés und eine hübsche kleine Altstadt. An ihrem östlichen Rand erhebt sich auf der Halbinsel Glavica das spätgotische Dominikanerkloster in sehr fotogener Lage. Ein lohnender Ausflug führt zur Einsiedelei Blaca – sie wurde im 16. Jahrhundert von Mönchen, die vor den Osmanen vom Festland geflohen waren, nahezu komplett aus dem Fels geschlagen. Man erreicht sie zu Fuß im Rahmen einer anspruchsvollen Wanderung oder per Boot vom Wasser aus.

** Museumsdorf Škrip

Wie die Menschen in früheren Jahrhunderten auf Brač lebten, lässt sich in dem Museumsdorf im Inselinneren

erkunden. Leer stehende Gebäude wie das Palais der Adelsfamilie Cerinić hat der Staat zu einem Museum ausgebaut, in dem typisches Handwerkszeug, Trachten und Einrichtungsstücke vom entbehrungsreichen Leben der Bauern und Schäfer berichten. Ungewöhnlich ist das an das Museum grenzende römische Mausoleum. Um 400 n. Chr. wurde darin eine adelige Frau bestattet. Wer sie war, ist bis heute umstritten. Die einen wähnen die Gattin Diokletians in dem Grab, die anderen schwören, es handele sich um die angeblich aus Brač stammende Ehefrau von Kaiser Konstantin. Dass Škrip bereits lange vor der christlichen Zeitenwende besiedelt war, belegen die Reste einer »Zyklopenmauer«, so genannt wegen der riesigen Felsbrocken, die hier wahrscheinlich von Illyrern aufeinandergetürmt wurden.

Zurück in die Vergangenheit bitte – im Museumsdorf Škrip kein Problem.

Was schwimmt denn da?

Winzige, bunte Fischchen verharren fast reglos im Wasser, nur Sekunden später schießen sie blitzschnell zur Seite, wo sie das Meer zu verschlucken scheint. Andere kommen in großen Schwärmen, bewegen sich synchron, glitzern, wenn sie nahe der Oberfläche das Sonnenlicht trifft. Es geht weiter hinab – auf Tauchstation an der kroatischen Adriaküste. Seichtere Stellen geben die Farbenvielfalt schon beim Schnorcheln preis, für die wahren Unterwasserschätze muss man jedoch tiefer hinabtauchen. Der Meeresgrund ist oft steinig, Korallen zeichnen bizarre Muster und verteidigen sich ganz passiv, aber erfolgreich mit scharfen Kanten. Gelb und rot gefärbt, klammern sie sich an Felsen und bieten Seesternen und Kleinstlebewesen einen geschützten Lebensraum. So vielfältig wie die Landschaft über der Meeresoberfläche ist auch die Unterwasserwelt Dalmatiens. Nicht zuletzt wegen der zahlreichen Schiffswracks, die Meeresbewohnern ein geschütztes Refugium bieten.

Der tief eingeschnittene Hafen von Hvar-Stadt ist Anlaufstelle für viele Boote.

Das historische Zentrum von Hvar-Stadt rund um den Stefansplatz.

Das polje von Stari Grad

Wohl wenige von der UNESCO zum Welterbe erwählten Orte sind so unspektakulär: Östlich von Stari Grad erstreckt sich ein polje, ein durch Karsteinbrüche gebildetes Feld, auf dem vorrangig Wein angebaut wird. Diese etwa 800 Hektar große Fläche ist in 75 Grundstücke aufgeteilt, von denen ein jedes 900 auf 180 Meter misst. In der Rechnung der griechischen Kolonisten, die dieses Feld um 400 v. Chr. vermaßen, waren es 5 mal 1 stadia, dem damaligen Längenmaß. Über bald 2500 Jahre wurde dieses Kataster von den Landwirten beibehalten; selbst der Punkt, von dem aus das polje kartiert wurde, der omphalos, ist heute noch erkennbar. Das brachte eine UNESCO-Prämierung ein.

*** Hvar

Lila Blüten so weit das Auge reicht, dazu ein herb-süßlicher Duft: Lavendel. Im Juni werden die Felder geerntet, manchmal dürfen Feriengäste sogar dabei helfen. Dann werden die Blüten getrocknet und in kleinen Säckchen überall auf Hvar verkauft. Oder exportiert für Kosmetika und die Parfümproduktion. Doch wer denkt, dass er damit das Beste schon kennt, der hat noch keinen Blick in die vielen Gärten mit Zypressen, Oleander, Orangen- und Zitronenbäumen geworfen. Feigenbäume runden das toskanische Flair der viertgrößten Adria-Insel ab. Mit durchschnittlich 2718 Sonnenstunden im Jahr liegt Hvar in der Urlaubergunst ziemlich weit vorn. Da das Gebirge der Nachbarinsel Brač das Eiland vor der Bora, dem böigen Fallwind, schützt, herrscht fast überall mildes Klima. Subtropische Vegetation verleiht den kleinen Buchten besonderen Charme.

*** Hvar-Stadt

Hvar gilt als eine der schönsten Städte an der Adria-Küste. Palmen und traditionsreiche Hotels säumen die Uferpromenade am Hafen, historische Bauten wie die Kathedrale, das Arsenal und der Bischofspalast rahmen den Hauptplatz ein. Am Hafen steht eine venezianische Loggia aus dem 16. Jahrhundert, die heute als Vorbau eines Hotels fungiert, und oberhalb des Ortes ragt die Spanische Festung auf, von der sich schöne Ausblicke über Hvar und die vorgelagerten Pakleni-Inseln bieten. Der Ort hat ein autofreies Zentrum und ist mit seinen vielen Treppen in den Gassen, Familienwappen an den Häusern und Fassaden mit venezianisch-gotischen Fenstern ein beliebtes Touristenziel. Vor allem Promis aus Film und Politik lassen sich vor der malerischen Kulisse gerne ablichten. Ihre Luxusjachten dümpeln wie riesige Wale vor dem kleinen Hafenbecken.

** Stari Grad

Die Bucht verspricht Geborgenheit und Schutz: Immer schmaler wird sie zum Ende hin, an ihren Seiten erstrecken sich terrassierte, grüne Hänge. Ein Anblick, dem schon die Griechen verfielen. Doch sie konnten das heuti-

Beim Fischerdorf Zavala im Süden der Insel gibt es einen schönen Aussichtspunkt.

ge Stari Grad erst nach schweren Gefechten auf See gegen Illyrer und Liburner im 4. Jahrhundert erobern. Die Römer machten alles dem Erdboden gleich, die Venezianer bauten den Ort dann wieder auf. Im Innenhof des Trvdalj-Schlosses aus dem 16. Jahrhundert, dem Domizil des Renaissancedichters Petar Hektorović, umschließt eine von Arkadenbögen durchbrochene Mauer einen Fischteich; in dem der Hausherr Meeräschen züchtete und seine lyrischen Einsichten in Stein meißeln ließ. Stari Grad ist ruhiger als Hvar-Stadt und nicht so mondän. Schmale Gassen, Restaurants und hübsche Läden machen Lust auf einen Altstadtbummel.

Das Städtchen Komiža auf Vis besticht durch seine schöne Lage an einer weiten Bucht zu Füßen des Berges Hum.

Kroatische Version von »The Beach«: die Stiniva-Bucht an der Südküste.

*** Vis

Das ruhige, beschauliche und bäuerlich geprägte Eiland kam lange ohne Touristenrummel aus, dafür aber mit hervorragendem Wein aus eigenem Anbau. Dass die Insel ihre Abgeschiedenheit bewahren konnte, verdankt sie nicht nur ihrer Lage weit draußen in der Adria. Bereits die Habsburger hatten die strategisch günstige Position von Vis auf nahezu halbem Weg zwischen kroatischer und italienischer Küste erkannt und daher hier einen Militärstützpunkt errichtet, den alle nachfolgenden Herrscher über Kroatien ausbauten. Im Zweiten Weltkrieg unterhielt der Partisanenführer und spätere jugoslawische Präsident Tito hier einen geheimen Unterschlupf. Und in der Ära des sozialistischen Jugoslawien war Vis militärisches Sperrgebiet – die Folge: kein Tourismus. Der begann erst im unabhängigen Kroatien, und zwar vor allem mit Seglern und Bootsfahrern, denn es sprach sich schnell herum, dass Vis über fantastische Strände verfügt. Abends geht es in den Feinschmeckerrestaurants von Vis-Stadt und Komiža hoch her, frischer wird Adria-Fisch selten serviert.

In Vis-Stadt führen steile Treppengassen vom Ufer den Hügel hinauf.

*** Strände

Wahrhaft karibische Gefühle kommen auf, wenn man sich einer der bezaubernden Buchten der Insel nähert. Die Bilder ähneln sich: Hoher schroffer Fels bildet einen schützenden Rahmen um kalkweißen Kies, über dem das Meer eine geradezu unwirklich türkise Farbe annimmt. Vor das Vergnügen, an diesen Traumbuchten zu baden, hat die Natur allerdings einige Mühen gesetzt: Am einfachsten ist die Bucht uvala Stončica nicht weit von Vis-Stadt zu erreichen. Zehn Minuten Fußweg vom Parkplatz bergab – und willkommen in der Karibik! Legendär ist die Stiniva-Bucht, wo ein Felsentor eine türkisblaue Lagune bewacht: Vom Weiler Donja Žužeca heißt es laufen, etwa eine halbe Stunde steil bergab (und danach wieder steil bergauf). Dafür belohnt ein Traum aus Kieseln, Pinien und ein improvisiertes Café. Und falls es Sand sein muss, dann ist die Zaglav-Bucht unweit des Dörfchens Milna das Richtige, ein kurzer Fußmarsch macht's möglich.

Konkurrenz für die Blaue Grotte auf Capri, auch weil hier viel weniger los ist.

*** Blaue Grotte (Plava Špilja)

Langsam gleitet das kleine Boot durch die Höhle, es ist beinahe ein Schweben. Denn das Wasser darunter erstrahlt in leuchtendem Blau, so hell, dass es ein bisschen wirkt wie arktisches Eis. Faszinierend und beängstigend zugleich, denn die scheinbar endlose Tiefe des Meeres liegt unter dem Rumpf wie ein magischer Tunnel. Die Blaue Grotte gehört zu Biševo, der winzigen Nachbarinsel von Vis. Täglich starten Ausflugsschiffe von Vis zur Fahrt in die Grotte und die beste Tageszeit ist vormittags. Damit man schon drin ist, wenn die Sonne ihren höchsten Stand erreicht und die Strahlen durch eine Felsenöffnung dringen, die dann das Meer in allen erdenklichen Blautönen leuchten lassen. Auch eine Grüne Grotte gibt es. Sie liegt auf der Nachbarinsel Ravnik und bezaubert durch grüne Lichtspiele. Für beide allerdings gilt: Das Wasser darin ist deutlich kälter als im von der Sonne erwärmten Meer.

Korčula-Stadt ist eine Miniaturausgabe von Dubrovnik – kleiner, aber ebenso schön.

In der Altstadt von Korčula sind noch viele Relikte aus der Römerzeit zu entdecken.

*** Korčula

Die Einwohner Korčulas bleiben dabei: Weltentdecker Marco Polo wurde auf ihrer Insel geboren. Dafür gibt es zwar keine Beweise, Historiker gehen aber davon aus, dass Marco Polo als Kommandant einer Kriegsgaleere 1298 an der Schlacht vor Korčula teilnahm und hier in Gefangenschaft geriet. Ob mit oder ohne den berühmten Sohn – die lang gezogene Insel und ihr gleichnamiger Hauptort sind unbedingt sehenswert. Nur ein 1,2 Kilometer breiter Kanal trennt Korčula von der nördlich gelegenen Halbinsel Pelješac. Während dort die besten Rotweine produziert werden, sind die Winzer auf Korčula stolz auf ihren weißen Grk. Die reich gegliederte Küste bietet keine kilometerlangen Strände, sondern intime Felsbuchten – ein Paradies für Nautiker! Auch Windsurfer schätzen die Insel bzw. den »Kanal« zu Pelješac wegen der zuverlässigen Winde. Zum Brauchtum auf Korčula gehören die Moreška und die Kumpanija, wilde traditionelle Schwerttänze, die an die Bekämpfung der einstigen osmanischen Angreifer erinnern sollen.

** Korčula-Stadt

Die romantische Altstadt thront auf einer felsigen Anhöhe; alle wichtigen Gebäude reihen sich entlang der zentralen Hauptstraße, von der Seitengassen wie bei einem Fischgrätmuster nach links und rechts abzweigen. So wird der sommerliche Mistral in die Stadt geleitet, die im Winter von Nordost wehende kalte Bora hingegen gebrochen. Das Landtor, der Eingang

Ston besitzt nicht nur die längste Wehrmauer Europas, sondern auch viele Salinen und Austernzuchtbecken.

zur Stadt mit majestätischem Treppenaufgang und dem imposanten Veliki-Revelin-Turm, ist ein beliebtes Fotomotiv. Das elegante Portal der Kathedrale St. Markus, Sv. Marko, schuf Bonino di Milano 1412: Gedrehte Säulen und zwei Löwen, die an beiden Seiten wachen, verbinden Elemente der Gotik und der Renaissance. Im Inneren zeigt das Altargemälde den Kirchenpatron, flankiert von zwei Heiligen – wahrscheinlich ein Werk Tintorettos, ebenso wie die »Verkündigung« im südlichen Seitenschiff.

** Ston & Mali Ston

Konkurrenz für die Chinesische Mauer: In Ston auf der Halbinsel Pelješac steht die längste Wehrmauer Europas. 5,5 Kilometer lang, zieht sie sich quer über die gesamte Landenge zwischen der Halbinsel und dem Festland. Hier verlief jahrhundertelang die Grenze zwischen dem Einflussgebiet Venedigs und dem der Stadtrepublik Ragusa (heute Dubrovnik), zu dem Pelješac gehörte. Mit ihren 40 Türmen, einem Kastell und den Bastionen diente sie dem Schutz des Kriegshafens und der

Salzgärten. 1336 begannen die Bauarbeiten, die bis ins 15. Jahrhundert andauerten. Die Mauer ist so stabil, dass sie selbst einem heftigen Erdbeben 1996 trotzte. Anders die beiden Orte Mali Ston und Veliki Ston: Das Beben zerstörte dort viele Gebäude. Während in den Salinen von Veliki Ston Salz gewonnen wird, ist Mali Ston berühmt für seine Austernzucht. Bei Fahrrad- oder Bootstouren durch die flache Salinen- und Lagunenlandschaft lassen sich die fangfrischen Austern an Imbissbuden verkosten.

Dubrovnik mit seinem wunderschönen, verwinkelten Zentrum gilt als faszinierendste Stadt Kroatiens.

*** Dubrovnik

»Perle der Adria« wird Dubrovnik auch genannt und man sagt, außer Venedig habe es keine Konkurrenz. Die historische Altstadt thront, an drei Seiten vom Meer umgeben, auf einer Felseninsel, die roten Dächer der Häuser leuchten schon von Weitem. Es sind überwiegend neue Ziegel, denn nachdem sich Kroatien unabhängig erklärt hatte, belagerte die jugoslawische Armee 1991/1992 die Stadt und zerschoss einen Großteil der Dächer. Aber die Wunden des Krieges sind längst repariert. Zerstörung erlebte Dubrovnik mehrmals: 1667 hatte ein schweres Erdbeben das damalige Ragusa verwüstet. Schnell machte man sich an den Wiederaufbau im Geiste von Renaissance und Barock. Wer heute über die verkehrsberuhigte Hauptstraße Stradun schlendert, die Renaissancepaläste bewundert oder in den marmornen Gassen auf Entdeckungstour geht, wird dem Charme der Stadt erliegen, selbst in der Hochsaison, denn: »Wer das Paradies auf Erden sucht, komme nach Dubrovnik«, schrieb schon George Bernard Shaw.

❶ ** Altstadt

Ein Bummel beginnt am eindrucksvollsten beim mächtigen Pile-Tor im Westen – neben dem Ploče-Tor im Nordosten einer der beiden landseitigen Zugänge. Das Pile-Tor besteht aus zwei Teilen: 1537 wurde das Außentor errichtet, 1460 das Innentor. Über beiden wacht Dubrovniks Schutzheiliger, Sv. Vlaho (St. Blasius), der ein Modell der Stadt in seinen Händen hält. Dahinter beginnt eine Welt aus hellem Stein. Holzhäuser hatte die Stadtverwaltung schon im Mittelalter wegen Brandgefahr verboten; ebenso wenig waren Balkone erlaubt, die den engen Gassen das Licht nehmen konnten. Straßenbreite, Geschosshöhen, Dachschrägen und Fenstergrößen waren ebenfalls gesetzlich festgelegt. In dieser einheitlichen Bebauung erstrahlen Solitäre wie der im 16. Jahrhundert erbaute Sponza-Palast in venezianischer Gotik oder die Loža genannte Stadtwache mit Uhrturm (15. Jahrhundert) umso mehr. Der Große und der Kleine Onofrio-Brunnen versorgten Ragusa einst mit Trinkwasser und sind prächtig anzusehen. Aus 16 Wasserspeiern sprudelte am Großen Brunnen das kühle Nass Tag und Nacht und verbesserte so den Komfort in der Stadt maßgeblich.

❷ ** Kirche Sv. Vlaho

Seit dem Jahr 972 wird der heilige Blasius als Patron der Stadt verehrt. Auf den meisten Darstellungen hält er ein Modell in der Hand, das die Stadt Dubrovnik zeigt, wie sie sich im 15. Jahrhundert, lange vor dem Erdbeben, präsentierte. Seine vergoldete Statue findet sich in der Kirche St. Blasius im Hochaltar unterhalb der barocken Orgel. Ein Goldschmied aus Dubrovnik fertigte sie im 15. Jahrhundert an. Das kostbare Stück wurde früher immer am 3. Februar in einer großen Prozession durch die Stadt getragen. Die heutige Kirche wurde von 1706 bis 1715 errichtet, nachdem ein Feuer den Vorgängerbau zerstört hatte. Vor dem Gotteshaus erinnert ein über zwei Meter hohes Denkmal an den Paladin Karls des Großen, Roland, der den Bürgern Dubrovniks während der Belagerung durch arabische Piraten im 8. Jahrhundert beigestanden hatte.

Der große Onofrio-Brunnen ist heute beliebter Treffpunkt in der Stadt.

Ein Gang durch Dubrovniks Geschichte

Gegründet um das 7./8. Jahrhundert von Flüchtlingen aus dem nahen Epidaurum (heute Cavtat), die völkerwandernde Awaren und Slawen vertrieben hatten, entwickelte sich Ragusa bald zu einem der wichtigsten Handelsplätze im östlichen Mittelmeer. Im 14. Jahrhundert wehrte die Stadt erfolgreich die Herrschaftsansprüche Venedigs und Ungarns ab. Ab 1525 formal unter osmanischer Oberhoheit, bestimmte sie als Freie Republik bis zur Annexion Dalmatiens durch Napoleon (1809) selbst ihr Schicksal. Die mächtige Befestigung mit ihren bis zu sechs Meter dicken und 25 Meter hohen Mauern zeugt noch heute von ihrer Wehrhaftigkeit.

Die roten Dächer der Stadt leuchten den Reisenden schon von Weitem entgegen, links thront die Festung Lovrijenac.

In hunderten von Jahren spieglblank poliert, glänzen die marmornen Pflastersteine in der Stradun.

❸ *** Rektorenpalast

Wie beim Sponza-Palast begeistert auch hier die Kombination spitzbogiger Gotikfenster und eleganter Renaissancearkaden. Der Knežev dvor, in dem der für jeweils einen Monat gewählte Rektor quasi eingesperrt lebte – er durfte seine Räume nur zu offiziellen Festlichkeiten verlassen –, wurde mehrmals durch Explosionen des darin gelagerten Schießpulvers und durch Erdbeben zerstört. Der Rat der Stadt ließ ihn immer wieder aufbauen, wobei der im 16. Jahrhundert von Juraj Dalmatinac aus Zadar und Michelozzo Michelozzi aus Florenz geschaffene Mischstil stets beibehalten wurde. Durch einen geschützten Innenhof und über eine Barocktreppe gelangt man in die als Museum gestalteten Räume der Rektorenwohnung und des Sitzungssaales in der ersten Etage. Links und rechts vom Eingang liegen im Erdgeschoß die ehemaligen Zellen für verurteilte Straftäter.

❹ ** Alter Hafen & Lokrum

Von den Anlagen, die Ragusas Hafen sicherten, sind heute noch die beiden herrischen Festungen Sv. Ivan und Revelin erhalten. Früher sperrte eine quer übers Wasser gespannte Kette den Hafen ab, damit sich Schiffe nicht unbefugt nähern konnten. Wo hinter zugemauerten Bögen des Arsenals an neuen Schiffsmodellen getüftelt wurde, genießen heute Gäste des Cafés Kavana den Blick auf die Insel Lokrum. Die einen knappen Quadratkilometer große und dicht bewaldete Insel diente einst als Sitz eines Franziskanerklosters, eines französischen Forts, einer Habsburger Sommerresidenz und ist heute das Zentrum des »Game of Thrones«-Kultes in Dubrovnik. Das Game-of-Thrones-Centre im einstigen Konvent gibt viel Interessantes zu den Dreharbeiten preis. Vor allem ist Lokrum aber eine idyllische Badeinsel mit einer subtropischen Vegetation und wunderschönen Felsbuchten, in denen Treppen oder Leitern den Weg ins Wasser erleichtern.

❺ ** Dominikanerkloster

Der Konvent im nordöstlichen Zipfel der Stadt, zwischen dem Ploče-Tor und dem Sponza-Palast, stand bei seiner Gründung 1315 noch außerhalb der Stadtmauer. Wegen seiner strategisch wichtigen Position am Meer wurde es wie eine Festung verstärkt. Bald darauf zog man die Verteidigungslinie dann doch um das Kloster herum und baute beides bis zum 16. Jahrhundert weiter aus. Innen gelangt man zunächst in den Kreuzgang, ein Ort, der viel Ruhe, Einkehr und meditative Kraft ausstrahlt. Um den zentralen Brunnen sind Palmen, japanische Mispeln und Orangenbäume angepflanzt. Der Glockenturm aus dem 14. Jahrhundert hat mehrere Erdbeben überdauert. Von hier aus betritt man das Museum, das wertvolle Gemälde besitzt. In der schlichten Kirche dahinter ist über dem Hauptaltar eine eindrucksvolle Kreuzigungsszene zu bewundern.

❻ ** Festung Lovrijenac

Die Feste auf ihrem 37 Meter hohen Felsen beherrscht die westliche Ecke der Altstadt und die zu ihren Füßen liegende kleine Bucht. Um das 11. Jahrhundert entstanden erste Bauteile, ab dem 14. bis 16. Jahrhundert wurde Lovrijenac erweitert und mit bis zu zwölf Meter dicken Mauern befestigt. Drei Terrassen bilden übereinander gesetzt die Plattformen, von denen aus von See wie von Land herannahende Feinde aus zehn Kanonen beschossen werden konnten. Diese Terrassen sind allen Fans der Serie »Game of Thrones« ein Begriff: Die Außenszenen in der Königsstadt Königsmund wurden hier gedreht. Entsprechend viele Besucher pilgern zu dem Festungsbau über dem Meer, der auch den Veranstaltungen des Dubrovniker Sommerfestivals eine stimmige Freiluftbühne bietet.

❼ ** Stadtmauer

Einen tollen ersten Eindruck von Dubrovnik verschafft man sich am besten bei einem Spaziergang auf der Stadtmauer. Sie führt einmal rund um die ganze Stadt und schützt sowohl die Land- als auch die Wasserseiten. Zum Land hin sind die Mauern vier bis sechs Meter dick, zur Seeseite bis zu drei Meter stark – und fast überall 25 Meter hoch. Die gotische Stadtbefestigung wurde im 15./16. Jahrhundert durch einen zweiten Mauerring mit Kasematten, Doppeltoren, einem Wehrgraben sowie durch Festungen und Bastionen verstärkt; berühmte Baumeister wie Michelozzo, Juraj Dalmatinac und Paskoje Miličević waren daran beteiligt. Der komplette Ring mit drei runden und zwölf viereckigen Wehrtürmen erstreckt sich über 1954 Meter und erschließt immer neue Ausblicke und Perspektiven. Ein Spaziergang in der Mittagshitze ist jedoch nicht anzuraten: Schatten ist rar!

Im Kreuzgang des Dominikanerklosters herrscht meditative Stille.

Auf den Spuren des Game of Thrones

Wer von der Dubrovniker Festung Lovrijenac auf die kleine Bucht blickt, erlebt ein Déjà-vu: Ist das nicht Königsmund, Hauptstadt der Sieben Königslande? Gleich nähert sich eine feindliche Flotte der Schwarzwasserbucht und bringt Feuer und Verderben über das Reich! Oder schaut nicht drüben Drachenkönigin Daenerys Targaryen gerade ihren über dem Meer fliegenden Haustieren zu? Kroatien diente als Drehort für zahlreiche Szenen der weltberühmten Fantasy-Serie »Game of Thrones«. Oft werden sogar geführte Touren zu den bekanntesten Szenerien angeboten. Da ist Dubrovnik ebenso dabei wie Split oder die verwunschenen Gärten des Arboretums von Trsteno.

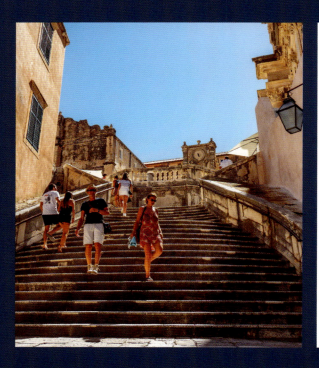

Dubrovnik, Jesuitentreppe

An dieser imposanten Treppe zur Kirche St. Ignatius beginnt der berühmte Walk of Shame, bei dem die gefangengenommene Königin Cersei nackt durch die Stadt getrieben wird. Die Szene in Staffel fünf zählt zu den teuersten der Serie: Nahezu die gesamte Altstadt wurde für diesen Drehtag gesperrt; Geschäftsleute wie Anwohner bekamen Entschädigungen.

»Als wir das erste Mal Dubrovnik gesehen haben, war das ein Schock. Weil die ganze Stadt genau so aussah, wie wir uns das ausgemalt hatten.«

(David Benioff, Co-Autor und Produzent der Serie)

Split, Podrumi

Dass sich die mächtigen Hallen im Untergeschoss des Diokletians-palastes (Bild rechts) ideal zur Unterbringung von Drachen eignen, liegt auf der Hand. Daenerys Targaryen stellte in Staffel vier hier, in der Sklavenhalterstadt Meereen, zwei ihrer Feuerspeier unter. Tyrion lässt die Drachen schließlich frei.

Šibenik, Kathedrale Sv. Jakov

Staffel fünf, diesmal in der Stadt Braavos: Die Kathedrale von Šibenik (links) wird darin zum Sitz der Eisernen Bank, des wichtigsten Geldinstituts in den Königslanden. In den vor der Kirche gedrehten Außenszenen kann man die charakteristischen Porträtköpfe an der Kirchenapsis gut erkennen!

Arboretum Trsteno

Der prachtvolle botanische Garten unweit von Dubrovnik (rechts) lieh vielen »Game of Thrones«-Szenen seinen üppigen Rahmen: Besonders idyllisch zeigte er sich in Staffel vier, wenn Sansa Stark, Margaery Tyrell und ihre Großmutter Olenna hier ihre Intrigen spinnen.

Ein Garten zum Träumen

Im Dorf Trsteno unweit von Dubrovnik kann man nicht nur zwei riesige, über 400 Jahre alte Platanen auf dem Hauptplatz bewundern, sondern auch ein Arboretum – die eindrucksvolle Sammlung exotischer Pflanzen ist auf dem Gelände einer Renaissance-Villa zu finden. Die wunderschöne Anlage ist der Dubrovniker Adelsfamilie Gučetić zu verdanken, die sich hier eine prachtvolle Sommerresidenz erbauen ließ. Zwischen 1494 und 1502 entstand ein Garten, der seinesgleichen sucht. Auf drei Hektar Fläche gedeihen Pflanzen aus der ganzen Welt. Ein serbischer Angriff und nachfolgendes Feuer zerstörten 1991 einen Teil der Anlage, mittlerweile sind die Bestände jedoch weitgehend wieder aufgeforstet. Es gibt geometrisch angelegte Rabatten im französischen Stil, Zitrushaine, eine Palmensammlung und ein Heckenlabyrinth. Etwas versteckt zwischen all dem Grün liegt ein Teich mit Seerosen, Goldfischen und einem Brunnen, den Wassergott Neptun mit Nymphen ziert. »Game of Thrones«-Fans werden auch hier die Drehorte zahlreicher Szenen ihrer Lieblingsserie entdecken.

Kaum Trubel, selbst im Hochsommer – Inselidyll auf Lopud.

Im schmucken Cavtat lohnt ein Bummel auf der schönen Uferpromenade.

So schnell kann man berühmt werden: Kirche Sv. Barbara in Dubravka.

** Elafitische Inseln

Der Archipel aus zehn unbewohnten Eilanden und den drei besiedelten Inseln Koločep, Lopud und Šipan erstreckt sich wie eine Kette aus größeren und kleinen grünen Tupfen zwischen Pelješac und Dubrovnik. Ragusaner Adelige besaßen hier ihre Sommervillen und ließen Gemüse und Obst für die Stadtrepublik anbauen. Schon lange vorher hatten auch Griechen, Römer und schließlich Kroaten die »Elaphiten« zur Heimstatt gewählt. Heute sind die meisten Bewohner aufs Festland übergesiedelt; nur im Sommer füllen sich die wenigen Hotels und Restaurants sowie die Strandbuchten mit Badegästen, die auf Lopud oder Šipan die trotzdem noch vorhandene Abgeschiedenheit schätzen. Die schätzt auch die Kunstmäzenin Francesca Thyssen-Bornemisza, die Lopucs Kloster zu einem Luxus-Retreat umbauen ließ und auf der Insel einen spannenden Kunstpavillon des Isländers Olafur Eliasson installierte.

* Cavtat

Knallrot, pink und kräftig violett heben sich die Bougainvilleen von den Hauswänden aus grau-weißen Steinen ab, nur die hellroten Ziegeldächer könnten ihnen den Rang ablaufen. Cavtat ist ein kleines Ferienstädtchen im Konavle-Tal, der »Toskana Dalmatiens«, rund 15 Kilometer südlich von Dubrovnik. Gerade einmal 2000 Einwohner zählt der Ort, der auf einer Landzunge liegt und bereits in der Antike unter dem Namen Epidaurum besiedelt war. Slawen zerstörten ihn, die Bewohner ließen sich auf einer Felseninsel weiter nördlich, dem heutigen Dubrovnik, nieder. Der heutige Ort besteht seit dem 15. Jahrhundert und besticht mit einer palmengesäumten Hafenpromenade und Stränden, die Cavtat schon im 19. Jahrhundert zum beliebten Badeort machten. Zu entdecken gibt es Kirchen, Klöster und einen zierlichen Rektorenpalast, das Geburtshaus des Malers Vlaho Bukovac und das von Ivan Meštrović errichtete Mausoleum der Familie Račić.

* Konavle-Tal & Čilipi

Im Osten begrenzt durch den Höhenzug der Sniježnica (1234 m), im Wes-

Jeden Sonntag zwischen Ostern und Oktober ist im kleinen Dorf Čilipi im Konavle-Tal Tanz angesagt.

ten durch das Adriatische Meer zieht sich das ca. 25 Kilometer lange Konavle-Tal als immer schmaler werdendes Band von Cavtat im Nordwesten bis zur Grenze zur Republik Montenegro. Ragusa kam Anfang des 15. Jahrhundert durch Kauf in Besitz der fruchtbaren Region, die maßgeblich zur Versorgung der Stadt mit Lebensmitteln beitrug. Oliven, Zitrusfrüchte, Wein und Gemüse aus dem Konavle finden auch heute noch ihren Weg auf dem Dubrovniker Markt. Kultur und Traditionen der Konavle-Bewohner präsentiert ein kleines Heimatmuseum im Dorf Čilipi. Zwischen Ostern und Ende Oktober tanzen junge Leute in traditioneller Tracht jeden Sonntag vor der Kirche Sv. Nikola, darunter auch den Hochzeitstanz des Konavle. Begleitet werden sie von Musikern, die auf althergebrachten Instrumenten spielen, und vom melancholischen A-capella-Gesang der Klapa Čilipi.

** Dubravka

Ein 260-Seelen-Dorf wie tausend andere – und doch ist Dubravka im Konavle-Tal und unweit der Grenze zu Bosnien und Herzegowina etwas Besonders: In der Nähe der Siedlung, beim Kirchlein Sv. Barbara liegen 104 stećci, mittelalterliche Grabsteine, davon 94 noch im Ganzen erhaltene. Für die UNESCO ein Grund, die Nekropole zusammen mit weiteren stećci-Fundstellen auf dem Westbalkan zum Weltkulturerbe zu erklären. Als stećak (Sing. von stećci) wird ein zumeist liegender Grabstein mit schmückenden Flachreliefs bezeichnet – im Fall von Dubravka schmücken die Steine Motive wie Weinreben, Pfeil und Bogen oder ein Kreuz in einem Kreis. Diese Steine waren im 14. und 15. Jahrhundert besonders auf dem Gebiet des heutigen Bosnien und Herzegowina weit verbreitet und wurden lange mit der christlichen Glaubensgemeinschaft der Bogomilen in Verbindung gebracht. Bis heute ist unklar, ob sie nur bestimmten Toten vorbehalten waren und warum der Brauch so plötzlich wieder verschwand.

Einst Bollwerk gegen die Osmanen, heute nur noch eine Ruine: die Festung Slunj.

Zentralkroatien – Barocke Städte, Seen und Auenwälder

Der nordöstliche Teil Kroatiens ist das wirtschaftliche und politische Zentrum des Landes. Hier lädt nicht nur die Hauptstadt Zagreb zu einem Besuch, auch Kleinstädte wie Varaždin oder Samobor, Wassermühlen und Naturparks machen einen Abstecher lohnend – nicht zu vergessen die kulinarischen Spezialitäten der Region wie Fischgulasch oder Wildschweinschinken.

** Karlovac

Der sternförmige Grundriss der einst mächtigen Befestigungsanlage um die Altstadt von Karlovac ist nur noch im Luftbild erkennbar. Heute vermitteln die begrünten Mauern und Wehrgräben ein friedliches Bild. Die Stadt samt Festungswerk wurde erst Ende des 16. Jahrhunderts auf Initiative Erzherzog Karls II. gegründet, denn die Lage zwischen Zagreb und dem Adria-Hafen Rijeka galt als verkehrstechnisch und militärstrategisch ideal. In den Türkenkriegen leistete Karlovac einen wichtigen Beitrag zur Verteidigung; danach verlor es zwar militärisch an Bedeutung, entwickelte sich aber zu einem wichtigen Verkehrsknotenpunkt. Ein Meilenstein im Zentrum der Altstadt erinnert daran: Hier

begann die im 18. Jahrhundert ausgebaute Handelsstraße Josephina in Richtung Adria-Küste mit Ziel Senj. Weitere Verbindungen nach Bakar und Rijeka machten Karlovac zu einem bedeutenden Warenumschlagplatz des Habsburgerreichs. Während des Balkankriegs wurde Karlovac lange belagert und die historische Bausubstanz durch Granatbeschuss schwer in Mitleidenschaft gezogen. Heute sind die Schäden behoben: Die Altstadt breitet sich idyllisch am Ufer des Flüsschens Korana aus. Niedrige Häuser des 18. und 19. Jahrhunderts und die barocke Dreifaltigkeitskirche säumen den Hauptplatz. Die gut erhaltene Burg Dubovac etwas außerhalb war über 100 Jahre lang Hauptsitz der Frankopanen.

** Slunj & Rastoke

Slunj, das ehemalige Slovin, war einst eine der bedeutendsten Festungen der Frankopanen im Kampf gegen die Osmanen. Heute zeigt sich der Ort recht unspektakulär und würde unter den vielen ähnlichen Dörfern in der Umgebung kaum hervorstechen, gäbe es nicht den Ortsteil Rastoke und seine bezaubernde Wasserlandschaft: Sie gilt als kleine Version des berühmten, nicht weit entfernt gelegenen Nationalparks Plitvicer Seen. Die Slunjčica verzweigt sich hier in viele kleinere Flussarme und stürzt über Kaskaden und Wasserfälle in die Tiefe, um schließlich in die Korana zu münden. An den Ufern stehen zahlreiche Wassermühlen – einige bestehen bereits seit 300 Jahren. Rastoke wurde schon

Der Brunnen auf dem Hauptplatz von Karlovac symbolisiert die Lage der Stadt an den vier Flüssen.

Wo sich Storch und Frosch Gute Nacht sagen

Ein kleines und sehr sensibles Naturschutzgebiet bildet der Fluss Sava zwischen den Städten Sisak und Nova Gradiška im Nordwesten Kroatiens: Die Flussauen des Lonjsko polje beherbergen uralte Eichenwälder und eine Vielzahl von Vogelarten. Besonders Störche fühlen sich in der von weit verzweigten Wasserarmen durchströmten Landschaft wohl. In Dörfern wie Čigoč oder Kraplje züchten die Bauern die robusten und von Feinschmeckern geschätzten Turbopolje-Schweine. Wenn der Naturpark im Sommer von der Sava überschwemmt wird und weitgehend unter Wasser steht, kommen die Bewohner hier nur noch mit Booten voran (Bild unten).

Wasserfälle von Rastoke.

im 17. Jahrhundert wegen seiner reizvollen Landschaft von zeitgenössischen Historikern beschrieben. Bis heute entführt es mit seinen Holzhäusern und den über die Flussarme führenden Stegen zurück in längst vergangene Zeiten. Urlauber können hier in romantischen Pensionen am Flussufer nächtigen und die lokalen Spezialitäten wie geräucherten Bären- und Wildschweinschinken oder Bachforelle verkosten.

Winnetou lässt grüßen

Die im Jahr 1949 zum Nationalpark erklärten Plitvitzer Seen am Fuß des Bergmassivs der Kleinen Kapela weisen eine artenreiche Flora und Fauna auf. In den dichten Wäldern leben etwa 120 Vogelarten, daneben Hirsche, Wölfe und Braunbären. Berühmtheit erlangte die Region ab den 1960er-Jahren auch durch die Verfilmung zahlreicher Karl-May-Romane wie »Der Schatz im Silbersee« oder »Winnetou II« und »Winnetou III«. Als Kulisse für die zahlreichen Abenteuer rund um Winnetou und Old Shatterhand avancierte die einzigartige Karstlandschaft in Deutschland zu einem Sehnsuchtsziel ersten Ranges. Jeder wollte einmal vor diesen sterbensschönen Seekaskaden stehen, die durch fragile Travertin-Barrieren voneinander getrennt sind und sich wie eine steinerne Wassertreppe ineinander ergießen. Das hat jedoch auch negative Folgen: In den Sommermonaten kann es sehr turbulent zugehen, wenn ganze Busladungen von Besuchern die Naturschönheiten erkunden. Die Wege und Stege sind schmal; so schiebt sich oft eine nicht enden wollende Ameisenstraße von Touristen durch die Märchenlandschaft. Am besten man kommt früh morgens. Auch in den Wintermonaten haben Besucher das eis- und raureifbedeckte Paradies meist ganz für sich allein.

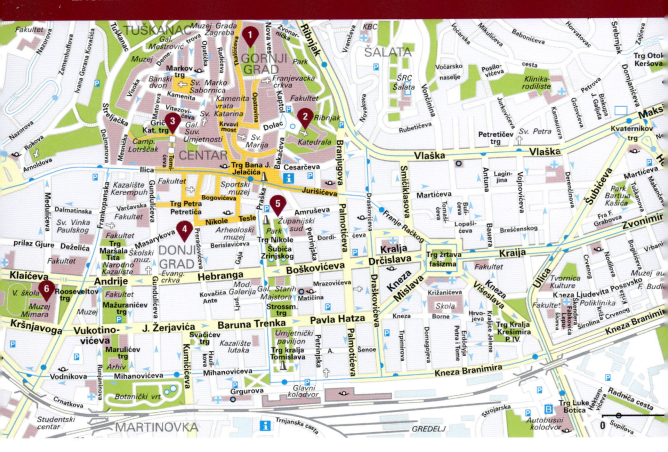

Panoramablick auf Zagreb und die mächtigen Zwillingstürme der Kathedrale.

*** Zagreb

Mit ca. 800 000 Einwohnern ist Zagreb die größte Stadt Kroatiens, zugleich die wichtigste Industriestadt und das wirtschaftliche und kulturelle Zentrum des Landes. Es ist seit der kroatischen Unabhängigkeitserklärung 1991 Regierungssitz und Sitz des katholischen sowie des orthodoxen Erzbischofs. Als König Ladislaus I. die Zagreber Diözese 1094 gründete, wurde der Name Zagreb erstmals erwähnt. Prächtige Paläste, Barockkirchen und bunte Dächer prägen neben Parks und Grünflächen das Bild. Ein Großteil der Stadt verteilt sich über die zwei Hügel Gradec und Kaptol. Kaptol war der Sitz des Klerus, in Gradec siedelten sich Handwerker und Kaufleute an, was bald zu Konflikten führte. 1850 schloss man die einst selbstständigen Siedlungen zur Oberstadt (Gornji Grad) zusammen. Hier findet man neben Zagrebs höchstem Gebäude, der Kathedrale, unter anderem das Museum für Naive Kunst und den romantischen Friedhof Mirogoj. Zu ihren Füßen erstreckt sich die Unterstadt (Donji Grad), Zagrebs modernes Zentrum mit großen Hotels und repräsentativen Stadthäusern. Eine schnelle Verbindung zwischen Ober- und Unterstadt schafft die pittoreske alte Standseilbahn, die 1893 in Betrieb genommen wurde und keineswegs nur von Besuchern gerne benutzt wird.

Zwei riesige bunte Wappen schmücken das Dach der St.-Markus-Kirche.

❶ ** Gornji Grad

In der Oberstadt (Kaptol und Gradec) zeigt sich Zagreb von seiner schönsten Seite. Ein Rundgang führt zu den Überresten des Befestigungswalls, den man nach dem Tatarensturm im 13. Jahrhundert zum Schutz vor weiteren Angriffen errichtete. Auf dem St.-Markus-Platz im Zentrum von Gornji Grad steht die gleichnamige Pfarrkirche. Das ursprünglich romanische Gotteshaus wurde im 14. Jahrhundert im gotischen Stil umgebaut. Sein viel fotografiertes Ziegeldach mit den großen Wappen der Stadt und des ehemaligen Königreichs stammt aus dem Jahr 1880. Zagrebs Wahrzeichen, die Kathedrale mit ihren Zwillingstürmen, steht in Kaptol, dem ältesten Teil der Altstadt. Nicht weit entfernt ragt der Prislin-Turm auf, ein Relikt der alten Befestigungsanlage.

Die Skalinska-Ulica gilt vielen als die schönste Straße der Stadt.

❷ * Kathedrale Mariä Himmelfahrt

Der frühere Stephansdom heißt heute Mariä-Himmelfahrts-Kathedrale. Entsprechend ziert den Platz vor der Kirche ein großer Brunnen mit Mariensäule und vier goldenen Engeln. Die auffälligen, 104 und 105 Meter hohen Doppeltürme, die die gesamte Oberstadt überragen und von vielerorts sichtbar sind, wie auch große Teile der Fassadengestaltung verdankt die Kathedrale dem Architekten Hermann Bollé (1845–1926). Er baute das bei einem Erdbeben 1880 stark beschädigte Gotteshaus im neugotischen Stil wieder auf. Bei dieser Umgestaltung verbannte er zahlreiche Kostbarkeiten in die Schatzkammer. Im Inneren ziehen goldene Leuchter, mehrere Marmoraltäre und die barocke Kanzel die Blicke auf sich.

Der Donji Grad, das sogenannte Grüne Hufeisen, ist einer der schönsten und prächtigsten Parks von Zagreb.

③ ** Standseilbahn

Seit 1893 erleichtert die Uspinjača, die Standseilbahn, den steilen Weg von der Unter- in die Oberstadt. Auf einer Schienenstrecke von nur 66 Metern Länge überwindet sie zwischen der Tomić-Straße und der Strossmayer-Promenade 33 Höhenmeter und zählt damit zu den kürzesten und steilsten Standseilbahnen der Welt. Bereits ab 1934 lief die Bahn, die ursprünglich von einer Dampfmaschine angetrieben wurde, mit einem Elektromotor. Seit der Einweihung Ende des 19. Jahrhunderts hat sich an Waggons und Streckenführung kaum etwas geändert.

④ * Donji Grad

Die Unterstadt oder das Zentrum, wie die Einheimischen sagen, ist das moderne Geschäftsviertel Zagrebs. Hier gibt es nicht nur Bürogebäude und Banken, sondern auch Museen, Cafés und Restaurants sowie die Einkaufsstraßen, die jede Metropole besitzt. Großzügig angelegte Alleen säumen klassizistische Palais und andere bedeutende Bauwerke. Am Marschall-Tito-Platz steht das Kroatische Nationaltheater von 1895, auf dem Platz davor der bronzene »Lebensbrunnen« von Ivan Meštrović (1883–1962). Der prachtvoll gestaltete Strossmayer-Platz wartet mit dem 1891 im Secessionsstil errichteten Hotel »Palace« auf, und am parkähnlichen König-Tomislav-Platz findet man den im Jahr 1898 eröffneten Kunstpavillon. Letzterer war eines der weltweit ersten in Fertigbauweise errichteten Gebäude. An der Grenze zur Oberstadt liegt der von stattlichen Palästen im Stil des Neoklassizismus und der Wiener Secession umgebene Ban-Jelačić-Platz, Zagrebs großer zentraler Platz.

⑤ ** Grünes Hufeisen

Die heutige Unterstadt geht auf eine städtebauliche Umgestaltung Ende des 19. Jahrhunderts zurück. Unter Federführung von Milan Lenucci erhielt Donji Grad einen neuen, halbkreisförmigen Grundriss, der die großen Plätze und Parkanlagen verbindet und als »Grünes Hufeisen« der Stadt bezeichnet wird. Viele Gebäude und Details gehen auf den Architekten Hermann Bollé (1845–1926) zurück. In dieser Zeit wurden auch die zahlreichen Prachtbauten im Geist der Belle Époque errichtet, in denen heute Museen, Büros und Hotels residieren.

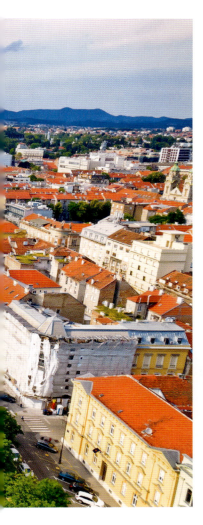

Funktioniert wie eh und je – die historische Standseilbahn.

Das Mimara-Museum ist so etwas wie der kroatische Louvre.

6 ** Mimara-Museum

Am Rande des »Grünen Hufeisens« gelegen, beherbergt der prächtige Bau im Stil der Neorenaissance die Sammlung des kroatischen Malers und Kunsthändlers Ante Topić Mimara (1898–1987). Über dessen Leben und Wirken ist zwar kaum etwas bekannt, umso überraschender ist die hohe Qualität der Sammlung, die er einst der Stadt Zagreb vermachte. Sie umfasst Werke von Rembrandt, Diego Velázquez, William Turner und Eugène Delacroix oder zumindest Arbeiten aus deren Werkstätten. Kunstkenner vermuten, dass Topić Mimara nach dem Zweiten Weltkrieg günstig in den Besitz von Kunstwerken gelangt war, die von den Nationalsozialisten beschlagnahmt und enteignet worden waren.

Letzte Ruhestätte

Der überkonfessionelle Mirogoj-Friedhof entstand ab 1876 nach Plänen des deutschen Architekten Hermann Bollé (1845–1826). Mit dem Bau des imposanten Hauptgebäudes und der Arkaden, für die der Friedhof berühmt ist, begann Bollé allerdings erst 1879. Berühmte kroatische Bildhauer wie Ivan Rendić und Ivan Meštrović steuerten Werke bei, durch die sich die Wandelgänge im Laufe der Zeit in wahre Kunstgalerien verwandelten. Die Fertigstellung 1929 erlebte der drei Jahre zuvor verstorbene Architekt nicht mehr. Er ist auf dem Mirogoj-Friedhof beigesetzt, neben berühmten Zeitgenossen wie dem Schriftsteller August Šenoa, dem Komponisten Ivan Zajc und Ljudevit Gaj, Schriftsteller und Vordenker der »Illyrischen Bewegung«, die sich gegen die Herrschaft der Habsburger wandten.

Das märchenhaft gelegene Trakošćan ist das meistbesuchte Schloss Kroatiens.

** Varaždin

Zu einer Reise in die Zeit des Barock lädt die bezaubernden Kleinstadt Varaždin. Elegante Paläste, mit Rokokostuck dekorierte Fassaden und einige Renaissance-Loggien zeugen vom früheren Wohlstand und der einstigen Bedeutung der nordkroatischen Stadt. Auch die im 17. Jahrhundert erbaute Kathedrale Mariä Himmelfahrt ist üppig mit barockem Dekor geschmückt, darunter erstaunlich viele Engel: Varaždin bezeichnet sich selbst als »Stadt der Engel«, da sich das Motiv der Himmelsboten nicht nur in der Kirche, sondern auch an zahlreichen Hausfassaden und sogar in einigen Familienwappen wiederfindet. Die gute alte Zeit wird auch dann wieder lebendig, wenn in Varaždin im Herbst Barockmusikabende mit Konzerten prominenter kroatischer Künstler auf dem Programm stehen, beim Špancirfest Ende August die ganze Bevölkerung in historischen Kostümen durch die Altstadt flaniert, und jeden Samstag zwischen 11 und 12 Uhr die Varaždiner Garden bei der feierlichen Wachablösung ihre nostalgischen Uniformen zur Schau tragen.

** Schloss Trakošćan

Die Wurzeln der märchenhaften Schlossanlage hoch über einem künstlich angelegten See reichen bis ins 13. Jahrhundert zurück. Damals war Trakošćan Teil eines Festungsgürtels im kroatischen Zagorje und gehörte den Grafen von Celje. Als das Geschlecht ausstarb, wechselte die Burg mehrfach den Besitzer, bis sie schließlich im 16. Jahrhundert der Familie Drašković übergeben wurde – zum Dank für ihren Einsatz gegen die Osmanen. Im 18. Jahrhundert verlassen und in Ruinen gefallen, hauchte ein Nachkomme der Drašković dem Schloss im 19. Jahrhundert neues Leben ein. Er ließ Anlage und Park wiederherstellen, allerdings im verspielten, neoromanischen Stil. So entstand ein etwas unübersichtliches Konglomerat von Bauten in sämtlichen Stilen, von der gotischen Wehrburg bis hin zum romantisierenden Herrenhaus. Ein Museum zeigt heute darin Mobiliar und Kunstwerke aus der langen Geschichte des Schlosses. Interessant sind auch die umfangreiche Waffensammlung und die noch original erhaltene Küche aus dem 19. Jahrhundert im Untergeschoss des Herrenhauses. Ihren Mittelpunkt bildet ein großer weißer Kachelofen, einst eine der wenigen Wärmequellen des Baus.

Viel Charme verströmt das schöne Varaždin ...

... mit seinen Kopfsteinpflasterstraßen und kleinen Handwerkshäuschen.

Schaulaufen in historischen Kostümen beim traditionellen Špancirfest.

Bosnien und Herzegowina

Auf den Spuren der Osmanen

Wie auch Albanien gehört Bosnien und Herzegowina zu den lange Zeit unterschätzen Urlaubsdestinationen in Europa. Dabei trifft man hier neben einer traumhafter Natur, auf orientalische Altstädte, prunkvolle Moscheen, eine gastfreundliche Bevölkerung, eine türkisch geprägte Küche und einen in Europa einzigartigen Mix verschiedener Kulturen. Ein echter Geheimtipp also. Highlight Nummer einst ist sicherlich das schöne Mostar mit seiner berühmten Brücke (im Bild unten), aber auch die Königsstadt Jajce mit ihren beiden imposanten Wasserfällen sollte man mal besucht haben.

Als türkisblaues, grün umsäumtes Band durchfließt die Neretva das schöne Mostar.

*** Mostar

Die im 15. Jahrhundert von Osmanen an einem Übergang über den Fluss Neretva gegründete Stadt (113 000 Einw.) im Süden Bosnien und Herzegowinas steht stellvertretend für die komplizierte Geschichte der Region und die Auseinandersetzungen in den Balkan-Kriegen der Jahre 1992 bis 1995. Als Siedlungsgebiet war das nur wenig über Meereshöhe liegende Becken zwischen den Bergklötzen Velež (1968 m) und Čabulja (1776 m) bereits in vorgeschichtlicher Zeit genutzt worden. Vom 15. bis ins 19. Jahrhundert war Mostar (benannt nach »mostari«, Brückenwächter) in osmanischer Hand, was Architektur und Religion nachhaltig prägte. Die Bevölkerung aber blieb heterogen; in Mostar lebten Kroaten, Bosniaken und Serben und damit katholische, muslimische und orthodoxe Gemeinschaften zusammen. Nach der Unabhängigkeitserklärung stellten sich die Volksgruppen gegeneinander; der Fluss Neretva bildete dabei die Grenze zwischen serbischen und bosnischen Einheiten. Heute gilt die Stadt zwar gemeinhin als befriedet, die alten Konflikte schwelen aber nach wie vor im Inneren ungelöst weiter.

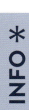

INFO

BOSNIEN UND HERZEGOWINA

Fläche:
51 197 km²
Bevölkerung:
3.260 000 Einwohner
Sprachen:
Bosnisch, Serbisch, Kroatisch
Must-see:
Brücke Stari most, Mostar
Geheimtipp:
Derwischkloster, Bagaj
Spezialitäten:
Wein, Tabak, Früchte

❶ *** Stari most

Die »alte Brücke« ist längst nicht der einzige Neretva-Übergang im Stadtgebiet, aber der symbolträchtigste. Am Ende der Kämpfe um die Unabhängigkeit Bosniens teilte sie den kroatisch dominierten vom bosnischen Teil der Stadt und wurde 1993 durch gezielten kroatischen Beschuss zerstört. Das 1566 unter Sultan Suleiman errichtete Bauwerk, das mit einem kühnen, 19 Meter hohen Bogen das knapp 30 Meter breite Flussbett überquert, galt als Meisterwerk osmanischer Baukunst. Mit dem Wiederaufbau begann der junge Staat, unterstützt von internationalen Geldgebern, bereits 1996. 2004 wurde die originalgetreu wiedererrichtete Brücke feierlich, auch als symbolisches Bindeglied zwischen den verfeindeten Völkern, der Öffentlichkeit übergeben. Im 2005 verlieh die UNESCO der Alten Brücke und der umliegenden Altstadt von Mostar schließlich sogar den Welterbetitel.

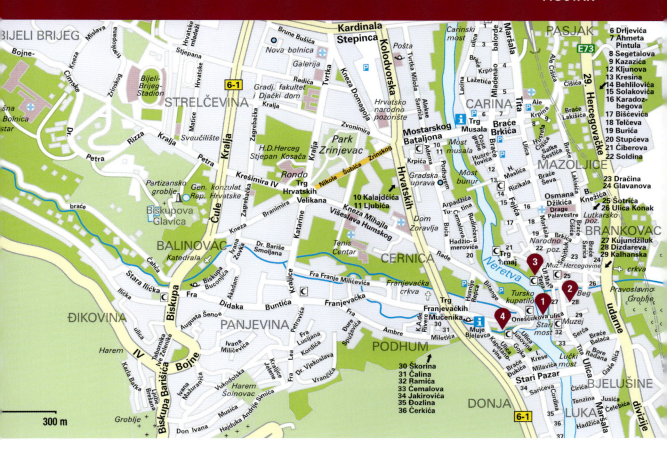

Die alte Brücke ist nicht nur ein berühmtes Fotomotiv, sondern auch schon seit Jahrhunderten bei Brückenspringern beliebt.

Noch heute glänzt die Mehmet-Pascha-Moschee durch ihre Originalbemalung.

Im Muslibegović House kann man noch ganz traditionell übernachten.

❷ ** Altstadt

Gemeinhin gilt der orientalische Bazar Kujundziluk als historischer Teil von Mostar, doch die Altstadt umfasst auch einen großen und vielfältigen Bereich um die Alte Brücke. Jahrhundertelang lebten unter osmanischer Herrschaft Juden, Muslime und Christen in der lebhaften Handelsstadt, und deren unterschiedliche Überlieferungen prägten die noch erhaltene Bausubstanz. Neben Moscheen sind auch orthodoxe Kirchen und eine Synagoge erhalten, osmanische Architektur trifft auf Barock, und schließlich hat das Habsburgerreich die Altstadt mit seinem Klassizismus modernisiert. Hauptattraktion sind natürlich Läden und Cafés im Bazar Kujundziluk, dessen Angebot kaum noch Kupferschmiede oder Teppichweber, dafür umso mehr Souvenirstände bestreiten. Sehenswert sind auch die zahlreichen Moscheen und die zu Museen umgebauten Herrenhäuser wie das Haus der Familie Muslibegović aus dem 17. Jahrhundert.

❸ ** Mehmet-Pascha-Moschee

Nicht nur wegen des fotogenen Ausblicks auf Neretva und die Alte Brücke gilt die Moschee als einer der Höhepunkte eines Altstadtbesuchs. Das ab 1557 errichtete und 1618 fertiggestellte Gotteshaus am Neretva-Ufer besitzt einen idyllischen Innenhof und einen dekorativen Gebetsraum mit bunten Glasfenstern, dessen Kuppel mit floralen Motiven bemalt ist. Auch das geometrische Dekor von Mihrab (Gebetsnische) und Minbar (Predigtkanzel) ist außergewöhnlich. Für den berühmten Blick auf die Alte Brücke ist Schwindelfreiheit erforderlich, denn die Terrasse auf dem schlanken Minarett ist nur durch eine niedrige Balustrade abgesichert.

❹ * Kriva Cuprija

Die Brücke über das Flüsschen Radobolja unweit der Alten Brücke sieht ein bisschen aus wie eine Mini-Ausgabe ihrer berühmten Schwester. Tatsächlich soll sie das auch sein. Der Volksmund erzählt sich, dass der mit der Stari most beauftragte Architekt Mimar Hajrudin wenig Erfahrung mit Brückenbau hatte und sich deshalb erst einmal an einer kleinen Version des eigentlichen Bauwerks versuchte, eben dieser Kriva Cuprija, der »krummen Brücke«, wenige Meter weiter westlich. Eine verheerende Flut riss den durch Kriegsbeschuss ohnehin angeschlagenen Steinbogen 1999 mit sich; zwei Jahre später erfolgte der Wiederaufbau. Auch diese Brücke zählt zum UNESCO-Welterbe, beliebt ist sie aber aus ganz anderem Grund: Sie gilt als gastronomischer Hotspot in Mostars Altstadt, mehrere gute Restaurants sind in den ehemaligen Mühlen am Fluss angesiedelt.

Ob traditionelle Handwerkskunst oder Souvenir-Schnickschnack – im Basarviertel Kujundziluk gibt's nahezu alles.

Auch Freunde des abendlichen Sehens und Gesehenwerdens kommen in Mostar nicht zu kurz.

Kleine Schwester

Die Brücke Kriva Cuprija ist so was wie die kleine Schwester der berühmten Alten Brücke. Auch sie besticht durch einen perfekten Rundbogen, nur ist dieser um einiges kleiner als der des Nachfolgebaus. Berühmt ist die Brücke aber dennoch, haben sich rund um das Bauwerk doch einige der bekanntesten Feinschmeckerlokale von Mostar angesiedelt. Entsprechend trubelig geht es hier in den Abendstunden zu.

Wo die Derwische singen

Eine 200 Meter hohe, nahezu senkrechte Felswand, eine Höhle, aus der ein Fluss entspringt – gibt es einen magischeren Ort für ein Kloster? Die Geschichte der Tekke (Derwischkloster) des von Mostar nicht weit entfernten Ortes Bagaj beginnt um 1520 mit dem Bau des Gästehauses für die Gemeinschaft direkt an die Felswand. Dieses »musafirhana« sowie ein Mausoleum für den Ordensgründer (türbe) sind trotz jahrelangen Leerstands in jugoslawischer Ära sehr gut erhalten. Heute bewohnen auch wieder Anhänger der Sufi-Bruderschaft den Konvent und zelebrieren dreimal die Woche ihre nächtliche Gesangsmeditation, zikr. Zum Zauber des Ortes gesellt sich die Schönheit der Flusslandschaft mit ihren Wassermühlen, in denen heute Restaurants Gäste bewirten.

Zwei Wasserfälle mitten in der Stadt: in Jajce ist das nichts Ungewöhnliches.

19 Miniatur-Wassermühlen zeugen noch heute von der jahrhundertealten Tradition, an der Pliva Korn zu mahlen.

Blumengeschmückte Fußgängerbrücke über die Pliva; im Hintergrund erhebt sich die Festung auf dem Burgberg.

** Jajce

Bosniens erste Königsstadt (27 000 Einw.) besitzt eine einmalige Lage. Die Anhöhe mit dem historischen Zentrum rahmen zwei Flüsse ein: Im Osten schlägt der Vrbas eine Schlucht um den Berg, in die die von Süden heranströmende Pliva über einen 20 Meter hohen Wasserfall stürzt. Der Hügel dazwischen gab einen gut gesicherten Standort für eine Siedlung, die ab Ende des 14. Jahrhunderts bezeugt ist und in der ersten Hälfte des 15. Jahrhunderts zum Sitz der bosnischen Könige avancierte. Die Osmanen machten dem nach knapp 100 Jahren ein Ende und eroberten Jajce 1526. Jajce gehört zu den wenigen Städten Bosnien und Herzegowinas, in denen auch vorosmanische Architektur zu bewundern ist. Sogar Reste einer römischen Tempelanlage für den Sonnengott Mithras sind erhalten.

* Altstadt

Ein Konglomerat osmanischer Häuschen und modernistischer Architektur aus der jugoslawischen Ära empfängt Besucher der Altstadt am Hang des Burgbergs. Zeugnis der königlich-bosnischen Geschichte ist die aus dem 12. Jahrhundert stammende Marienkirche mit dem romanischen »Lukasturm«; benannt nach dem Evangelis-

ten, dessen Gebeine hier angeblich bestattet waren, bevor Jajce sie an Venedig verkaufte. Als Krönungskirche des letzten bosnischen Königs kommt Sv. Marije eine besondere Bedeutung zu. Unter osmanischer Herrschaft diente das Gotteshaus als Moschee und liegt heute in Ruinen. Nordwestlich und schon im Bereich der Neustadt finden sich die Überreste des römischen Mithräums (4. Jh. n. Chr.). Unter den osmanischen Bauten fallen die zahlreichen Moscheen ins Auge, darunter eine Rarität: Die im 18. Jahrhundert errichtete Džamija Sultanije Esme im Herzen des ehemaligen Kaufmannsviertels ist nach der Frau des damaligen Großwesirs benannt, was sehr ungewöhnlich ist.

* Festung Jajce (Tvrđava Jajce)

Die Festung auf dem 470 Meter hohen Hügel errichtete der bosnische Großherzog (Ban) Hrvoje Vukčić Hrvatinić um 1390. Jajce, der Name der Stadt, rührt angeblich von der Form des Burghügels her, der aussehe wie »jaje«, bosnisch für Ei. Ab 1421 bis zur osmanischen Eroberung hatten die bosnischen Könige hier ihren Herrschaftssitz. Abwechselnd von Osmanen, Ungarn, erneut Osmanen und schließlich den Habsburgern beansprucht und den jeweiligen Bedürfnis-

sen entsprechend verändert, erlebte die Feste eine wechselvolle Geschichte. Von den Bauten innerhalb des 80 auf 60 Meter messenden Gevierts ist allerdings kaum noch etwas erhalten. Die Burgmauer aber können Besucher nahezu komplett begehen und die verschiedenen Perspektiven auf die Altstadt von Jajce und die umliegende Berglandschaft genießen.

*** Pliva-Wasserfälle & Mlinčići

Trotz des ehrwürdigen Alters und der wechselvollen Geschichte von Jajce, das übrigens deshalb die Aufnahme ins UNESCO-Weltkulturerbe beantragt hat, stellt die Natur die eigentliche Attraktion dar. Wasserfälle mitten in einer Stadt sind eine Seltenheit, und die beiden Pliva-Fälle am Rande der Altstadt sind mit 21 Metern Höhe und jeweils 15 Metern Breite auch noch sehr imposant. Oberhalb der Fälle bildet die Pliva zwei künstliche Seen, an denen die Menschen seit Jahrhunderten hölzerne Mühlen errichteten – eine jede Familie ihre eigene. 19 dieser Mühlen sind noch erhalten und bilden eine romantische Kulisse für Boots- und Kajakfahrer auf dem stillen Wasser des kleineren Sees. In einigen dieser »mlinčići«, was sich mit Mini-Mühlen übersetzen lässt, wird bis heute Korn gemahlen.

Ausflug nach Sarajevo

Sarajevo, die Hauptstadt von Bosnien und Herzegowina (290 000 Einw.), war in ihrer Blütezeit eine vibrierende Metropole. Ab Mitte des 15. Jahrhunderts war sie dem Osmanischen Reich eingegliedert: Moscheen und ein Basar um den Baščaršija-Platz sind Zeugnisse dieser Epoche. Als Hauptstadt der bosnischen Teilrepublik Jugoslawiens wurde die Stadt um Neubauviertel erweitert und erhielt für die Olympischen Winterspiele 1984 moderne Sportstätten und Hotels. In die Geschichte ging Sarajevo allerdings mit zwei dramatischen Ereignissen ein: Am 28. Juni 1914 erschoss ein Attentäter den Habsburger Thronfolger, Erzherzog Franz Ferdinand, und seine Gattin Sofie bei einer Parade – Auslöser für den Ersten Weltkrieg. Und von 1992 bis 1996 belagerten Truppen der bosnischen Serben die Stadt. In den Hochhäusern platzierte Heckenschützen erschossen dabei rund 11 000 Menschen.

Heute gilt Sarajevo als »London des Balkans«, seine Kneipen- und Musikszene ist legendär, das orientalische Viertel Treffpunkt von Besuchern aus aller Welt. Trotz der Kriegsgräuel gilt die Stadt nach wie vor als Sinnbild der Toleranz. Die Oberhäupter der drei bosnisch-herzegowinischen Religionsgemeinschaften, der Muslime, der Katholiken und der Orthodoxen, haben ihren Sitz in der Stadt.

Montenegro

Im Land der Schwarzen Berge

Das kleine Land, eingebettet zwischen den 2500-Meter-Gipfeln des Durmitor-Gebirges und der adriatischen Küste, wurde erst 2006 unabhängig. Noch ist es neben dem Urlaubsmagneten Kroatien eher unbekannt, doch Montenegro steht eine große touristische Zukunft bevor, denn die landschaftliche Vielfalt ist enorm und ebenso beeindruckt das kulturelle Erbe, das in diesem Winzling mit Landesgrenzen zu sieben Staaten erstaunlich homogen ist. Und das Beste: Zwischen malerischen Buchten und Hochgebirge liegen nur wenige Kilometer (Bild: Aussichtsplattform auf dem Jezerski-Gipfel, Lovćen Nationalpark).

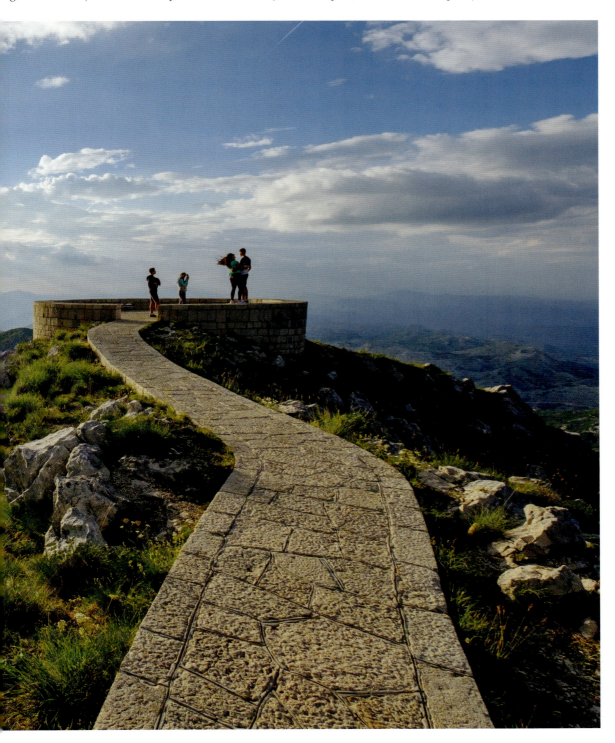

Kotor gilt als schönste Stadt des kleinen Landes. Und die fjordähnliche Bucht macht sogar Norwegen Konkurrenz.

*** Bucht von Kotor

Die rund 30 Kilometer tief ins Land reichende Bucht mit ihren sieben Inseln gilt als eine der schönsten der Adriaküste. Nicht zu Unrecht wird sie auch als südlichster Fjord von Europa bezeichnet. Sie beeindruckt durch eine traumhafte Symphonie aus schroffen Steilhängen, an deren Fels sich winzige Siedlungen ducken, und der smaragdgrün glitzernden Adria.

Gebildet wird sie von vier nacheinander gelagerten Becken, die jeweils schmale Durchlässe miteinander verbinden. Das namensgebende Becken von Kotor bildet als viertes den Abschluss. Zusammen mit der Bucht von Risan zählt es zum Weltnaturerbe der UNESCO. Für Massentourismus ist die Bucht zu eng, doch kann es in der Hochsaison sehr betriebsam zugehen.

*** Kotor

Tief schneidet die fast fjordartige Bucht von Kotor zwischen die beiden Gebirgszüge von Lovćen und Orjen. Der Hafen an ihrem südöstlichen Ende bot seit illyrischer Zeit Schiffen Schutz und war heftig umkämpft: In Roms Nachfolge befestigte Byzanz die Siedlung, die Mongolen und Sarazenen widerstand, bis Venedig im 15. Jahrhundert seine Chance ergriff. Das Erdbeben von 1667, das auch Dubrovnik zerstörte, richtete heftige Schäden an. Dennoch ist innerhalb der 4,5 Kilometer langen, mächtigen Stadtmauer immer noch jenes Flair zu spüren, das Kotor so unverwechselbar macht: Mittelalterliche Architektur, Straßencafés, traditionelle Handwerksläden und die schroffe Bergkulisse bilden ein einzig-

artiges Ensemble, das jeden Reisenden beeindrucken wird.

*** Altstadt

Im Gegensatz zum geradlinig angelegten Dubrovnik gilt in Kotors Altstadt das Gesetz der krummen Gassen und Plätze. Sich zurechtzufinden, ist nicht ganz so einfach, aber irgendein Durchgang oder eine Gasse führt immer zu einem der drei Stadttore. Vom Nordtor kommend schmücken gleich zwei Gotteshäuser den ›Holzplatz‹, Trg od drva: das romanische Kirchlein der hl. Maria und das ebenfalls im 12. Jahrhundert erbaute des hl. Lukas, das heute der orthodoxen Gemeinde dient. Westlich beherrscht ein Uhrturm von 1602 den »Waffenplatz«, Trg od oružja; hier führt das Seetor aus der Altstadt zum Hafen. Nach Osten in Richtung Kathedrale ist ein besonders elegantes Palais zu bewundern: Die Palata Pima wurde Ende des 18. Jahrhunderts errichtet und beherbergt nun eine Galerie zeitgenössischer Kunst. Abends füllen sich Tavernen und Restaurants mit Einheimischen und Touristen. Nach dem Essen feiert die Jugend in Bars und Clubs bis in den frühen Morgen.

INFO *

MONTENEGRO
Fläche:
13 812 km²
Bevölkerung:
616 000 Einwohner
Sprachen:
Montenegrinisch, Serbisch
Must-see:
Bucht von Kotor
Geheimtipp:
Felseninsel Sv. Nikola
Spezialitäten:
Lamm, Fisch, Baklava

Einladend leuchtet das Tor zur Altstadt Kotors am Ende der Brücke Vrata od Škurde, die Teil der Befestigung ist.

*** Kathedrale St. Tryphon

Bereits im 9. Jahrhundert begann der Bau des Gotteshauses für die Reliquien des Märtyrers Tryphon (Tripun), 1166 wurde dann das heutige Gotteshaus eingesegnet. Kriege und Erdbeben haben es wiederholt beschädigt; im 17. Jahrhundert erhielt die Kathedrale ihre beiden barocken Türme, doch die originale Grundstruktur ist immer noch hervorragend erhalten, ebenso wie die Ausstattung. Ein Feuerwerk romanischer Skulpturenkunst schmückt das Ziborium, das sich als schützendes Dach über dem zierlichen Silberaltar aus dem 14. Jahrhundert wölbt. Silberschmiede aus Kotor haben das ungewöhnliche Stück gefertigt. Byzantinische Fresken aus der Zeit um 1330 sind noch in den Bögen des Kirchenschiffs zu erkennen. Kostbare Skulpturen und Gemälde, darunter ein Kruzifix von 1288, hütet das Museum für Sakrale Kunst im Obergeschoß.

*** Stadtmauer und Festung

Mit 4,5 Kilometern Länge übertrifft das Verteidigungswerk von Kotor die berühmtere Stadtmauer von Dubrovnik fast um das Doppelte. Gebaut haben daran zwischen dem 9. und dem 15. Jahrhundert alle Herrschernationen, die Kotor einmal beanspruchten. Wie in Dubrovnik können Besucher den bis zu 15 Meter breiten und bis zu 20 Meter hohen Festungswall begehen, benötigen dafür aber eine gute Kondition und im Sommer Wasser, denn es geht steil bergauf. Bis zur Festung Sv. Ivan sind es 260 Meter Höhenunterschied, 1350 Stufen sind zu bewältigen! Oben angekommen wird man für die Mühe mit fantastischen Panoramen über Altstadt, Bucht und Bergen belohnt. Nun wird auch der dreieckige Grundriss der Altstadt deutlich sichtbar; an jeder der drei Seiten durchbricht ein Tor die Mauern.

Errichtet wurde die Kathedrale einst über einer romanischen Kirche.

In den 1960er-Jahren fast eine Ruinenstadt, zeigt sich Perast heute als echtes Schmuckstück und Postkartenmotiv.

*** Perast

Obwohl das malerisch unter Felswänden gegründete Perast zu den ältesten Siedlungen an der Bucht von Kotor zählt, gelangte es erst unter venezianischer Herrschaft zu Bedeutung. Als eine der ersten Siedlungen erbat Perast 1420 Venedigs Schutz, was den Ort allerdings nicht vor erneuter türkischer Eroberung schützte. Die Serenissima behielt in diesem Hin und Her zwischen den Großmächten die Oberhand. Ihr Einfluss ist in der von venezianischer Gotik und Barock geprägten Altstadt nachhaltig zu spüren. Stolze Patrizierhäuser säumen die schmalen Kopfsteinpflaster-Gassen, und auch die auffälligste Kirche im Ort, die barocke Sv. Nikole, gibt sich mit ihrem 55 Meter hohen Glockenturm ganz unbescheiden. Anders als Kotor war Perast nie durch eine Stadtmauer geschützt. Stattdessen sorgten Wachtürme für die Sicherheit der Bewohner.

*** Klosterinseln Sveti Đorđe & Gospa od Škrpjela

Das Inselchen, Zypressen und die Bauten von Kloster und Kirche schaffen ein romantisches Motiv vor dem Städtchen Perast. Die Insel mit der Sveti Đorđe, dem hl. Georg, geweihten Kirche und einem im 12. Jahrhundert errichteten Benediktinerkloster war schon immer ein exklusiver Ort. Nur Adelige aus den Gemeinden um die Bucht von Kotor wurden hier beigesetzt, und bis heute dürfen Unbefugte das Eiland nicht betreten, sondern es nur per Boot umrunden. Ganz anders bei Maria vom Fels (Gospa od Škrpjela), der Nachbarinsel mit einer üppig barock ausgeschmückten Wallfahrtskirche. Dass es sich um ein künstlich angelegtes Riff handelt, lässt bereits der Mangel an Vegetation vermuten: Die Peraster schufen es, indem sie mit Stein beladene Schiffswracks versenkten und mit Felsbrocken aufschütteten. Jedes Jahr zur »fašinada« am 22. Juli werfen sie Steine ins Meer, um ihm symbolisch weitere Landfläche abzuringen.

** Plava Špilja

Die Halbinsel Luštica und ihr zu Kroatien gehörendes Gegenüber Prevlaka bewachen die Meerenge mit dem Zugang zur Bucht von Kotor. Noch bis in die 1990er-Jahre diente Luštica militärischen Zwecken und galt als Sperrgebiet. Nähert man sich der 13 Kilometer langen Felszunge vom offenen Meer her, wirkt sie nicht anders als viele anderen verkarsteten Kalksteinformationen an der Ostadria. Hat man per Boot aber den von Weitem sichtbaren Höhleneingang durchfahren, findet man sich in einer surrealen blau-türkisen Wasserwelt wieder. Der spezielle Lichteinfall lässt das Wasser in der Höhle in verschiedenen Nuancen von Grün bis Blau leuchten. Von Kotor aus bringen Ausflugsboote Besucher in die blaue Grotte, wo beson-

Ein Eyecatcher in der Bucht vor Perast: die beiden vorgelagerten Inselchen.

Die schöne Plava Špilja macht fast schon der Grotte von Capri Konkurrenz.

ders Wagemutige auch ein Bad nehmen können – das Wasser ist allerdings bitterkalt.

* Porto Montenegro

Wohin mit einem unnützen Marinestützpunkt? Weg damit, dachte sich der montenegrinische Staat und verkaufte das Gelände bei Tivat 2008 dem kanadischen Milliardär Peter Munk. Dieser setzte seine Vision eines Monaco in der Bucht von Kotor zügig um und ließ eine Marina mit 600 Liegeplätzen und jeder Menge Luxus bauen. Bis heute gilt Porto Montenegro als einziger Tiefwasser-Jachthafen der Adria, doch das ist nicht der einzige Grund für Luxusjacht-Besitzer, ihn anzusteuern. Alleine die landschaftliche Schönheit der Bucht von Kotor lockt Promis und Millionäre. Investor Munk starb 2018, doch seine Mitgesellschafter, die klingende Namen wie Rothschild tragen, halten Munks Vermächtnis lebendig.

Römisches Erbe in Risan

Im 4. Jahrhundert v. Chr. von Griechen gegründet, gilt Risan als älteste antike Siedlung an der Bucht von Kotor. Die Römer folgten und errichteten herrschaftliche Villen – eines dieser Luxusanwesen wurde 1930 in Risan entdeckt. Die fünf Räume der Villa aus dem 2. Jahrhundert gruppieren sich um ein Atrium; vier sind mit wunderbar erhaltenen Mosaiken geschmückt. Geometrische und florale Muster sind in unglaublicher Feinheit gelegt; das berühmteste schmückt ein schlafender Hypnos, der Gott des Schlafes.

Auferstanden aus Ruinen

Man mag es kaum glauben, aber das schöne Perast war noch vor ein paar Jahrzehnten dem Verfall preisgegeben. Erst erhebliche Mittel aus zahlreichen Hilfsfonds ließen große Teile der historischen Substanz neu entstehen. Besonders schön geworden ist die Uferpromenade mit ihren zahlreichen prächtigen Palazzi. Auf ihr lässt es sich perfekt flanieren und den einmaligen Blick auf die Bucht und die vorgelagerten Inselchen genießen.

Die Bronzestatue einer Ballerina von Bildhauer Gradimir Alesis reckt sich aus der Meeresgischt vor Budva empor.

Die alten Gassen von Budva mit ihren kleinen Geschäften laden förmlich dazu ein, in ihnen umherzustreifen.

** Budva

Weit zurück in die Geschichte führt die lebhafte Ferienmetropole Budva. Bereits im 10. Jahrhundert v. Chr. soll sie als griechische Kolonie gegründet worden sein. Es folgten Illyrer, Römer, Osmanen, Venezianer, Habsburger ... und schließlich internationale Touristen, denn die Riviera von Budva zählt zu den schönsten Küstenabschnitten an der Ostadria. Die weitgehend ummauerte Altstadt verschwindet fast zwischen Neubauvierteln und Hotelzonen. Aber die hell gepflasterten Gassen und die nach dem Erbeben 1979 wieder aufgebauten Häuser vermitteln noch den Glanz der früher bedeutenden Handelsmetropole. Dass diese auch religiöse Toleranz pflegte, zeigt sich am Trg izmedu crkava, dem Platz zwischen den Kirchen: Die orthodoxe Sv. Trojica (Dreifaltigkeitskirche) aus dem 19. Jahrhundert und die katholische Sv. Ivana (Johannes der Täufer), deren Fundamente bis ins 5. Jahrhundert zurückreichen, stehen einträchtig beieinander. Sv. Ivana birgt eine von beiden Religionsgemeinschaften verehrte Marienikone aus dem 13. Jahrhundert, die Budvanska Bogorodica.

** Riviera von Budva

Sand heißt das Zauberwort: Fast überall an der Ostadria gestaltet sich das in der Sonne liegen und der Gang ins Wasser eher unbequem, denn die Küste besteht aus Fels oder bestenfalls Kies. Budvas Riviera punktet mit Sand, das machte den Ort bereits in jugoslawischer Zeit zum Touristenziel. Sonnenanbeter haben die Qual der Wahl: Lebhaft geht's zu am Hauptstrand Slovenska plaža, 1600 Meter Strand, Schirme, Liegen, Bars und Musik! Auch der Strand Jaz ist, gesäumt von einem Campingplatz, nicht unbedingt ein Ziel für Einsamkeitsfanatiker. Etwas ruhiger und intimer empfängt die Sandbucht von Mogren Sonnenanbeter mit allen Annehmlichkeiten. Idyllisch wirkt die nur 100 Meter kleine Bucht von Trsteno mit ihrem Restaurant. Im Sommer ist sie leider häufig überfüllt. Eine kurze Bootsfahrt zur Felseninsel Sv. Nikola und man findet sich in der Südsee wieder: Hawaii nennen die Einheimischen das Eiland wegen seiner malerischen Sandbuchten.

Nichts für den schmalen Geldbeutel

Manche Orte wirken wie aus einem Traum entsprungen oder als seien sie eigens für spektakuläre Filme errichtet worden. So auch die Hotelinsel Sveti Stefan: Als Inselchen, das zu Budva gehört, war es ursprünglich von bescheidenen und sicher nicht sonderlich wohlhabenden Fischern besiedelt. Das kann man heute von den dortigen Bewohnern eher nicht behaupten, denn Sveti Stefan hat sich in den vergangenen Jahrzehnten zum angesagten Luxus-Feriendomizil gemausert. Die Kulisse ist einzigartig und umgeben von den schönsten Stränden des Landes. Allerdings ist die gesamte Insel in der Hand eines Hotelunternehmens; Tagesgäste müssen einen Obolus entrichten

Im 15. Jahrhundert wurde das Kloster von Cetinje gegründet.

* Cetinje

In der Kleinstadt (14 000 Einw.) am Fuß des Lovćen-Massivs residierten zwischen dem 15. Jahrhundert und 1918 die jeweiligen Herrscherdynastien Montenegros – zunächst die Fürstenfamilie Crnojević, dann die Fürstbischöfe, die Vladikas. König Vladika Danilo I. errichtete zu Beginn des 18. Jahrhunderts das imposante Kloster von Cetinje, das sich eng an einen imposanten Felsen schmiegt. In seinem Inneren werden zwei kostbare Reliquien aufbewahrt: ein Splitter von Jesu Kreuz und die Hand Johannes' des Täufers. Fundamente des Vorgängerbaus, eines im 15. Jahrhundert gestifteten Konvents, sind auf dem Gelände erhalten. Neben diesem religiösen Anziehungspunkt sind es vor allem die zu Beginn des 20. Jahrhunderts erbauten, ehemaligen Botschaften im Diplomatenviertel, die Cetinje sehenswert machen: so die klassizistische italienische Botschaft mit ihrem Park, die russische Delegation in zaristischem Bombast und die französische in klassischem Art déco.

** Stari Bar

Am Fuße der Rumija-Berge, etwas weiter im grünen Landesinneren, befindet sich die alte Stadt Bar. Stari, alt, im Gegensatz zum neuen Bar am Meer. In Stari Bars unruhiger Geschichte wechselten sich Serben, Osmanen, Venedig und montenegrinische Dynastien ab. Mit der Gründung des neuen Bar wanderte ein Großteil der Bevölkerung an die Küste ab. Beeindruckend auf den ersten Blick ist allein schon das große Aquädukt, das die Siedlung überspannt. Dahinter breitet sich eine Dorfidylle aus, wie man sie nur noch von früher kennt: schmale Gassen mit Kopfsteinpflaster, Überreste alter Kirchen, Pulvertürme und sogar ein türkisches Bad lassen sich finden. Besonders eindrucksvoll ist der Besuch auf dem Wochenmarkt jeden Freitag, wenn bunte Stände die grauen Gemäuer beleben. Aber auch jenseits des Marktes lohnt ein Besuch des Ortes, nicht nur wegen des baulichen Ensembles der Ruinenstadt, auch die Aussicht von hier auf die Bucht ist einfach zauberhaft.

* Ulcinj

Die südlichste Stadt Montenegros besitzt die schönsten Strände des Landes: Feinster Sand säumt hier die Küste. Ulcinjs wahrer Zauber liegt vor allem in der Altstadt: Wie eine Festung thront sie über dem Meer, die Stadtmauer scheint aus den Felsen herauszuwachsen. Rote Dächer von Wohnhäusern und alten Palästen ergeben ein mittelalterlich anmutendes Panorama. Was heute so anheimelnd aussieht, war vor Hunderten von Jahren ein Hort des Schreckens. Ulcinj war ein Piratennest und Umschlagplatz für Sklaven, manche saßen dort auch jahrelang fest. Es wird vermutet, dass der spanische Schriftsteller Miguel de Cervantes Ende des 16. Jahrhunderts in Ulcinj festgehalten und dort zu seinem Roman »Don Quijote« inspiriert wurde. Neben der Kathedrale zählt vor allem die 13 Kilometer lange Velika Plaža zu den Attraktionen – immerhin der längste Sandstrand des Landes. Besonders beliebt ist Ulcinj bei den Bewohnern des Kosovo, für sie der nächste Weg zum Meer.

Das schöne Ensemble von Ulcinj aus Altstadt, Naturhafen und Strand weiß in den Sommermonaten zu punkten.

Einst eine Ruinenstadt, erwacht Sari Bar inzwischen wieder zu neuem Leben.

Unentdecktes Paradies

An manchen Stellen scheint der Skadarsko jezero oder Skutarisee eher ein Fluss als ein See zu sein, auf jeden Fall ist er ein ökologisches Juwel in atemberaubender Landschaft: Er ist mit 48 Kilometern Länge, 14 Kilometern Breite und bis zu 44 Metern Tiefe das größte Süßgewässer auf der Balkanhalbinsel und Brutgebiet für mehr als 260 Vogelarten. Darunter Störche, Reiher, Adler und eine der europaweit letzten Kolonien von Krauskopfpelikanen. Das Gewässer liegt auf montenegrinischem wie albanischem Territorium und steht in Montenegro als Nationalpark unter Naturschutz. Weil der Seespiegel in den Herbst- und Wintermonaten um bis zu fünf Meter ansteigen kann, überwintern bis zu 50 000 Zugvögel am Skadarsko jezero. Im sensiblen Ökosystem leben insgesamt 20 endemische Tier- und Pflanzenarten; mit dem im Norden anschließenden, teils versumpften Flachland steht der See auf der Ramsar-Liste der international schützenswerten Feuchtgebiete. Trotz seines Schutzstatus kann man den Skadarsko jezero, dessen Ufer zum Teil von ausgedehnten Seerosenfeldern gesäumt werden, mit Booten befahren. Die meisten Ausflüge auf den See oder zur Vogelbeobachtung starten in dem Dorf Vrpazar am Westufer. Besonders schön ist es zur Seerosenblüte im Frühjahr.

Blick auf die tief eingeschnittene Tara-Schlucht im Durmitor-Nationalpark.

*** Durmitor-Nationalpark

Der rund 340 Quadratkilometer große Naturraum des von Gletschern der letzten Eiszeit geformten Durmitor-Massivs, im Bobotov Kuk 2522 Meter hoch, gehört seit 1980 zum UNESCO-Weltnaturerbe. Durch dichte Nadelwälder und an klaren Gebirgsseen vorbei rauscht die Tara, einer der letzten ungezähmten Wildwasserflüsse der Balkanhalbinsel. Die Hochebene um Žabljak wird zwar als Ski- und Wandergebiet genutzt, zu großen Teilen ist das Durmitor-Massiv jedoch von Eingriffen des Menschen verschont geblieben. Im Nationalpark leben neben Hirschen und Gämsen auch in Europa sehr selten gewordene Tiere wie Braunbär, Wolf, Wildkatze, Adler, Birk- und Auerhuhn. Drei Viertel der hiesigen Gebirgsflora sind endemisch. Die Schwarzkiefernbestände gehören zu den letzten europäischen Urwäldern. Mehr alpine Attraktionen auf so kleinem Raum gibt es selten.

*** Tara-Schlucht

Der Fluss Tara durchströmt im Dinarischen Karst Montenegros und Bosnien und Herzegowinas eine einzigartige Landschaft: Im Durmitor-Massiv hat er die spektakulärsten Schluchten Europas geschaffen. Bis zu 1300 Meter tief hat der Strom sich in die Felsen gefressen und dabei ein imposantes Relief mit zum Teil senkrechten Felswänden geformt. Wer am Rand der Schlucht wandert, wird immer wieder von den Ausblicken auf den grünen Fluss begeistert sein, der sich durch das Tal schlängelt und über zum Teil bis zu 60 Meter hohe Kaskaden in die Tiefe stürzt. Über 40 Wasserfälle, zahlreiche Höhlen und eine artenreiche Flora und Fauna zeichnen den 82 Kilometer langen Canyon aus.

** Crno jezero

Der bis zu 49 Meter tiefe Schwarze See (Crno jezero) in 1416 Meter Höhe ist nicht weit von Žabljak, dem Eingangstor zum Durmitor-Nationalpark, entfernt. Tatsächlich handelt es sich um einen Doppelsee, die ein schmaler Damm trennt bzw. verbindet. Wenn der Wasserstand im Sommer sinkt, wird er zwischen kleinem (malo) und großem (veliko) See sichtbar. Der Crno jezero liegt am Fuß des Berges Meded (2287 m), der seinen Namen »Bär« der charakteristischen Silhouette verdankt – sie erinnert an einen schlafenden Meister Petz. Vom See aus führen leichte bis anspruchsvolle Bergtouren durch das Durmitor-Gebirge, darunter auch auf den Meded. Schwarz heißt der See übrigens nicht wegen seiner Farbe, sondern wegen der Nadelwälder an seinem Ufer. Ihre Spiegelung im Wasser legt einen dunklen Schimmer über das Gewässer.

** Kloster Dobrilovina

Der stille Konvent am linken Tara-Ufer an der Ostgrenze des Durmitor-Nationalparks ist wahrscheinlich deut-

Wanderrast am Crno jezero, auch »Der schwarze See von Montenegro« genannt.

lich älter, als es die Annalen vermuten lassen. 1592 gestattete ein osmanisches Dekret den Bewohnern der umliegenden Dörfer, die dem hl. Georg geweihte Kirche und das Kloster wieder aufzubauen – also existierte ein älteres Gotteshaus, über dessen Geschichte aber nichts bekannt ist. Mehrmals zerstört und neu errichtet, erlebte Dobrilovina eine wechselhafte Geschichte. Kunsthistorisch wertvoll sind die teils stark verblassten Fresken vom Beginn des 17. Jahrhunderts in der St.-Georgs-Kirche (Sv. Đorđe) mit dem eigenwilligen, aus Holz errichteten Glockenturm. Eigenwillig seien auch die Bewohner des Klosters gewesen, erzählt man sich in den Dörfern. Von einer nahen Alm hätten sie eine hölzerne Leitung verlegt, durch die sie täglich frische Milch bekamen. Da das Gotteshaus meist verschlossen ist, öffnen die Klosterschwestern es auf Anforderung – allerdings nur, wenn die Besucher angemessen gekleidet sind.

Klein, aber oho – das serbisch-orthodoxe Kloster Dobrilovina.

Rund um Europas tiefste Schlucht

Noch ist die Tara-Schlucht ein echter Geheimtipp und ein Dorado für jede Art von Aktivitäten. Wer sie erkunden möchte, kommt mit dem Auto nicht weit – die Straße, die oberhalb des Canyons entlangführt, begleitet den Fluss nur auf einer kurzen Strecke. Dann heißt es Wanderschuhe an und zu Fuß weitergehen oder aber ins Boot steigen: Die sicherlich spannendste Art, die Schlucht zu erkunden, sind Rafting-Touren. Das empfiehlt sich allerdings nur in den Sommermonaten, dann ist der Fluss nicht so reißend wie im späten Frühjahr, denn es gibt einige Stromschnellen zu überwinden. Aufgepasst: Wer mit dem eigenen Kanu kommt, muss eine kleine Gebühr entrichten. Für weitere Adrenalin-Kicks gibt es sogar eine Zip-Line über die Schlucht.

»Träne Europas« nennen Einheimische den Tara-Fluss wegen seiner einzigartigen Reinheit.

Rafting

Eine Reihe von Anbietern organisiert Rafting-Touren auf der Tara, von ein paar Stunden bis zur 3-Tages-Tour. Der Veranstalter Tara Grab bietet nicht nur Rafting in unterschiedlichen Schwierigkeitsstufen an, sondern hat auch Kajak- und Wandertouren im Programm. Ausgangspunkt ist das Ethno Village, ein idyllisch an der Tara gelegener Campingplatz.
tara-grab.com

Zip-Line

In 150 Metern Höhe einen knappen Kilometer über die Tara schweben – das machen die beiden Zip-Lines an der Đurđević-Brücke im Nationalpark möglich.
www.montenegro.travel

Wandern

Ein sechs Kilometer langer Rundwanderweg führt vom Weiler Podgora am Schluchtrand entlang zu drei tollen Aussichtspunkten: Soa, Brojila und Tmorska Glavica. Auch wenn es sich um eine einfache Wanderung handelt, ist eine geeignete Bergausrüstung ratsam. Auch trittsicher sollte man sein.

Kosovo & Nordmazedonien

Ursprüngliche Natur & orthodoxe Kirchenschätze

Bis 2018 musste das 1992 unabhängig gewordene Mazedonien um seinen Namen kämpfen – Griechenland bestand auf der Einzigartigkeit seiner Region Makedonía, weshalb das ehemals jugoslawische Mazedonien nun Nordmazedonien heißt. Der Kosovo spaltete sich wiederum 2008 vom Nachbarn Serbien ab. Beide Länder sind reich an Geschichte und Geschichten, teilen sich die durch die orthodoxe Kirche und die osmanische Herrschaft geprägte Kultur. Orientalische Altstädte, byzantinische Klöster (im Bild: Kloster Sveti Naum) und ursprüngliche Landschaften wie der einzigartige Ohridsee zählen zu den touristischen Highlights.

Eine große kulturelle Vielfalt und das pittoreske Stadtbild machen Prizren zum beliebten Anziehungspunkt im Kosovo.

** Prizren

Mit den sanft geschwungenen Anhöhen des Šar-Gebirges im Rücken und dem durch die Stadt mäandernden Flüsschen Prizrenska Bistrica (albanisch: Bistrica e Prizrenit) ist die zweitgrößte Stadt (85 000 Einw.) des Kosovo ungemein malerisch gelegen. 1346 errichtete Stefan Dušan der Mächtige hier die erste Hauptstadt seines großserbischen Reiches – die Zitadelle ist Zeugnis dieser Ära, die bereits 100 Jahre später durch die türkische Eroberung brüsk beendet wurde. Unter serbischer wie türkischer Dominanz florierte Prizren als Handelsstadt, in der auch Kaufleute aus entlegenen Teilen Europas Kontore unterhielten. Heute ist die einst multiethnische Metropole vorrangig von Albanern bewohnt. Die meisten Serben haben Prizren nach anti-serbischen Ausschreitungen 2004 verlassen. Von der Zitadelle eröffnet sich das Panorama über die Stadt und das Massiv des Paštrik (1986 m). Die Festung selbst ist das Ergebnis einer etwas kitschig geratenen Rekonstruktion in den 2010er-Jahren. Ihre byzantinischen Wurzeln lassen sich nur noch erahnen.

* Altstadt

Ikonisches Wahrzeichen der Altstadt ist wie im bosnischen Mostar die osmanische Steinbrücke über die Bistrica. Das wahrscheinlich im 15. Jahrhundert errichtete Bauwerk verbindet Prizrens Altstadt mit den neuen Vierteln südlich des Flusses. In der Altstadt, in der früher Handwerksbetriebe und Läden das Straßenbild bestimmten, mischen sich Alt und Neu. Viele der zumeist einstöckigen Häuser haben Wurzeln im 19. Jahrhundert, so das Shtëpia e Musa Shehzades (Ethnologisches Museum). Die serbisch-orthodoxe Kathedrale Svetog Đorđa aus dem 19. Jahrhundert brannte bei den anti-serbischen Ausschreitungen 2004 fast vollständig aus, wurde 2010 aber wieder aufgebaut. Das nahezu schmucklose Gotteshaus – nur eine Ikone aus dem 14. Jahrhundert konnte gerettet werden – ist sinnbildliches Zeugnis der Zerstörung.

** Moschee Sinan Pasha

Das auffälligste Gebäude des historischen Prizren ließ der Wesir des osmanischen Bosniens, Sofi Sinan, 1615 errichten. Sie wirkt mit ihrem 43,5 Meter hohen Minarett und der mächtigen Kuppel schon von außen überaus eindrucksvoll und beeindruckt im Inneren mit floralen und kaligraphischen Schmuckbändern. Die hölzerne Vorhalle wurde bei einer Explosion

INFO

KOSOVO & NORDMAZEDONIEN
Fläche:
10 908 km² / 25 713 km²
Bevölkerung
1,8 Millionen Einwohner/
2 Millionen Einwohner
Sprachen:
Albanisch, Serbisch/
Mazedonisch, Albanisch
Must-see:
Altstadt von Prizren/
Sv. Jovan Kaneo
Geheimtipp:
Fresken im Kloster Visoki Dečani/
Pass von Galičica
Spezialitäten:
Goldschmiedearbeiten/
handgewebte Kelims

1919 zerstört und bei der Moschee-
renovierung 2011 durch eine neue ersetzt. Lange wurde über die künftige
Verwendung der Moschee gestritten
– Kosovo wollte sie als Museum bewahren. Doch die Türkei, die die Erneuerung finanziert hatte, bestand auf
der Wiedereröffnung als Gotteshaus.

** Kloster Visoki Dečani (Manastiri i Deçanit)

Symbolort für die serbische Bevölkerung, UNESCO-Weltkulturerbe und
umstrittenes wie umkämpftes Denkmal: In das 1328 bis 1335 als Grablege
des serbischen Königs Stefan Uroš III
Dečanski (1285–1331) erbaute Kloster
wallfahren kunsthistorisch Interessierte wegen seines einmaligen, mittelalterlichen Freskenreichtums. Ähnlich kostbar wie der Freskenschmuck
sind die Steinmetzarbeiten, etwa am
eleganten, von Säulen und mythologi-
schen Figuren gerahmten Portal. Wegen der politischen Spannungen und
wiederholter Anschläge von albanischen Separatisten auf den Konvent,
führt die UNESCO ihn auf der Liste
der bedrohten Kulturgüter. Unabhängig von seiner kunsthistorischen Bedeutung verehren Serbisch-Orthodoxe
das Kloster als Wallfahrtsort: Der hier
beigesetzte König wurde im 15. Jahrhundert heiliggesprochen.

Im Sommer geht es in der Altstadt von Prizren hoch her.

* Skopje

Nordmazedoniens Hauptstadt Skopje
blickt auf eine lange und wechselvolle
Geschichte zurück. Sie war reich an
Kulturdenkmälern, doch in wenigen
Minuten machte ein heftiges Erdbeben am Morgen des 26. Juli 1963 den
alten Zauber fast gänzlich zunichte.
Heute stechen nur noch wenige Bauten der osmanischen Ära wie die Steinerne Brücke und die Festung Kale
aus dem modernen Stadtbild hervor.
Auf dem Macedonia-Platz erinnert ein
Standbild an Alexander den Großen,
den sowohl Nordmazedonien als auch
das griechische Makedonía als einen
der ihren beanspruchen. Die Aufstel-
lung der Statue 2011 führte zu einer
Verschärfung des Namens-Konflikts
zwischen den beiden Staaten.

Zahlreiche Statuen kultureller mazedonischer Ikonen begrüßen den Reisenden in Skopje auf der »Kunstbrücke«.

Feuerwerk der Farben

Wohl jeder ist erstaunt angesichts des Dekorreichtums des Šarena Džamija genannten islamischen Bethauses in der Altstadt der nordmazedonischen Stadt Tetovo: Es ist nicht nur, wie meist üblich, innen ausgeschmückt, sondern besitzt auch eine mit Ornamenten und Arabesken verzierte Fassade. Aus der Gründungszeit der »bunten Moschee« ist allerdings bis auf das Minarett kaum etwas erhalten. Sie wurde im 15. Jahrhundert von zwei frommen Schwestern erbaut, die im Innenhof auch ihre letzten Ruhestätten gefunden haben. Nach einem Erdbeben ließ der damalige türkische Statthalter es im 19. Jahrhundert einer gründlichen Renovierung unterziehen, bei der die historischen Elemente im Geschmack der Zeit überarbeitet wurden. Dieser Geschmack schwankte zwischen einer orientalischen Variante des mitteleuropäischen Barock und einer Art türkischem Neo-Klassizismus: Eine Fülle floraler und geometrischer Elemente überzieht im Inneren Wände und Kuppel; dazwischen finden sich bildliche Darstellungen heiliger Orte wie der Kaaba in Mekka. Mit ihrem Feuerwerk an Ornamenten und Farben ist die Bunte Moschee einzigartig unter den islamischen Gotteshäusern auf dem Balkan.

Ein beliebter Ferienort am Ohridsee ist das Fischerörtchen Trpejca.

*** Ohridsee

Es heißt, er sei eines der ältesten Gewässer der Erde, entstanden durch eine tektonische Verschiebung vor rund 1,4 Millionen Jahren. Häufige Erdbeben formen auch heute noch das Weichbild der Region. Weitere Hinweise auf das hohe Alter des Sees liefert die Fauna mit mehreren endemischen Fischarten wie Salmo ohridanus, eine Lachsart, oder der Ohrid-Forelle. Große Zuflüsse gibt es bei dem rund 350 Quadratkilometer großen See nicht, den sich Nordmazedonien und Albanien teilen. Gespeist wird er durch Quellen, entwässert durch den Schwarzen Drin. Bereits 1979 erklärte die UNESCO den mazedonischen Teil des Ohridsees zum Natur- und ein Jahr später auch zum Kulturerbe; seit 2019 steht auch sein albanisches Drittel unter UNESCO-Schutz. Die bis zu 2000

Meter hohen Gipfel des Galičica-Gebirges und dichte Mischwälder, durch die Luchs, Wolf und Braunbär streifen, bilden rund um das kristallklare Wasser einen packenden Naturraum, in dem vielerlei Aktivitäten möglich sind, vom Angeln bis zu Trekkingtouren.

*** Kloster Sv. Naum

Wahrscheinlich bewegte den heiligen Naum das Panorama des Sees und des dahinter über 2000 Meter hoch aufragenden Bergklotzes der Galičica dazu, an dieser Stelle im Südwesten des Ohridsees im 9. Jahrhundert ein Kloster zu gründen. Die Aussicht vom Vorplatz der Kirche ist spektakulär. Der Heilige missionierte im Dienste des bulgarischen Königs unter den Slawen am Ohridsee und wurde in der Klosterkirche beigesetzt. Seine Reli-

quien gelten als wundertätig. Während das Kloster bei einem Brand zerstört und modern wieder aufgebaut wurde, besitzt die Kirche noch den klassischen kreuzförmigen Grundriss ihrer Gründungszeit. Fresken im Inneren zeigen Szenen aus dem Leben des Heiligen. Besinnliche Stimmung kommt an der Wallfahrtsstätte allerdings selten auf – ein Heer von Händlern verkauft davor religiöse Souvenirs, an Ständen gibt es verschiedene Spezialitäten zu essen.

** Trpejca

Das hübsche Fischerdorf am Ostufer zu Füßen des Berges Galičica hat sich zu einem der lebhaftesten Ferienorte am Ohridsee, wenn nicht ganz Nordmazedoniens entwickelt. Während das Dorf (300 Einw.) mit seiner neu errichteten Kirche und der lockeren

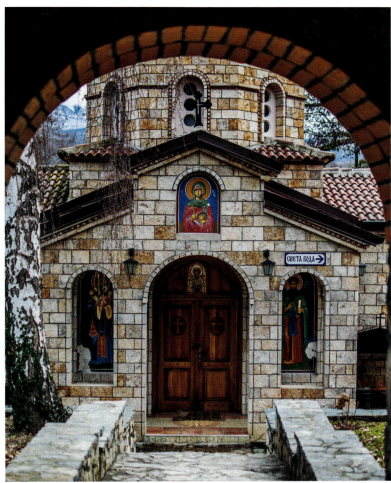

Eingangspforte zur Kirche des Klosters Sveti Naum.

Bebauung mit Einfamilienhäusern wenig Sehenswertes zu bieten hat, animieren die kleinen Kiesbuchten zu verschiedensten Aktivitäten am Wasser. Restaurants und Bed & Breakfast-Unterkünfte sorgen für das Wohl der Feriengäste. Gleich östlich der Siedlung beginnt der Galičica-Nationalpark mit Wanderwegen und Mountainbike-Trails. Eine ehemalige Militärstraße führt 27 Kilometer lang und gespickt mit grandiosen Panoramen über den Pass von Galičica (1660 m) bis zum Prespa-See, dem südöstlichen Nachbarn des Ohridsees. Südlich des Dorfes duckt sich das nur vom See aus zugängliche Kirchlein Sv. Bogorodica Zahumska aus dem 13. Jahrhundert unter eine 1000 Meter hohe Felswand. Wahrzeichen von Trpejca ist der Karstfelsen Karpa Stog, von dem Jugendliche ins Wasser springen.

Wie die Alten lebten

Der Name »Knochenbucht« klingt etwas martialisch, doch keine Angst: In dem Museumsdorf fünf Kilometer nördlich von Trpejca beim Weiler Peštani geht es weniger um Gebeine als um Pfähle. Auf diesen errichteten Menschen womöglich schon vor 8000 Jahren ein Dorf im Ohridsee, das heute als älteste Siedlung Europas beworben wird. Unterwasserarchäologen haben inzwischen weitere Reste von Pfahlbaudörfern um den See erforscht; die Blütezeit dieser Siedlungen lag um 5000 bis 3000 v. Chr. In der Knochenbucht wurden nicht nur Pfahlbauten, sondern auch jede Menge Knochen von Tieren, gefunden.

Einen schöneren Standort für eine Kirche als auf dem Felsvorsprung oberhalb des Seeufers scheint es kaum zu geben.

*** Ohrid

Dass die Region um den Ohridsee in Nordmazedoniens Südwesten schon seit Jahrtausenden besiedelt ist, verwundert nicht angesichts der Schönheit der Landschaft und der schier unerschöpflichen Nahrungsquelle, die der See mit seinem Fischreichtum bietet. Um 700 v. Chr. ist die illyrische Siedlung Lychnidos bezeugt, die »Stadt des Lichts« – ein treffender Name angesichts des Schimmers, den der See über Ohrid legt. Später gehörte Lychnidos zum makedonischen Reich Alexanders des Großen und fiel im 4. Jahrhundert schließlich Ostrom und damit dem Christentum zu. Zwischen dem 9. und dem 14. Jahrhundert zählte Ohrid zu den bedeutendsten orthodoxen Stätten des Bulgarischen Reiches; Serben und Osmanen folgten, Letztere herrschten bis Ende des 19. Jahrhunderts. Das Ergebnis war eine multikulturelle Stadtgesellschaft, in der Volksgruppen und Religionen ein relativ gleichberechtigtes Leben führten – Ohrid wird gelegentlich auch »das Jerusalem des Balkans« genannt und zählt heute zum UNESCO-Weltkulturerbe.

*** Sv. Jovan Kaneo

Das wie für Instagram in Szene gesetzte orthodoxe Gotteshaus ist das Wahrzeichen Ohrids. Auf kreuzförmigem Grundriss errichtet und von einer zentralen Kuppel überragt blickt es von seinem Felsen über den Ohridsee. Über sein Alter streitet die Wissenschaft; wahrscheinlich wurde es im 13. Jahrhundert auf den Fundamenten einer älteren, durch ein Erdbeben zerstörten Kirche errichtet. Der Kirchenpatron Jovan Kaneo, der Apostel Johannes, soll das erste Gotteshaus Überlieferungen nach selbst gegründet haben. Die Architektur im byzantinischen Stil mit abwechselnden, zu geometrischem Dekor gelegten Lagen von Stein und Ziegeln wurde bei Renovierungen im 19. und 20. Jahrhundert erhalten. Nicht aber der Freskenschmuck und die Ikonostase, die dem modernen Geschmack zum Opfer fielen. Auf Besucher, die sich den Rückweg ins Ortszentrum ersparen möchten, warten unterhalb der Kirche Taxiboote, die die Reisenden übers Wasser zurückschippern.

Die alte Stadt Ohrid hat viel Kultur zu bieten, u.a. ein antikes Amphitheater.

Ohrid ganz entspannt

Genug von Shopping und Kultur? Nach dem Sightseeing locken in Ohrid schicke Cafés und der städtische Strand zur Erholung am See. Ein bequemer Bohlenweg führt teils über dem Wasser, teils am See entlang der Steilküste vom Ortszentrum in Richtung der Kirche Sv. Jovan Kaneo und passiert Badestellen und Kiesbuchten, wo Strandbars ihre Gäste mit Drinks, Lounge-Musik und Liegestühlen verwöhnen.

** Türkisches Viertel

Čaršija heißt jener Teil der Altstadt von Ohrid, in dem 500 Jahre lang das Herz osmanischer Geschäftstüchtigkeit und Religiosität schlug. Heute wetteifern entlang der Fußgängerzone Sveti Kliment Ohridski findige Händler, Cafés und Kneipen um die Gunst der einheimischen Passanten und Touristen. In diesem lebhaften Ambiente bilden osmanische Monumente wie die Ali-Pascha-Moschee (16. Jh.) und die Tekke Zejnel Abedin-Paša (16. Jh.), ein ehemaliges Meditationshaus des Sufi-Ordens, Inseln der Ruhe. Ein wahrer Methusalem ziert den Platz Kruševska Republika: Die Platane mit ihrem bizarr verdrehten und gespaltenen Stamm wurde angeblich im 15. Jahrhundert gepflanzt. Ein Stück entfernt und unweit des Sees steht die im 11. Jahrhundert erbaute Kathedrale Sv. Sofija symbolisch für das Ausharren der orthodoxen Kirche: 400 Jahre lang wurde das frühchristliche Gotteshaus als Moschee genutzt. Heute präsentiert es einen byzantinischen Baustil in höchster Vollendung.

Albanien

Die unbekannte Schönheit Osteuropas

Es gibt nur noch wenige Ecken in Europa, die so ursprünglich und unverbaut sind wie Albanien. Was dieses kleine Land, weit im Osten der Adria zu bieten hat, ist spektakulär: himmelstürmende Gebirgsland-schaften, eine knapp 500 Kilometer lange Küste mit Sandstränden und Felsbuchten (im Bild: Gjipe-Beach zwischen Saranda und Dhërmi), urbane Kultur und orientalischen Prunk und einige der aufregendsten Ausgrabungsstätten der antiken Welt. Noch dazu wird man hier von einer sehr herzlichen Bevölkerung empfangen und die Preise sind nur halb so hoch wie anderswo. Also nichts wie los auf Entdeckungsreise!

Von der Zitadelle von Lezhë hat man einen fantastischen Blick auf Meer und Umgebung.

Nordwestalbanien – von der Küste ins Hochgebirge

Auf engstem Raum treffen in Albaniens Norden zwei Landschaftsräume aufeinander: Hier die Küstenebene mit weiten Stränden, die nach Norden übergeht in das von Sümpfen geprägte Umland des großen Skutarisees. Dort die südlichen Ausläufer des Dinarischen Gebirgszugs mit Hochgebirgslandschaften rund um den 2694 Meter hohen Maja ë Jezercës, Albaniens höchstem Gipfel. Das lebhafte Shkodra ist Ausgangspunkt für Erkundungen des Skutarisees und der Adriaküste wie auch der National- und Naturparks in den Bergen. In und um Lezha dreht sich alles um einen der größten Helden Albaniens, Skanderbeg.

INFO ✳

ALBANIEN
Fläche: 28 748 km²
Bevölkerung:
2,8 Millionen Einwohner
Sprache: Albanisch
Must-see: Albanische Riviera
Geheimtipp: Fernwanderweg
»Peaks oft the Balkans«
Spezialitäten:
Tee aus Bergkräutern,
Hartkäse aus Kuh-, Ziegen- und
Schafsmilch

* Lezha

Der Kleinstadt (15 000 Einw.) an der schmälsten Stelle Albaniens unweit der Grenze zu Montenegro sieht man die große historische Bedeutung nicht an. Bereits im 4. Jahrhundert v. Chr. wurde sie von griechischen Kolonisten gegründet – der Hügel mit der Zitadelle legt heute noch Zeugnis davon ab. Noch bedeutender aber war der Einfluss, der von der 1444 ins Leben gerufenen Liga von Lezha im Befreiungskampf gegen die Osmanen ausging und an die das Skanederbeg-Mausoleum in der Stadtmitte erinnert. Heute erfreut sich Lezha wegen der nahen Strände großer Beliebtheit als

Ferienort. Besonders angesagt ist das schicke Plazhi i Tales, der Thales-Strand, der erst in den letzten Jahren mit modernen Hotelkomplexen, Bars und Restaurants ausgestattet wurde. Sein großes Kapital ist der feine Sand, dem wegen des hohen Jod-Anteils eine heilende Wirkung nachgesagt wird.

** Skanderbeg-Mausoleum

Im Herzen von Lezha überragt und schützt eine moderne Säulenhalle die Ruine der katholischen St.-Nikolaus-Kirche aus dem 15. Jahrhundert. Ein kleiner Park rahmt das Ensemble ein, das gemessen an seiner Bedeutung für Albaniens Geschichte eher unspektakulär wirkt. In der Apsis des alten Kirchleins ruhen – symbolisch – die Gebeine des großen albanischen Heros und Türkenbekämpfers Gjergj Kastrioti Skanderbeg (1405–1468), der ab 1444 durch die Gründung der Liga von Lezha den Widerstand albanischer Fürsten gegen die Osmanen anführte. Sein Mut und seine Kampfkraft wurden so bewundert, dass die osmanischen Soldaten nach der endgültigen Unterwerfung Albaniens 1478 Skanderbegs Grab plünderten und aus seinen Gebeinen Amulette herstellten. Die marmorne Platte über den angeblichen sterblichen Überresten schmücken ein Krummschwert und sein Helm mit einem Ziegenkopf. Beides ist jedoch eine Kopie. Die Originale werden in Wien aufbewahrt.

* Zitadelle

Der 186 Meter hohe Hügel mit Blick über die Küstenebene und die Mündung des Flusses Drin erschien bereits Illyrern und griechischen Kolonisatoren aus Syrakus als idealer Standort für eine befestigte Siedlung. Römer, Byzantiner und Serben nutzten ihn gleichermaßen, Skanderbeg unterhielt auf der Zitadelle sein Hauptquartier, und schließlich gelang 1478 den Türken die Eroberung. Legenden besagen,

dass der albanische Held und Türkenbekämpfer hier oben und nicht wie gemeinhin angenommen in Lezhas Nikolauskirche beigesetzt sei. Ein Erdbeben zerstörte 1979, was von der historischen Feste noch übrig war. Heute sieht man nur noch Fundamente. Umso eindrucksvoller ist das Panorama. Es reicht an klaren Tagen bis Tirana, über die Küstenlandschaft mit ihren Kaps und Lagunen bis Shkodra.

** Shëngjin & Düne Rana e Hedhun

Nordwestlich des Badeortes Shëngjin (der aufgrund seines langen Strandes zu den beliebtesten Badeorten des Landes gehört) säumt eine ungewöhnliche geologische Formation die Küste: Wo der 561 Meter hohe Mali i Rencit mit einer steilen, 300 Meter hohen Flanke zur Adria abfällt, häufte der Wind im Laufe der Zeit auf einer Länge von 600 Metern eine Düne auf, die sich verfestigte – der Name bedeutet »geworfener Sand«. Das mit 50 Metern Höhe und 100 Metern Tiefe ungewöhnliche Gebilde erhebt sich wie eine schräge, goldgelbe Wand über das Blau des Meeres und wird in den Sommermonaten von Sonnenhungrigen regelrecht gestürmt. Zu den beliebten Aktivitäten gehört natürlich

das Erklettern und Herunterrutschen der Düne; sogar Sandboarden ist teilweise möglich.

Die mächtige, rund 50 Meter hohe Sanddüne Rana e Hedhun wurde allein durch heranwehenden Sand gebildet.

Das Stadtzentrum von Shkodra mutet fast ein wenig italienisch an.

Der von Kuppeln überkrönte Vorhof der Bleimoschee ist architektonisch selten.

** Shkodra

Die Stadt (80 000 Einw.) am Ufer des Skutarisees (Liqeni i Shkodrës) teilt die lange Geschichte vieler albanischer Siedlungen, angefangen bei den Illyrern bis hin zur osmanischen Besatzung. Eine Besonderheit ist der hohe Anteil katholischer Einwohner, der Shkodra den Ruf besonderer religiöser Toleranz eingebracht hat. Als Ausdruck dieser Toleranz wurden seit der Demokratisierung sowohl katholi-sche Gotteshäuser als auch einige der zahlreichen Moscheen renoviert. Habsburger Architektur des 19. Jahrhunderts gibt dem Zentrum ein freundliches, nostalgisches Flair, doch in den Außenbezirken sind die Folgen der großen Landflucht sichtbar. Für Menschen aus den Albanischen Alpen war und ist Shkodra erster Anlaufpunkt auf der Suche nach neuen wirtschaftlichen Perspektiven. In umgekehrter Richtung verlaufen die Touristenströme: Die Stadt ist idealer Ausgangspunkt für Touren ins Hochgebirge ebenso wie für Ausflüge auf dem Skutarisee.

** Bleimoschee

Die 1774 erbaute Bleimoschee zählt zu den schönsten Beispielen islamischer Baukunst in Albanien. Errichtet im traditionell osmanischen Stil, ist sie mit 18 kleineren und einer großen, zentralen Kuppel geschmückt. Letztere war mit Blei überzogen, daher der Name. Das Minarett fiel 1967 einem Erdbeben zum Opfer. Im Inneren ist die Moschee betont schmucklos gehalten. Seit 2022 wird Xhamia e Plumbit renoviert. Zum Wiederaufbau gehört auch die Umleitung des Flusses Kir, der sich unweit des Gotteshauses mit Buna und Drin vereinigt. Dessen Überschwemmung führte 1865 zur schweren Beschädigung und vorübergehenden Aufgabe des Bethauses. Wann die Moschee wieder zugänglich sein wird, ist ungewiss, von außen aber kann man sie natürlich bewundern.

* Festung Rozafa

Die venezianische Festung 133 Meter über Shkodra ruht auf illyrischen Fundamenten, wurde aber im Zuge der Kämpfe gegen die Osmanen Ende des 14. Jahrhunderts von Venedig erbaut. Nach elfmonatiger Belagerung fiel Shkodra 1479 in die Hände von Mehmet Pascha II. und diente danach als Armeequartier. Heute als Museum genutzt, zeigt die Anlage illyrische Mauerreste, die venezianische Kapetaneria, eine osmanische Moschee und ein Mausoleum. Im Museum sind die Funde ausgestellt, die zweieinhalb Jahrtausende Nutzung hinterlassen haben, darunter ein reich verziertes römisches Mosaik. Die Kapetaneria beherbergt auch ein schönes Restaurant. Das Panorama vom mächtigen Festungshügel reicht über den Skutarisee tief in die montenegrinischen Berge hinein.

** Museum Vendi i Dëshmisë dhe i Kujtesës

Ein komplizierter Name. Einfacher ist es, diese erschütternde Sehenswürdigkeit am Skanderbeg Bulevard als das zu benennen, was sie war, ein grausa-

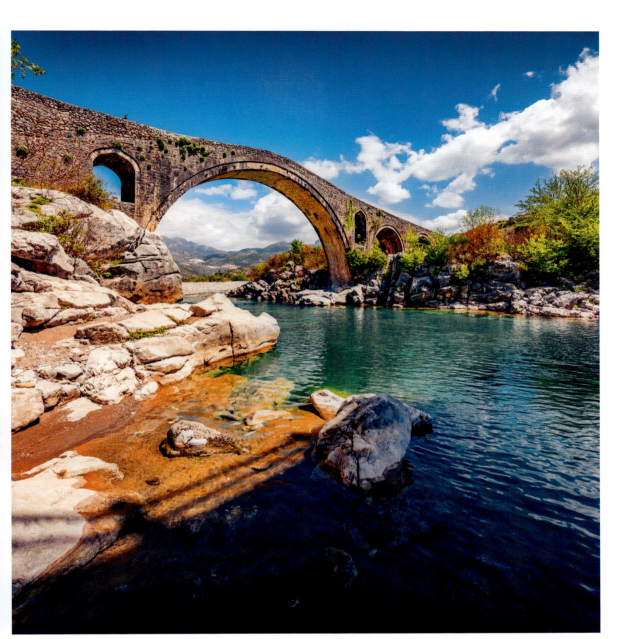

Architektonisches Glanzstück: Der mittlere Bogen der Brücke Ura e Mesit hat eine Spannweite von 21,5 Metern.

mes Foltergefängnis. »Site of Witness and Memory« lautet die englische Bezeichnung für den Erinnerungsort, der früher als Franziskanerkloster diente. Ab 1947 vom Staat requiriert, fanden darin die fast immer mit Folter verbundenen Befragungen politisch unliebsamer Bürger sowie deren Verurteilung und Internierung statt. Ein dunkler Tunnel führt durch rote Torbögen, die an das vergossene Blut gemahnen, zum Zellentrakt. Knapp 3000 Menschen lernten den Schre-

cken dieser Mauern kennen, 600 wurden hingerichtet, darunter 61 Priester, denn Shkodras Schergen hatten es besonders auf religiöse Würdenträger abgesehen.

* Osmanische Brücke
Ura e Mesit

Etwa 8 Kilometer östlich von Shkodra schlägt eine Brücke aus dem ausgehenden 18. Jahrhundert ihre 13 steinernen Bögen auf einer Länge von rund 100 Metern über den Fluss Kir.

Aufgrund ihrer Länge gilt sie als bedeutendste türkenzeitliche Brücke in Albanien. Das Bauwerk markiert einen seit Jahrtausenden begangenen Handelsweg zwischen dem Skutarisee und dem heutigen Kosovo, den wahrscheinlich bereits die Römer benutzten. Familien aus Shkodra besuchen die Brücke am Wochenende gerne als Ausflugsziel. Wer selber nichts Essbares dabei hat, kann sich in einem angrenzenden Café mit Getränken und Snacks eindecken.

Koman-See

Zu den legendären Etappen einer Albanienreise zählt die Passage über den Koman-See, Liqeni i Komanit, östlich von Shkodar. Zwischen Koman und Fierzë staut sich der Drin in einem engen und gewundenen Gebirgstal zu einem 34 Kilometer langen See auf, der von Personen- und Autofähren befahren wird. Die Verbindung ermöglicht den direkten Weg von der Küste in die albanische Hochgebirgsregion, ohne die früher nötigen weiten Umwege. Und sie ist landschaftlich einmalig: Der See wirkt, eingerahmt von steilen, waldbewachsenen Hängen, wie ein skandinavischer Fjord.

Bei klarem Himmel taucht die untergehende Sonne Shiroka in goldenes Licht.

** Skutarisee

Je nach Wasserstand bedeckt der größte See des Balkan zwischen 370 bis 530 Quadratkilometer Fläche – bei einer Tiefe von maximal acht Metern. Entstanden ist er aus einer großen Karstsenke, einem polje, die die abschmelzenden Gletscher umliegender Berge vor rund 18 000 Jahren mit Wasser füllten. Auch heute speisen Zuflüsse aus dem Umland den See, zudem entspringt frisches Nass aus rund 40 unterirdischen Karstquellen, die die Einheimischen »Augen« nennen. Während den weitaus größeren Teil, der zu Montenegro gehört, eine abwechslungsreiche, von Felsinselchen und Steilküsten akzentuierte Landschaft auszeichnet, sind die sumpfigen, schilfbewachsenen Ufer des albanischen Drittels zwar landschaftlich nicht ganz so spektakulär, aber dennoch sehenswert. Seit 1996 zählt der Skutarisee zu den schützenswerten Feuchtgebieten, 2022 wurde der albanische Teil zum Naturpark erklärt.

* Shiroka

Eines der beliebtesten Ausflugsziele am albanischen Seeufer, Shiroka, drohte um ein Haar Opfer einer zügel- und planlosen Bauwut zu werden. Eilig und meist illegal hochgezogene Bauten verunstalteten nach Ende des Kommunismus den Uferbereich mit seinen malerischen Fischrestaurants, für die Shiroka zu Recht berühmt ist. Die Gemeinde versuchte, diesem Problem durch einen Architekturwettbewerb Herr zu werden: Das Ergebnis

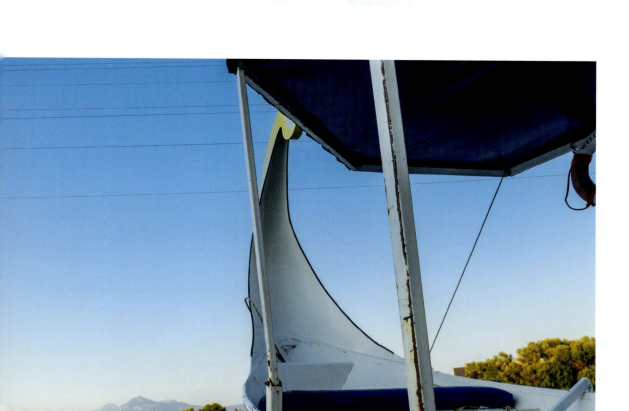

Der Skutarisee – fast so groß wie der Bodensee, aber um einiges einsamer.

ist eine weitgehend als Fußgängerzone gestaltete Promenade, deren zu Schwarz-Weiß-Mosaiken gelegter Steinbelag Teppichmuster des traditionellen Kunsthandwerks aufnimmt. Die Albaner, die ihren »xhiro«, den abendlichen Bummel entlang der Hauptpromenade des Ortes, sehr schätzen, haben diese Erneuerung gerne angenommen. Nach dem Bummel geht es dann in eines der zahlreichen Restaurants mit frischem Fisch aus dem See. Als Spezialität gilt »tavë krapi«: Karpfen mit Knoblauch, Zwiebeln und Tomaten.

* Zogaj

Shiroka und das 7 Kilometer nordwestlich gelegene Zogaj trennt eine kurvenreiche Straße entlang der Bergflanke des Tarabosh, die sich, da selten befahren, auch als malerischer Wanderweg eignet. Während Shiroka ganz im Zeichen des Tourismus steht, lebt das 40-Seelen-Dorf Zogaj im Rhythmus seiner Fischer, die morgens auf den See fahren, um abends mit hoffentlich reichem Fang heimzukehren. Seit Jahrhunderten wird hier auch die Tradition der Kelim-Weberei gepflegt und von Mutter an Tochter weitergegeben. Die kleine Werkstatt ist nicht leicht zu finden, lohnt aber die Mühe, denn hier arbeiten die Frauen noch mit althergebrachten Mustern und Pflanzenfarben. Statt großer Sandstrände laden hier kleine Felsbuchten zu einem Sprung in das bis zu 27°C warme Wasser ein.

Vielleicht eine der berühmtesten Straßen des Landes, die Serpentinenstraße Leqet e Hotit.

** Passstraße über den Leqet e Hotit

Der Blick auf die Karte sagt alles: Was aussieht wie das Gekrakel eines Kleinkinds, sind die eng gezogenen Serpentinen der Bergstraße von Shkodra in Albaniens nördlichstes Bergdorf Vermosh. Doch nicht das ist das Ziel – es sei denn, man möchte Skifahren oder Langlaufen –, sondern die Straße selbst, die ein spektakuläres Fahrerlebnis mit nicht minder spektakulären Gebirgspanoramen verbindet. Dabei sind die Höhen nicht ausschlaggebend, denn der Pass selbst erreicht gerade einmal 730 Meter. Bei der flach angelegten Auffahrt von Shkodra kommend zeichnet sich auch nicht ab, was Fahrer und Beifahrer danach erwartet. Die Abfahrt ins 250 Meter tief gelegene Cijevna-Tal ist steil und die Serpentinen legen sich wie flache Schlingen aneinander. Vom Mini-Skywalk auf der Passhöhe kann man bereits einen Blick auf das Kurvenspektakel erhaschen.

*** Theth

Dass es sich bei den vereinzelt in einem Gebirgstal verstreuten Häusern um ein Dorf handelt, ist auf den ersten Blick nicht zu erkennen. Die Streusiedlung (rund 400 Einw.) zieht sich entlang der Shala tief ins Herz der Albanischen Alpen und des hier 1966 eingerichteten Theth-Nationalparks. Zweitausender wie Raduhima, Arapi und Jezerca, die das Tal begrenzen, geben einen Vorgeschmack auf die landschaftlichen Reize des Fernwanderwegs »Peaks oft the Balkans«, der in Theth startet und 192 Kilometer durch die Bergwelt Albaniens, Kosovos und Montenegros führt. Die Förderung des Wandertourismus im Norden Albaniens hat übrigens auch Theth wiederbelebt – noch 2010 wurden hier ganze 80 Bewohner gezählt, an Spitzentagen lässt sich hier heute auch noch das letzte Gästebett vermieten. Inzwischen besitzt das Dorf sogar ein kleines ethnographisches Museum, eingerichtet in einem imposanten

Wehrhaus, das noch aus der Mitte des 19. Jahrhunderts stammt, der Kulla e Lulash Keq Boshit.

** Blutracheturm Kulla e Ngujimit

Die größte Sehenswürdigkeit im Theth-Tal ist die Natur, doch es gibt auch Zeugnisse uralten Brauchtums. Das Dorf Teth wurde im 17. Jahrhundert von katholischen Albanern gegründet, die sich hier abseits von allem sicher vor den osmanischen Herren ihrer Heimat wähnten. Sicher waren sie allerdings nicht vor dem Kanun, dem mittelalterlichen Gewohnheitsrecht, dessen Bestandteil auch die Blutrache war (und ist). War eine Familie davon betroffen, konnte sie in einem sogenannten Blutracheturm Schutz suchen. Seit 400 Jahren bietet der zweistöckige Kulla e Ngujimit in Theth Zuflucht. Wer glaubte, dieser Brauch sei in heutigen Zeiten nicht mehr gültig, sah sich nach dem Ende des Kommunismus, unter dem Kanun

Eindrucksvoll ist die Lage der kleinen Kirche Kisha e Shën Gjonit vor dem Bergmassiv.

verboten war, eines Besseren belehrt. Die Zahl der Blutrache-Morde stieg sprunghaft an.

* Kirche Kisha e Shën Gjonit

Das im 19. Jahrhundert errichtete Gotteshaus zählt zu den reizvollsten Fotomotiven in Theth. Der einfache Bau aus grob behauenen Steinen, mit Schindeln gedeckt und von einem Holzkreuz überragt, hebt sich vor der majestätischen Kulisse der Felsgipfel dekorativ ab. Das Johannes dem Täufer geweihte Gotteshaus war unter der Ära von Enver Hoxhas zwangssäkularisiert und diente als Dorfhospital und -schule. Das entbehrt nicht einer gewissen Ironie, denn dadurch wurden viele der heutigen Bewohner von Theth in der Kirche geboren und damit quasi automatisch getauft. Höchster Feiertag ist der 15. August: Dann kehren Frauen, die aus Theth weggeheiratet haben, in ihr Heimatdorf zurück und begehen in der Kirche eine feierliche Messe.

Seit Thet auch über eine Straße zu erreichen ist, kommen viele Touristen.

Über die Gipfel des Balkans

Albanien hat seit Ende seiner kommunistischen Ära so manche ambitionierte Tourismusinitiative in den Sand gesetzt. Der 192 Kilometer lange Trail durch die Bergwelt des südlichen Dinarischen Gebirges, »Peaks oft the Balkans«, hingegen beweist, dass eine gute Idee, ausgeführt von kompetenten Partnern, überaus erfolgreich sein kann. Internationale Entwicklungshilfeorganisationen, Naturschutzbehörden und Bergsteigervereine aus Albanien, Kosovo und Montenegro kooperierten bei diesem kühnen Plan, alte Hirtenpfade durch die Bergwelt des Balkans mit neu angelegten Verbindungswegen zu einer Rundtour zusammenzuführen, auf perfekte Weise. Das Ergebnis: zehn Etappen, die durch drei Länder und eine bislang kaum erschlossene Bergwelt führen. Ausgangspunkt in Albanien ist das Dorf Theth, von dem es über Valbona und Dobërdol in Richtung Kosovo geht. In den Dörfern am Weg gibt es Verpflegungs- und Übernachtungsmöglichketen, die Etappen sind anspruchsvoll, aber nicht zu anstrengend, die Landschaft grandios. Der höchste Punkt der Strecke ist der Jelenak-Pass (2272 m) im Kosovo. Detaillierte Beschreibungen und Höhenprofile gibt es unter peaksofthebalkans.com (im Bild: Wegstrecke zwischen Theth und Dobërdol).

Zerklüftete 2000er-Gipfel umkränzen den Theth-Nationalpark.

Die eingeschworenen Jungfrauen

Kanun, der aus dem Mittelalter überlieferte Kodex traditioneller Regeln und Gesetze, sieht für bestimmte Frauen in Albanien eine besondere Rolle vor: Stirbt der Vater ohne männliche Nachkommen, kann eine Tochter seinen gesellschaftlichen Status und seine Geschlechteridentität übernehmen. Diese »eingeschworene Jungfrau«, burrnesha, lebt und kleidet sich wie ein Mann, trägt Waffen, darf Alkohol und Tabak konsumieren, verzichtet auf Ehe und Kinder und erfüllt alle beruflichen Verpflichtungen, die sie mit dieser Rolle geerbt hat. Burrneshas verdienen als Landwirte, im Polizei- oder Militärdienst oder anderen traditionell männlichen Berufen ihren Lebensunterhalt. Viele gaben bei Befragungen an, so viel freier und glücklicher leben zu können. Der Brauch ist heute nahezu ausgestorben, doch in den nördlichsten Regionen Albaniens soll es Schätzungen zufolge noch 30 bis 40 burrneshas geben.

Eine echte Naturschönheit – das türkisfarbene »Blaue Auge«.

*** Theth-Nationalpark

Das 1966 um Theth und das Flusstal der Shala eingerichtete Naturschutzgebiet wurde 2022 unter dem Namen »Alps of Albania National Park« mit dem benachbarten Valbona-Nationalpark und der Region um Vermosh (Kelmendi) zusammengefasst. »Bjeshkët e Nëmuna«, verwunschene Berge, nennen die Einheimischen diesen südlichen Bereich der Dinarischen Alpen, weil der Karst so zerklüftet ist, dass die Felsformationen unheimlichen Gestalten ähneln. Zu verdanken ist dies, so die Legende, dem Teufel. Er entwischte für einen Tag aus der Hölle, richtete auf der Erde so viel Schaden an, wie er nur konnte, und hinter-

Wanderweg durch den Grunas-Canyon. Von hier ist es nicht mehr weit zum gleichnamigen Wasserfall.

ließ den Menschen die magische Landschaft der verwunschenen Berge. Im Nationalpark gedeiht mit etwa 1500 verschiedenen Pflanzenarten eine artenreiche Flora, zwei Drittel der Fläche sind von Wald bestanden. Den räuberischen Bewohnern wie Luchs, Wolf und Braunbär begegnet man beim Wandern besser nicht.

** Grunas-Canyon

Die rund zwei Kilometer lange und stellenweise nur wenige Meter breite Schlucht hat der Grunas-Fluss bis zu 60 Meter tief in das Gestein geschnitten. Bei hohem Wasserstand tobt er so heftig durch den Canyon, dass das Durchwandern nicht oder nur mit einem kundigen Guide möglich ist. Am nördlichen Aus- bzw. Eingang erfrischt der 25 Meter hohe Grunas-Wasserfall (Ujëvara e Grunasit), der in eine idyllisch im Grün gelegene Gumpe stürzt. Allerdings werden sich nur besonders Unempfindliche in das eisige Wasser des kleinen Pools wagen.

** Syri i Kalter (Blaues Auge)

Das »Blaue Auge« von Theth liegt knapp außerhalb der Nationalparkgrenzen. Ein Wanderweg führt von Theth zunächst in eineinhalb Stunden zu den Gumpen des Schwarzen Flusses Lumi i Zi beim Dorf Nderlysa. Er plätschert die meiste Zeit des Jahres eher gemütlich vor sich hin, doch nach der Schneeschmelze im Frühjahr schwellen seine Wasser so an, dass sie runde Becken aus dem felsigen Flussbett auswaschen, in denen man im Sommer herrlich baden kann. Eine weitere Stunde Fußmarsch entfernt ergießt sich beim Weiler Kaprre ein kleiner Wasserfall in das Blaue Auge. Der glasklare und je nach Lichteinfall türkis- bis dunkelblaue See lädt ebenfalls zum Baden ein – allerdings nur, wenn man kälteunempfindlich ist, denn das Wasser ist wirklich eisig. Beide Natursehenswürdigkeiten sind beliebte Ausflugsziele, deshalb herrscht an den Wochenenden recht viel Trubel und an Restaurants in der Umgebung keinen Mangel.

Eine ländliche Idylle herrscht im Bergdorf Valbona. Der alpine Bergmischwald breitet sich hier bis in den Talboden aus.

** Valbona

Wie Theth ist auch das knapp zehn Kilometer Luftlinie entfernte Valbona eine Gründung katholischer Albaner, die sich im 18. Jahrhundert im Tal des gleichnamigen Flusses niederließen, an dem sie vor der osmanischen Obrigkeit sicher waren. Die Gründer von Valbona waren Schäfer und stammten aus einer albanischsprachigen Siedlung im benachbarten Montenegro. Obwohl der Bergklotz der Jezerca (Maja e Jezercës, 2694 m) die beiden Orte bzw. ihre Täler trennt, existieren von altersher intensive Beziehungen zwischen ihnen. Es gab und gibt verwandtschaftliche Bindungen durch Eheschließungen und aus diesem Grund auch schon Fälle von Blutrache. Während Theth erst spät an das Straßennetz angeschlossen wurde, ist Valbona schon seit mehr als 100 Jahren mit der nächstgrößeren Stadt, Bajram Curr, verbunden. Dies prägt auch die hiesige Architektur: Neben den traditionellen Wehrhäusern sieht man auch viele Bauten, die während kommunistischen Ära entstanden.

*** Valbona-Tal & Valbona-Nationalpark

Das von den Gebirgsriesen Maja e Jezercës, Maja e Kollatës, Maja Boshit und Maja e Hekurave eingerahmte Tal ist allein schon wegen seiner landschaftlichen Szenerie die weite Anfahrt über Bajram Curr wert. Wanderer erreichen es vom benachbarten Theth aus in sieben Stunden über einen Saumpfad. 1996 wurden Tal und Hänge zum Nationalpark »Parku Kombëtar i Luginës së Valbonës« erklärt; seit 2022 gibt es Pläne, mehrere Alpen-Schutzgebiete in einem gemeinsamen Nationalpark zu bündeln. Langfristig ist der Zusammenschluss mit den Nationalparks in Montenegro und Kosovo zu einem Friedenspark geplant. Eine artenreiche Flora und Fauna sowie eine majestätische Gebirgsszenerie zeichnen den Valbona-Nationalpark aus.

** Gashi-Tal (Lugina e Gashit)

Der Gashi, ein Nebenfluss der Valbona ist nur 27 Kilometer kurz und sein Tal zählt dank seiner teils sehr alten Buchenwälder zum UNESCO-Weltnaturerbe. Dieses schützt zwar vorrangig die Buchenbestände in den Karpaten, es wurden in den letzten Jahren aber auch Wälder in anderen Regionen Europas mit aufgenommen. Der nahezu unberührte Fluss mit seinem von Almen, Gletscherseen und dichten Wäldern geprägten Tal ist seit 1996 Naturreservat. Neben dem Gashi, der auf seinem Weg auch eine enge Schlucht passiert, und den beiden Gletscherseen Dobërdol und Sylbica bildet die dichte Vegetation die Hauptattraktion des Tals: Zwischen Buchen gedeihen hier Rumelische Kiefern, Weißtannen, Fichten und Schlangenhaut-Kiefern. Bären, Wildschweine und Rehe durchstreifen die Wälder. Von dem Rummel, der im Sommer im Valbona-Tal herrscht, ist das Gashi-Tal noch unberührt. Bis heute führen hier nur einsame Hirtenwege durch das Gebiet. Wenn das Tal jedoch wie geplant in den neu geschaffenen »Nationalpark Albanian Alps« aufgenommen wird, ist es mit der Ruhe wahrscheinlich auch hier bald vorbei.

Der Valbona-Nationalpark wird nicht ohne Grund das »Wunder der Albanischen Alpen« genannt.

Es klappert die Mühle am rauschenden Bach – zahlreiche alte Mühlen sind im Valbona-Tal zu finden.

Bereits 1966 unter Schutz gestellt, war der Lura-Nationalpark schon zur kommunistischen Ära ein beliebtes Ausflugsziel.

Zentralalbanien – urbanes Flair und Naturoasen

Urbane Schwergewichte wie die Hafenstadt Durrës und Albaniens Hauptstadt Tirana sind im Zentrum des Landes versammelt. Weit ins Meer ragende Halbinseln und tief ins Land greifende Lagunen strukturieren die Küste, die hier weniger mit Stränden als mit vogelreichen Naturoasen glänzt. Im gebirgigen Hinterland ducken sich alte Steindörfer unter schroffe Bergkegel, sprenkeln Gletscherseen die felsigen Hänge. Hier sind noch vorosmanische Kirchen und allerlei archaische Bräuche erhalten.

** Lura-Nationalpark

Der 1966 ins Leben gerufene und 2018 erweiterte, 200 Quadratkilometer große Nationalpark zählt zu den gebirgigsten Regionen Zentralalbaniens. Sein höchster Gipfel, der 2121 Meter hohe Maja Kunora e Lurës, stellt Bergwanderer mit seinem schroffen Felskegel vor eine große Herausforderung. Berühmt ist der Nationalpark auch für seine Gletscherseen. Bis zur Erklärung zum Schutzgebiet fungierten die dichten Wälder der Region als bedeutender Holzlieferant. Der Nationalparkstatus sollte weiteren Raubbau verhindern, was nicht gelang. Besonders im Süden wird nach wie vor und nun illegal Holz industriell geschlagen. Die vom Kahlschlag betroffenen Flächen sind der Erosion ausgesetzt;

auch Brände häufen sich. Naturschützer und der Staat versuchen, mit Wiederaufforstung gegenzusteuern.

** Lura-Seen

Auf einer Höhe von 1350 bis 1720 Metern reihen sich entlang einer holprigen, nur mit hochbeinigen Fahrzeugen befahrbaren Piste die sieben Lura-Seen wie eine Kette blaugrüner Augen aneinander. Umgeben von dichten Wäldern, teils auch gerahmt von blumenbunten Wiesen, bilden sie eine ungewöhnliche Landschaft. Mit 32 Hektar ist der Liqeni i Madh, der Große See, der größte, Liqeni i Zi, der Schwarze See, der tiefste. Liqeni i Luleve, der Blumensee, überzieht im Sommer ein Teppich weißer Seerosen. Der Blütenreichtum der Wiesen be-

geisterte Anfang des 20. Jahrhunderts auch die britische Balkan-Pionierin Edith Durham (1863–1944), die über Lura schrieb, sie hätte hier ein Blumenfeld gesehen, wie sie es noch nirgends auf dem Balkan angetroffen hätte. Der Winter verwandelt den Nationalpark in eine Märchenlandschaft. Die zugefrorenen Seen sind dann nur mit Touren-Ski oder auf Schneeschuhen erreichbar.

** Kirche Kisha e Shpërfytyrimit

Das winziges Gotteshaus bei Herebel im Kreis Dibra ist um den 18./19. August Ziel einer Wallfahrt, an der nicht nur albanische und nordmazedonische Christen, sondern auch Muslime teilnehmen: Nach feierlichen Gebeten verbringen die Gläubigen die Nacht in dem Gotteshaus, um sich von körperlichen wie mentalen Krankheiten zu reinigen. Einer »Umwandlung« bzw. der Verklärung Jesu ist auch das aus Bruchstein und Kalkmörtel errichtete, einschiffige Gotteshaus geweiht. Bedeutend ist es nicht nur im religionsmythologischen Sinne, sondern auch als eine der wenigen christlichen Kirchen aus vorosmanischer Zeit, die in ihrer ursprünglichen Form erhalten geblieben sind. Nur die Fresken aus dem 12./13. Jahrhundert sind stark beschädigt bzw. verblasst.

** Berg Korab

Noch ein höchster Berg Albaniens – im Norden wird ja der Maja e Jezercës mit 2694 Metern als höchster gewertet. Er ist allerdings 70 Meter niedriger als der Korab mit seine 2764 Metern, steht aber dafür komplett auf albanischem Territorium. Den Korab hingegen muss Albanien mit Nordmazedonien teilen, deshalb ist der Superlativ »höchster Berg« nicht ganz korrekt. Eine zweitägige Tour führt von Peshkopi auf den Doppelgipfel; bequemer wandert man ab dem Dorf Radomirë in 1250 Metern Höhe. Der Weg führt über 1500 Höhenmeter durch dichten Wald, vorbei an Gletscherseen und über wild erodierten Fels. Der Blick von oben ist einmalig, sieht man doch über Albanien und Nordmazedonien und auf die fast ebenso hohen Nachbargipfel des Korab-Massivs.

** Rabdishta

Ein Dorf, ganz aus Bruchstein erbaut, das die traditionelle Architektur ohne dramatische Brüche bewahren konnte: Rabdishta ist allein deshalb ein lohnenswertes Ziel im östlichen Zentralalbanien. Steinerne Wege, steinerne Häuser, ja selbst viele Dächer sind noch mit Steinplatten gedeckt. In dieses Grau in Grau setzen bunte Gärten Farbkleckse, hier und da lüftet ein farbenfroher Kelim auf der Leine, blitzt das leuchtende Blumenmuster einer Kopftuchträgerin auf. Neben der traditionellen Architektur sind es die vielen Quellen, die Rabdishta bekannt gemacht haben. Dem Thermalwasser, das allerorten zwischen den Felsen entspringt, wird heilende Wirkung

Noch sind die blauen Lura-Seen ein echtes Idyll.

Das Dorf Shishtavec und die Goranen

Eingebettet in fruchtbares Hügelland und unweit der Grenze zum Kosovo liegt das Dorf Shishtavec, Heimat einer der kleinsten ethnischen Minderheiten Albaniens, der Goranen. Es sind Menschen slawischen Ursprungs und islamischen Glaubens, die früher als Viehhirten durch die gebirgige Landschaft zogen (Goranen leitet sich vom slawischen »gora«, Berg, ab). Ihr Siedlungsgebiet erstreckt sich über das südliche Serbien, Nordmazedonien, Kosovo und den Nordosten Albaniens und wurde durch die Grenzziehung nach dem Zerfall Jugoslawiens aufgeteilt. Im Gegensatz zu den restlichen Albanern, denen im abgeschotteten, kommunistischen Staat so gut wie jede Ausreise verwehrt war, hatten die Goranen das Recht, das nahe Prizren in Kosovo zu besuchen. Shishtavec selbst unterscheidet sich nicht von anderen abgelegenen albanischen Siedlungen: Bruchsteinhäuser mit kleinen Gärten, eine Moschee, zwei Cafés – nur die Sprache klingt völlig anders, ein slawischer Dialekt mit Lehnwörtern aus dem Mazedonischen wie auch Albanischen.

nachgesagt. Damit das Dorf so bleibt und sich zugleich dem Tourismus öffnen kann, ist es Mitglied der »100 Dörfer«: Das staatliche Projekt fördert die Revitalisierung des traditionellen Handwerks, behutsame Renovierung und nachhaltigen Ökotourismus in ländlichen Gebieten.

Ju bëftë mirë: Guten Appetit!

Mehr als 500 Jahre osmanischer Herrschaft haben Albaniens Kultur und Traditionen nachhaltig geprägt. Das trifft auch für die Küche zu, die viele Gerichte anders nennt oder schreibt, sie aber ähnlich zubereitet. Auch die Kontakte zu den Nachbarvölkern, zu Bulgaren, Serben und Griechen, finden ihren Niederschlag in albanischen Rezepten. So ist Joghurt, wahlweise aus Schafs- oder Kuhmilch, eine wichtige Basis vieler Gerichte wie der kalt servierten Gurkensuppe Tarator, die im Sommer angenehm erfrischt und so ähnlich auch aus Bulgarien bekannt ist. Joghurt wird auch zu Fleisch serviert, so zum Nationalgericht Tavë kosi (Lammbraten mit Reis und Joghurtsauce, im Bild). Qebapa, das unweigerlich an das türkische Kebab erinnert, sind Hackfleischröllchen aus Lamm- oder Rindfleisch, die mit Sauerrahm, der roten Gewürzsauce Ajvar und Zwiebeln eingerollt in ein Pita-Brot serviert werden – ein Mix aus Balkan- und türkischen Traditionen. Sarma, mit Reis und Minze gefüllte Weinblätter (können auch Spinatblätter oder Zucchiniblüten sein), kennen viele Reisende aus Griechenland. Obwohl Albaner gerne und viel mit Gemüse kochen, sind die Gerichte selten vegetarisch, geschweige denn vegan.

Das Kap Rodon erreicht man nur zu Fuß über schöne Wiesenpfade.

Modern neben altehrwürdig – in Durrës ein alltägliches Bild.

** Durrës

Mehr als zwei Jahrtausende lang war die Küstenstadt (115 000 Einw.) Albaniens wichtigste Metropole und ihr Hafen der bedeutendste Umschlagplatz für Waren aus Ost und West. Nicht zufällig gründeten Griechen aus dem nahen Korfu hier bereits 627 v. Chr. eine Kolonie namens Epidamnos. Am hellsten strahlte ihr Stern unter byzantinischer Herrschaft. Während der kommunistischen Diktatur musste das einst so attraktive Stadtbild zwar einiges an Einbußen hinnehmen, doch die Altstadt beeindruckt nachwievor mit eindrucksvollen Moscheen und Überbleibseln aus der Antike. Anziehungspunkt Nummer eins ist allerdings der rund 10 Kilometer lange feinsandige Stand, an dem selbst in der Hauptsaison noch so manches freies Plätzchen zu finden ist.

* Amphitheater

Das Amphitheater, eines der größten des Balkans, ließ Kaiser Trajan im 2. Jahrhundert n. Chr. errichten. Es bot Platz für 20 000 Menschen und wirkt mit seinem Durchmesser von etwas mehr als 110 Metern (die Angaben variieren stark) und einer 40 auf 60 Meter messenden Arena durchaus imposant. Außenmauern wie bei Pulas Arena sind nicht mehr vorhanden, stattdessen säumen Wohnhäuser die ellipsenförmige Steinstruktur. Bis heute wurde noch nicht das gesamte Areal ausgegraben, teilweise liegt der Boden der Arena auch unter dem Grundwasserspiegel. Durch den Ein-

bau von Treppen ist die Anlage jedoch gut für einen Besuch zugänglich.

** Archäologisches Museum

Dieses sehenswerte Museum litt unter den politischen Umwälzungen der 1990er-Jahre. 1997 stürmte es ein wütender Mob und plünderte die kostbaren Exponate. Dennoch konnten die Archäologen genug retten und bergen, um das Haus zu einem der herausragenden Albaniens zu machen. Aktuelle Ausgrabungen ergänzen die historischen Schätze um neues Material. Bereits in den 1970er-Jahren entdeckten Archäologen im Nordwesten von Durrës eine Fülle von Figurinen aus gebranntem Ton, die die Liebesgöttin Aphrodite abbilden und aus dem 4. bis 2. Jahrhundert v. Chr. stammen. Sie bilden das Kernstück der Ausstellung im Erdgeschoss. Eine Zeitenwende veranschaulicht die Münzsammlung aus dem 4. Jahrhundert v. Chr. Epidamnos streifte die Kontrolle Korfus ab, nannte sich nun Dyrrhachion und prägte eigenes Geld. Sehenswert ist auch die Mittelalter-Ausstellung in der ersten Etage.

** Kap Rodon

Rund 10 Kilometer weit ragt das gebirgige Kap zwischen Durrës und Lezhë in die Adria. Die Ruinen an seiner Spitze sollen noch von Skanderbegs Vater Gjorn Kastrioti I. stammen, der hier 1417 einen Umschlagplatz für Handelsschiffe errichtete. Ob er auch Gründer des nahen Antonius-Klosters war, ist unbekannt. Der Konvent Shen Antonit, wahrscheinlich zunächst von Klarissen geführt, stammt ursprünglich aus dem 12. Jahrhundert und erhielt im 14. Jahrhundert seine heutige frühgotische Architektur. Das Fresko in der Apsis verweist auf die Familie, die das Kloster förderte: Es zeigt einen Reiter und daneben das Wappen der Kastrioti: Deren Doppeladler dient heute als Albaniens Staatswappen. Der Reiter (oder die Reiterin) stellt wohl Skanderbeg oder dessen Schwester Mamica dar – Letztere war mit dem Kloster eng verbunden. Die Wiese nahe der Kirche wird von vielen Campern als Stellplatz genutzt. Zur äußersten Kap-Spitze läuft man über einen ungesicherten Fußpfad (Achtung, es besteht Rutschgefahr!).

Die lange Geschichte von Durrës wird im Archäologischen Museum eindrucksvoll spürbar.

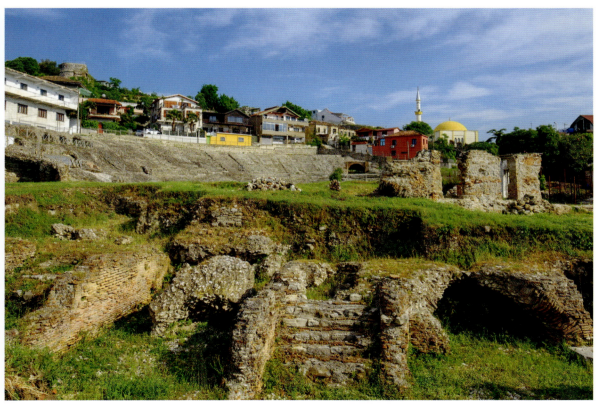

Das Amphitheater zählt zu den größten derartigen Anlagen im westlichen Balkan. Vieles ist hier noch nicht erforscht.

Blick über Kruja, im Hintergrund die weiße Zitadelle und der Uhrturm ohne Uhr.

** Kruja

Mit 11 000 Einwohnern eine Kleinstadt, dank seiner Bedeutung für die große Skanderbeg-Saga und weil es ein besonders hübsches Städtchen ist, aber unbedingt einen Besuch wert! Zunächst aber Skanderbeg: Der Held des Kampfes gegen die Türken soll 1405 hier das Licht der Welt erblickt haben, und so schmückt sich Kruja nicht nur mit seiner Statue, sondern benannte gleich das Bergmassiv, an dessen Fuß es sich ausbreitet, nach dem Heros: Vargmalet e Skënderbeut. Kruja spielte eine bedeutende Rolle im Widerstand gegen die Osmanen und wandelte sich später unter türkischer Herrschaft zu einem Zentrum des muslimischen Bektaschiten-Ordens. Der türkische Name Ak Hisar, weiße Burg, verweist darauf.

** Zitadelle Kalaja e Krujës

Die weißen Mauern der Festung über der Stadt standen Pate für den osmanischen Namen von Kruja. Von den Byzantinern ab dem 6. Jahrhundert auf einem Felsvorsprung des Berges Mali i Krujës errichtet, wechselte sie ihre Herren wie das Umland – Serben, Venezianer, die Kastriot-Dynastie, Osmanen und schließlich die Habsburger. Skanderbeg sei hier geboren, heißt es, und seine Truppen widerstanden in der Feste mehreren osmanischen Belagerungen, bevor Kruja 1478 fiel. Keiner der Eroberer richtete allerdings eine so heftige Zerstörung an wie Enver Hoxhas Kommunisten: 1982 errichteten sie ein monumentales Museum für Skanderbeg, das die historischen Spuren völlig überlagert. Dennoch sehenswert sind die Ruinen einer Moschee aus dem 15. Jahrhundert, der Uhrturm und das typische Haus einer wohlhabenden osmanischen Familie von 1764, in dem das Ethnographische Museum eine interessante Sammlung zeigt. Und natürlich ist allein schon das Panorama über die Ebene vor der Stadt, in der

Windschiefe Fischerhütten und kleine Schilfhüttencafés prägen die Lagune von Patok.

Zwischen vielen Souvenirgeschäften findet man auf dem Basar auch noch echte Handwerkskunst.

Skanderbeg seine großen Schlachten schlug, sehenswert. Für die Albaner selbst ist die Burg so was wie ein Nationalheiligtum.

** Basar

Die kopfsteingepflasterte Gasse windet sich nur 250 Meter am Fuß des Krujë-Bergs entlang, und doch entführt sie in eine längst versunkene Welt. Geduckte Holzhäuschen dienen als Verkaufsläden, vor denen in bunter Eintracht bestickte Blusen, geometrisch gemusterte Kelims, Modeschmuck, billiges Plastikspielzeug ostasiatischer Provenienz, die farbenfrohen albanischen Socken çorape und das eine oder andere traditionelle Musikinstrument auf Käufer warten. Das schmale, weiße Minarett und die Kuppel der Moschee Mourad Bey wachen über die Auslagen der Händler, die es sich mit einem Tässchen Mokka, einem Espresso oder einer Pfeife vor ihren Geschäften bequem machen. Es ist ein entspanntes Stück Orient – nur Vorsicht vor Taschendieben!

Patok-Lagune

Wo Küste, Meer, Sumpfland und Fluss 30 Kilometer nordwestlich von Kruja aufeinandertreffen, erstreckt sich eine Landschaft, in der die Grenzen zwischen Land und Wasser verwischen. Mit 180 Vogelarten ist der Naturpark ein Paradies für Vogelfans, die hier viele Arten der namensgebenden Gänse (»patat«), vor die Linse bekommen. Für die Grünen Meeresschildkröten wie auch Karettschildkröten ist die Lagune Zwischenstation auf ihrem Weg nach Griechenland und Nordafrika, wo sie überwintern. Manchmal lassen sich auch Mönchsrobben blicken. Mit Schleppnetzen holen die Fischer Kabeljau, Wolfsbarsch, Aal und Seezunge aus dem Meer. Gourmets steuern die entlang von Stegen errichteten Fischerhütten an, wo es den frischen Fang gleich gebacken mit Maisbrot auf die Hand gibt.

Alte Sorten

Mit 654 Cafés auf 100 000 Einwohner hat sich Albanien an der Spitze der Tee und Kaffee trinkenden Nationen positioniert. Über die Zahl der Weintrinker gibt es keine verlässlichen Angaben, wohl aber über die Geschichte des Anbaus: Spätestens die ab dem 8. Jahrhundert zuwandernden Griechen brachten ihre Liebe zum berauschenden Rebensaft ins Land, der sich die Illyrer begeistert anschlossen. Die Römer entwickelten den Anbau weiter. Die osmanische Ära mit ihrem Alkoholverbot für Muslime konnte den Siegeszug des Weins nicht beenden – sprachen die türkischen Würdenträger guten Tropfen doch ebenso eifrig zu wie ihre christlichen Zeitgenossen.

Die kommunistische Ära bedeutete einen Rückschritt im Weinbau. Oft produzierten die Betriebe lieber Rosinen, als sich dem aufwendigen Keltern hinzugeben. Auch Raki rrushi, aus Trauben gebrannter Schnaps, war schneller herzustellen und beliebter.

Heute sind albanische Weine im Aufwind. Kenner schätzen besonders autochthone Sorten wie die Shesh-Traube (weiß und rot) aus der Region um Tirana, die noch nicht von beliebten europäischen Reben wie Merlot verdrängt wurde. Weil in kommunistischer Zeit viele Privatleute Wein für den Eigen- oder lokalen Bedarf produzierten, haben alte Sorten regional begrenzt überlebt. Es lassen sich also noch echte Weinentdeckungen machen!

Reiterdenkmal, Uhrturm, Plaza-Tower, Minarett der Et'hem-Bey-Moschee – auf dem Skanderbeg-Platz herrscht Vielfalt.

Betende Frauen am Rand des Gebetsraums der Et'hem-Bey-Moschee. Männern gehört das Zentrum des Saals.

Verschiedene Märkte haben im Gebäude des Neuen Basars viel Platz, um ihre Ware anzubieten.

** Tirana

Seit Ende der kommunistischen Ära wächst und wächst Tirana und bildet im Grunde mit dem nur 30 Kilometer entfernten Durrës eine einzige große Metropolregion. Kein Wunder, dass die Einwohnerzahlen für Tirana zwischen 400 000 und 600 000 schwanken – niemand weiß es genau, denn die Landflucht schwemmt täglich weitere Neubürger aus den armen Bergregionen in die Kapitale. Neolithische und römische Spuren weisen auf eine lange Besiedlung, doch ins Licht der Geschichte trat Tirana erst unter osmanischer Herrschaft. Ein gewisser Sulejman Pasche Bargjimi ließ 1614 am Fuß des Berges Dajti (1611 Meter) eine Karawanserei sowie eine Moschee errichten. 1920 wurde dieser kleine Handelsstützpunkt zur Hauptstadt Albaniens erwählt und erlebte unter kommunistischer Herrschaft nach dem Zweiten Weltkrieg einen regelrechten Bauboom. Entsprechend sozialistisch-modern sind Architektur und Stadtbild.

❶* Skanderbeg-Platz

Der Skanderbeg-Platz (Sheshi Skënderbej) ist mit seinen 38 000 Quadratmetern Fläche ein monumentaler, aber auch sehr beliebter Mittelpunkt von Tirana. Angelegt wurde er bereits zu Beginn des 20. Jahrhunderts am Rande der damals von osmanischer Architektur geprägten Stadt. Seine heutigen Dimensionen verdankt er der Umgestaltung unter Enver Hoxha, bei der die historischen Viertel durch Hochhäuser in sozialistischem Einheitsstil ersetzt wurden. Erhalten sind nur wenige Gebäude, darunter die Et'them-Bey-Moschee und der um 1820 errichtete Uhrturm Kulla e Sahatit. Rund 200 Stufen führen zu seiner Aussichtsplattform in 35 Metern Höhe, von der man einen schönen Blick über den Platz, dessen Zentrum ein Skanderbeg-Denkmal schmückt, und die Stadtsilhouette mit dem Dajti genießen kann.

❷** Moschee Et'hem Bey

Das »Xhamia e Et'hem Beut« genannte islamische Gotteshaus stiftete ein Nachfahre des »Stadtgründers« Sulejman Pasche Bargjimi Ende des 18. Jahrhunderts. Eine Vorhalle mit fein gearbeiteten Bögen führt in den erstaunlich kleinen Gebetssaal, der höchstens 60 Gläubige fasst. Außen wie innen überrascht die Moschee durch ihre Bemalung mit üppigen floralen Fresken und Stillleben-ähnlichen Motiven, die im Islam nicht häufig sind. Auch ein Panorama von Istanbul ist darunter. Das 39 Meter hohe Minarett können Besucher nur im Rahmen einer Führung besteigen.

Die Moschee besitzt einen hohen Symbolgehalt für die Religionsfreiheit im heutigen Albanien. Unter Enver Hoxha, der einen atheistischen Staat verordnete, blieb sie geschlossen. Am 18. Januar 1991 öffnete sie erstmals wieder für das Freitagsgebet. Über 10 000 Gläubige nahmen auf dem Skanderbeg-Platz daran teil.

❸** Markt Pazari i Ri

Nach Abbruch und Schließung des osmanischen Basars Charchia errichtete die Stadtverwaltung von Tirana in den 1930er-Jahren diesen kleinen Marktbereich, der trotz der relativ modernen Anlage viel Charme besitzt. Die von Geschäften, Cafés und Restaurants gesäumte Fußgängerzone fungiert nicht nur als Flaniermeile, sondern tatsächlich als Versorgungszentrum für die Einwohner von Tirana: Auf dem grünen Markt »Markata e Gjelber« stehen Obst, Gemüse, Trockenfrüchte, Käse, Oliven und Schnäpse zum Verkauf. Im Fleisch- und Fischmarkt »Markata e Mish-Peshkut« warten Metzger und Fischverkäufer auf Interessenten. An den Imbissständen kann man sich preiswert mit frisch Gegrilltem oder Gebratenem verköstigen. Noch ein Geheimtipp ist der originale Markt »Tregu i Biçikletave«, wo Fahrräder repariert und verkauft werden.

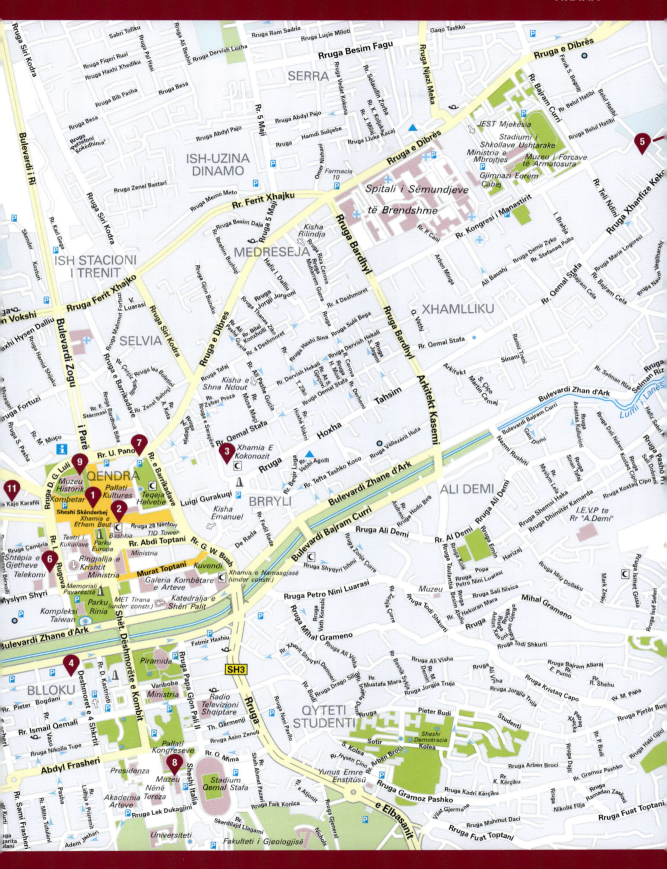

❹** Blloku-Viertel

Der »Block«, wie die Tiraner ihn nennen, war zwischen 1961 und 1991 exklusives Wohngebiet der kommunistischen Nomenklatura. Hier lebten Minister, Funktionäre und Mitarbeiter des gefürchteten Geheimdienstes Sigurimi in großzügigen Anlagen oder Villen, abgeschottet vom Rest Tiranas und Albaniens. Begrenzt vom Bulevardi Bajram-Curri im Norden und der Rruga Abdyl-Frashëri im Süden bildete das 25 Hektar große Areal eine Welt für sich. Heute ist Blloku Tiranas beliebtes Ausgehviertel mit Restaurants, Bars und Cafés. Mehrere Botschaften haben in den ehemaligen Ministervillen ihren Sitz, Parlament und Regierung residieren ebenfalls in Blloku, und lange war das Viertel dank der 70 Meter hohen Sky-Towers stolz auf das höchste Gebäude Albaniens. Die einstige Bleibe von Ministerpräsident Enver Hoxha (1908–1985) an der Rruga Ismail-Qemali im Zentrum des Blocks nennt sich Villa 31 und überrascht mit Bescheidenheit. Schlichte 1930er-Jahre-Beton-Architektur, ein kleiner Garten – wie es drinnen aussieht, bleibt Staatsgästen vorbehalten. Langfristig soll in den Räumen ein Kunstzentrum entstehen. Noch ein Tipp: Tagsüber ist in Blloku nicht viel los – die Szene erwacht erst abends zum Leben.

❺** Bunk'Art

Enver Hoxhas Vorliebe für Bunker war legendär – über 200 000 soll es in Albanien geben. Über ihren militärischen Nutzen hinaus sollten sie symbolhaft durch das Beschwören einer ständigen Bedrohung die Bevölkerung kleinhalten. Der in der Rruga Fadil Deliu am nordöstlichen Stadtrand war für den Staatsführer und seine Entourage vorgesehen. Mit »bescheidenen« 106 Räumen auf fünf Etagen zählt er zu den größten Anlagen Albaniens und beherbergt heute eine Abteilung, die aus den Originalräumen Hoxhas und seiner Gesinnungsgenossen besteht. Eine zweite Bunk'Art-Ausstellung in einem Bunker in der Innenstadt ist der Geschichte der albanischen Staatssicherheit und ihrer Opfer gewidmet. Ein beklemmender Rundgang führt durch endlose Korridore und enge Kammern.

Im einstigen Edel-Wohnviertel Blloku sind heute viele Lokale anzutreffen.

❻ Haus der Blätter

Woher das Hauptquartier des Geheimdienstes Sigurimi in der Rruga Ibrahim Rugova seinen Namen hat? Von den Bäumen, die es diskret verbergen, oder wegen der Tonnen von Papier, die darin während unzähliger Folterverhöre von politisch unliebsamen Albanern vollgeschrieben wurden? 1944 übernahm der albanische Geheimdienst das Gebäude direkt von der Gestapo und machte weiter, wo die Vorgänger aufgehört hatten. Bis 1955 wurden darin Tausende gequält und hingerichtet. Dann verlegte man die Verhörabteilung und spezialisierte sich aufs Abhören – die Telekommunikationszentrale war gleich nebenan. Das Museum Shtëpia me Gjethe gibt den Opfern ein Gesicht.

Eingang zum weitläufigen Bunkermuseum, das sich direkt unter dem Innenministerium erstreckt.

Must-see Museen!

Die jüngere Vergangenheit der kommunistischen Ära ist in Tirana nachwievor allgegenwärtig – gleich mehrere Museen (Bild oben: Bunk'Art) beschäftigen sich mit diesem Thema. Wer Lust auf andere museale Schwerpunkte verspürt, wird in Albaniens Hauptstadt ebenfalls fündig. Die Auswahl reicht von Kunsttempeln, Bunkeranlagen bis zu einem Museum, dass sich der Rolle der Frau in Albanien widmet. Eines der wichtigsten Museen ist vielleicht das Haus des Schriftstellers und Nobelpreisträgers Ismail Kadare (geb. 1936) in der Rruga e Dibrës 25 [7].

[8] *Archäologisches Museum*

Spannend ist bereits die Architektur, purer italienischer Razionalismo, der Baustil des Faschismus. Architekt Gherardo Bosio (1903 bis 1941) ist gleich mit mehreren Bauwerken im Zentrum von Tirana vertreten und auch das 1939 eröffnete Museum Arkeologjik Kombëtar entstand auf seinem Zeichenbrett. Die Sammlung darin ist nicht groß, aber interessant und umfasst den Zeitraum von der Jungsteinzeit bis zur osmanischen Ära. Englische Beschriftungen sucht man vergebens, und so können Besucher die Objekte einfach für sich sprechen lassen.

Sheshi Nënë Tereza 3, asa.edu.al

Nationalmuseum

Auch beim Muzeu Historik Kombëtar (Bild unten) prägt die Architektur den ersten Eindruck: Ein überdimensionales Mosaik verherrlicht auf dem Eingangsfries den Einsatz des Kommunismus für Gerechtigkeit in der Welt. Unter den archäologischen Exponaten sticht die »Göttin von Butrint« heraus, eigentlich ein Gott, denn es handelt sich um eine Kopfskulptur des Apollo aus dem 1. Jh. v. Chr.

1930 bekam Mussolini sie als Geschenk, 1982 kehrte sie zurück. Außergewöhnlich sind die Exponate aus katholischen und orthodoxen Kirchen in der Mittelalterabteilung: Ikonostasen, Fresken, kostbare Kleidung. Und Skanderbegs Helm und Schwert – es sind aber nur Kopien, die Originale verwahrt Wien.
Sheshi Skënderbej 7, www.mhk.gov.al

»Kunst entsteht am Abgrund«
Ismail Kadare (albanischer Schriftsteller)

⑩ Museum der Frauen

Ohne die kommunistische Ära kommt das private Museum der Frauen (Muzeu i Gruas) der Journalistin Elsa Ballauri nicht aus, immerhin waren 20 Prozent der Opfer dieses Regimes Frauen. Aber die Ausstellung geht tiefer, folgt der Rolle der Frauen in der traditionellen Gesellschaft, begleitet ihre zögerliche Emanzipation zu Beginn des 20. Jahrhunderts und beobachtet, wie die Frauen in der rigiden Welt des Enver Hoxha sehr schnell die Rolle der Hausfrau ab- und die der berufstätigen Familienernährerin annahmen. Eine interessante und sehr engagierte Ausstellung.
Rruga Myslym Shyri 44
www.instagram.com/mig_albania

⑪ Mezuraj-Museum

Sammler und Mäzen Eduard Mezuraj beweist mit diesem ersten privaten Museum Albaniens im 5. Stock eines Neubaus, dass Ausstellungen nicht automatisch verstaubt und museal wirken müssen. Zudem verbindet das Haus zwei ganz verschiedene Bereiche: die Archäologie mit spannenden Fundstücken aus Südalbanien und die zeitgenössische Kunst mit Werken berühmter albanischer Maler, die erst nach der politischen Wende ins Rampenlicht traten – alles geschickt ins rechte Licht gesetzt. Ein Solitär!
Rruga Kavaja
www.facebook.com/mezuraj.muze

Für albanische Verhältnisse ist der Dajti nicht sonderlich hoch, belohnt aber mit einem schönen Ausblick und toller Natur.

* Dajti-Nationalpark

Der Nationalpark im Skanderbeg-Gebirge östlich von Tirana ist ein beliebtes Ausflugsziel der Hauptstädter und an den Wochenenden entsprechend überlaufen. Nicht zuletzt die Seilbahn Dajti Ekspres, die Besucher bequem auf den Balkoni i Dajtit, eine Aussichtsplattform in 1033 Metern Höhe schaukelt, trägt zur Attraktivität des Nationalparks bei. Oben unterhalten diverse Attraktionen wie ein Adventure Park, ein Hotel, ein Restaurant und Startrampen fürs Paragliding die Ausflügler. Für Outdoor-Fans beginnt hier zudem eine Vielzahl von einfachen wie anspruchsvollen Wanderwegen durch das Skanderbeg-Massiv. Nur der Gipfel des 1613 Meter hohen Mali i Dajtit darf nicht bestiegen werden, da militärisches Sperrgebiet. Die meisten Besucher belassen es deshalb bei der Seilbahnfahrt und genießen das Panorama auf Tirana.

** Burg Petrela

Dorf und Festung im Südosten von Tirana begeistern durch ihre Lage: Auf einem 565 Meter hohen Hügel erhebt sich die Siedlung über das Tal des Flusses Erzeni und eröffnet einen weiten Rundumblick über silbergrüne Olivenhaine. Die Fundamente der Feste am höchsten Punkt gehen auf byzantinische Zeit zurück. Petralba, der aus dem altgriechischen petra (Stein) und dem lateinischen alba (weiß) zusammengesetzte Name, beschreibt, wo die Burg steht, nämlich auf einem (weißen) Felsen. Als einstiger Wohnsitz von Skanderbegs Schwester Mamica Kastrioti besitzt die Burg für geschichtsbewusste Albaner eine besondere Bedeutung. Trotz ihres historischen Werts durfte im Jahr 2000 ein Ausflugsrestaurant eröffnet werden, das die Wirkung des alten Gemäuers leider etwas schmälert.

** Karstsee Syri i Ciklopit

Wo der Fluss Krraba in den Erzeni mündet, rund 4 Kilometer und einen ziemlich beschwerlichen Fußweg vom Dorf Krrabba entfernt, bildet sich un-

terhalb einer Felsstufe ein kleiner See, dessen bis zu 120 Meter tiefes Wasser dank des hellen Kalksteins je nach Lichteinfall in einem intensivem Türkis leuchtet. Legenden erzählen, der See sei vor Jahrtausenden entstanden, als die Bewohner der Gegend ein riesenhaftes Ungeheuer jagten, das ihre Felder verwüstete. Das Tier stürzte im Zuge der Hetzjagd von der Klippe – die Kratzspuren am Fels sind noch sichtbar – und starb. Dort, wo es sein Leben aushauchte, entstand der herzförmige See, mit dem treffenden Namen das »Auge des Zyklopen« (Syri i Ciklopit). Eine schöne Geschichte angesichts der Abgeschiedenheit des Karstsees.

Petrela – Inbegriff einer romantischen Ritterburg.

Naturnahe Brücke. Über grobe Holzstämme geht's auf eine Insel in der Karavasta-Lagune.

Südwestalbanien: Antike, orientalisches Flair und ein heiliger Berg

Zwei bedeutende antike Stätten, Apollonia und Byllis, lassen die Vergangenheit lebendig werden, während die Natur in diesem Teil Albaniens ganz unterschiedliche Gesichter offenbart: Die magische Lagunenlandschaft von Karavasta und die tief mäandernden Schluchten des Osum. Osmanische Architektur und Traditionen zeigt das zauberhaft gelegene Berat und lockt mit gemütlichen Cafés und breiten Promenaden. Mystisch wird's im Tomorr-Gebirge, wo Derwische einen Heiligen verehren.

** Divjaka-Karavasta-Nationalpark

Wie sich ein ehemaliges Militärgelände in ein Vogelparadies verwandeln kann, beweist dieses Naturschutzgebiet, das sich auf einer Länge von 22 Kilometern zwischen den Flussmündungen von Shkumbin und Seman entlang der Küste erstreckt. Über 45 000 Vögel haben in dem Feuchtbiotop ein geschütztes Habitat gefunden, dessen Mittelpunkt die unter Ramsar-Schutz stehende Lagune von Karavasta ist. Pinienwälder mit bis zu 400 Jahre alten Bäumen bilden einen grünen, schattigen Gürtel um die Wasserlandschaft. Der Naturschutz kollidiert jedoch immer wieder mit touristischen und wirtschaftlichen Interessen: Ein mehrere Kilometer langer Strand zieht im Sommer jede Menge Sonnenhungrige an und schafft damit auch Müll- und Umweltprobleme. Pläne eines albanisch-italienischen Investors, im Nationalpark ein Luxus-Hotelresort zu errichten, konnten dank des heftigen Widerstands von Umweltverbänden bislang vereitelt werden.

** Vogelbeobachtung

45 000 Vögel, 228 Spezies, darunter 15 weltweit bedrohte – Karavasta ist ein Paradies für Birder. Die entsprechende Infrastruktur wurde im Nationalpark mit entlang der Lagune geführten Stelzenwegen, geschickt in die Landschaft integrierten Beobachtungstürmen und von Vogelkundlern geführten Bootstouren geschaffen. Im Besucherzentrum des Nationalparks finden Interessierte Informationen über die gefiederten Bewohner des Nationalparks und über dessen Ökologie. Was Karavasta für Kenner so besonders macht, ist die Tatsache, dass die überaus seltenen Krauskopfpelikane hier in der einzigen meeresnahen Brutkolonie Südeuropas leben. Etwa 60 Paare ziehen an der Lagune ihre Jungvögel groß. Zu den besonderen Vogelarten gehören auch Zwergscharben (Microcarbo pygmeus), Steppenweihen (Circus macrourus), Schell-

adler (Clanga clanga) und Weißkopfruderenten (Oxyura leucocephala). Oft legen Karettschildkröten ihre Eier im Küstensand ab.

** Kloster Ardenica

Auch in diesem herrlich auf einer Hügelkuppe über der Myzeqe-Ebene gelegenen Kloster fällt als Erstes der Name Skanderbeg: 1451 heiratete der albanische Fürst und Türkenbekämpfer in dem orthodoxen Gotteshaus die adelige Donika Arianiti Muzaka und

schloss damit nicht nur eine Ehe, sondern auch einen politischen Pakt mit dem Vater der Braut. Das Kloster wurde 1282 unter byzantinischer Ägide errichtet, wahrscheinlich an einem Ort, der schon lange dem religiösen Kult diente: Ursprünglich habe hier ein der Göttin Artemis geweihter Tempel gestanden, später dann eine Dreifaltigkeitskapelle, die noch erhalten ist. Umbauten des 18. Jahrhunderts prägen das heutige Bild der Anlage. Aus dieser Zeit stammen die dem Marien-

und Heiligenleben gewidmeten Fresken in der Kirche, die man bekannten Künstlern anvertraute: Konstantin und Athanasios Zografi zum Beispiel, die auch auf dem Berg Athos arbeiteten. Vor allem sein kunstvoller Bilderreichtum macht den Konvent sehenswert. Dass er vor dem »Klostersturm« der Hoxha-Jahre gerettet werden konnte, verdankt er Skanderbegs Hochzeit. Nur wegen dieses symbolischen Werts blieb das Kloster vor Zerstörung bewahrt.

Szenen aus dem Leben Jesu sowie Porträts von Heiligen und Herrschern prägen die Fresken des Ardenica-Klosters.

Was fliegt denn da?

Die Experten streiten sich: Sind nun 355, 368 oder nur 342 Vogelarten in Albanien verzeichnet? Durchschnittlich an Vögeln interessierte Reisende sind wahrscheinlich schon mit wesentlich geringeren Mengen an Vogelspezies überfordert, und selbst die 25 beliebtesten Vögel, die eine albanische Publikation auflistet, kann man sich kaum merken, geschweige denn identifizieren.

Die Vielfalt hat einen Grund: Wenige Länder besitzen so unterschiedliche Landschaften auf so kleinem Raum, und genau das ist die Ursache für den Reichtum an geflügelten Bewohnern. Über noch weitgehend unberührte Hochgebirgsregionen segeln Raubvögel wie Steinadler (Albaniens Wappentier) oder Rötelfalken. Oft lassen sich auch Gänsegeier oder Adlerbussarde bei ihren charakteristischen kreisenden Flügen beobachten.

Unter den gefiederten Bewohnern der wald- und buschbewachsenen Ebenen tut sich der Eichelhäher mit seinem charakteristischen Ruf hervor. Ein vorübergehender Gast ist der Bienenfresser mit seinem auffälligen Federkleid. Er gehört zur großen Gemeinschaft der Zugvögel, die auf ihrem Weg von Mitteleuropa nach Nordafrika auf dem »Adriatic Flyway« in Albanien eine Zwischenstation einlegen. Am vielfältigsten präsentiert sich die Vogelwelt in den Lagunen- und Feuchtgebieten entlang der Küste und an den großen Seen. Die auffälligsten Vertreter sind Krauskopfpelikane, sie brüten an der Karavasta-Lagune und am Prespa-See. Flamingos führen an der Narta-Lagune ihre rosafarbenen Tanzröckchen vor. Weitere dekorative Bewohner der Feuchtgebiete sind die eleganten Grau-, Seiden- und Fischreiher.

Apollonia war nach Epidamnos die zweite griechische Kolonie in Albanien (im Bild: Portikus des Buleuterion).

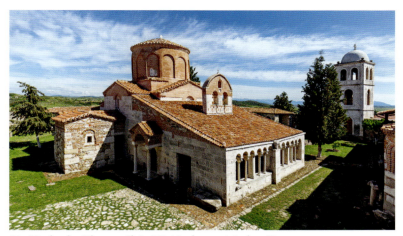

Die Kirche des Klosters Shën Mëri ist byzantinischen Ursprungs.

** Apollonia

Albaniens zweitgrößte Ausgrabungsstätte unweit der Stadt Fier stand bei ihrer Gründung um 590 v. Chr. ganz im Zeichen des Gottes Apollo. Griechische Kolonisten aus Korfu und Korinth ließen sich auf dem hügeligen Gelände oberhalb der Mündung der Vjosa nieder und weihten ihre Tempel dem Gott des Lichts. Bedrängt von Illyrern und Makedoniern schlüpften die Griechen 229 v. Chr. unter Roms Schutz. Das Ende der Blütezeit läutete ein Erdbeben im 4. Jahrhundert ein, das den Hafen verlanden ließ. Um das 6. Jahrhundert wurde Apollonia von seinen Bewohnern verlassen. 300 Jahre später erbauten Mönche in den Ruinen das Kloster Shën Mëri. Für eine Beinahe-Zerstörung der Ruinenstätte sorgte schließlich das kommunistische Regime, als es 1967 auf dem Gelände rund 400 Bunker anlegen ließ.

** Buleuterion

Auf den Versammlungsraum des Stadtrats, eine Art Rathaus, beziehungsweise auf dessen Portikus trifft man gleich links vom Eingang zur Ruinenstätte. Vier korinthische Säulen stützen den Giebel, der von Archäologen originalgetreu wieder aufgerichtet und restauriert wurde. Der Bau dahinter existiert nur noch in Fundamenten. Unter dem Namen »Monument der Agonotheten« tauchen Bilder des Buleuterion nahezu auf jeder Werbung für die archäologischen Stätten des Landes auf. Gegen-

über stand das ebenfalls unter römischer Ägide errichtete Odeon, dessen Sitzreihen sich an einen Hang lehnen.

** Große Stoa

Vom Odeon zur Agora, dem Hauptplatz der Stadt, führte einst ein überdachter, von dorischen Säulen gestützter Wandelgang, die Große Stoa. Von der Stoa hatten die Bewohner Apollonias einen herrlichen Blick über die Ebene bis zum Meer und auf die Flussmündung. Gut kann man sich heute noch vorstellen, wie die Bewohner hier einst umherwandelten und sich miteinander unterhielten. Oder sie genossen schlicht die Schönheit des Ortes – wie man es auch heute noch tut. Erhalten sind noch 14 Nischen, in denen wahrscheinlich Götterstatuen aufgestellt waren. Teile der Stoa stammen aus der Gründungszeit der Stadt.

** Kloster Shën Mëri

Besonders die zwischen 1250 und 1270 teils aus Steinen des antiken Apollonia errichtete Kirche gilt als kostbares Zeugnis des orthodoxen Glaubens. Im Inneren überraschen die Reste einer Ikonostase aus Stein – üblicherweise wird die Altarschranke aus Holz gearbeitet. Die Fresken aus der Bauzeit sind leider weitestgehend verblasst. Ungewöhnlich für byzantinische Kirchen jener Zeit ist die Kreuzform des Gotteshauses. Das Refektorium des Klosters schmücken Fresken aus dem 14. Jahrhundert. Es dient heute als Museum der Ausgrabungsstätte.

Der englische Reisende Henry Holland war 1815 der Erste, der das antike Byllis auf seinem Hügel entdeckte.

** Byllis

Nur 45 Kilometer südöstlich von Apollonia wartet eine weitere bedeutende Ruinenstätte auf Besucher: Byllis wurde um das 4. Jahrhundert v. Chr. allerdings nicht von Griechen, sondern von hellenisierten Illyrern gegründet. Die ursprünglichen Bewohner Albaniens hatten im Kontakt mit den griechischen Kolonisatoren deren Religion, Architektur und Gebräuche übernommen und sie mit dieser Stadt in Stein gegossen. Wie Apollonia unterstellte sich Byllis der römischen Herrschaft, profitierte wirtschaftlich davon und musste sich schließlich den völkerwandernden Slawen ergeben. Im 6. Jahrhundert endet Byllis' Geschichte. Zu dieser Zeit bestanden aber bereits jene Basiliken, die Byllis nicht nur für Archäologie-Fans, sondern auch für Bewunderer frühchristlicher Architektur spannend machen.

* Theater

Wie bedeutend die Stadt in der römischen Epoche war, belegt das in den

Das Schiff der Sehnsucht

Erinnert sich heute noch jemand an albanische Bootsflüchtlinge? Angesichts der Flüchtlingsdramen im Mittelmeer ist diese Fluchtbewegung, die zu Beginn der 1990er-Jahre Tausende von Menschen aus dem maroden Albanien auf klapprigen Booten ins vermeintlich nahe Italien flüchten ließ, längst vergessen. Nicht ganz allerdings, denn in der Nähe des Städtchens Roskovec schippert ein inzwischen ziemlich heruntergekommenes Schiff aus Beton ins Reich der vergeblichen Hoffnungen. Drei Brüder hatten sich auf den Weg über die Adria gewagt und sind nie mehr aufgetaucht. Ihre Familie errichtete im Gedenken dieses Hotel in Schiffsform. Gäste aber blieben fern, und so wurde es bald aufgegeben.

Hang gebaute Theater, in dem bis zu 7500 Zuschauer den Aufführungen beiwohnen konnten (weit mehr, als in der Stadt überhaupt wohnten). Mit 80 Metern Durchmesser hatte der im 3. Jahrhundert v. Chr. errichtete Bau durchaus monumentale Ausmaße. Erhalten sind außerdem Reste der Stoa, des antiken Wandelgangs.

** Basiliken

Am Ende der römischen Herrschaft begann um das 4. Jahrhundert die Christianisierung und mit ihr der Kirchenbau. Die Fundamente von fünf Basiliken in Byllis dokumentieren diesen Prozess, der mit der Zerstörung durch die Slawen abrupt endete. Bemerkenswert ist das »Basilika B«

bzw. »Kathedrale« genannte Gotteshaus wegen der sehr gut erhaltenen, frühchristlichen Mosaiken in der Vorhalle. Sie zeigen lebhafte Hirtenszenen mit Schafen und Ziegen, sie sind aber zu ihrem Schutz meist abgedeckt. Manchmal lässt sich ein Wächter dazu überreden, die Mosaiken aufzudecken.

Mit mediterranem Palmengeraschel begrüßt die schöne Stadt Berat den Reisenden.

*** Berat

Die »weiße« Stadt Berat (rund 37 000 Einw.), auch »Stadt der 1000 Fenster« genannt, zählt zu den malerischsten und am besten erhaltenen Städten Albaniens. Schon 1961 wurde Berat zur Museumsstadt ernannt, seit 2008 zählt sie zum UNECO-Weltkulturerbe. Insbesondere die drei historischen Stadtteile Mangalem, Gorica und Kalaja sind sehenswert, wirken sie doch mit ihren den Hang hinaufgestaffelten, weißen Häusern und den charakteristischen Fenstern wie aus einem Guss. Berats Wurzeln reichen bis weit in die Antike zurück; griechische Kolonisten siedelten hier um das 4. Jahrhundert v. Chr. und nannten den Ort

Antipatreia. Ab dem 9. Jahrhundert stand Berat zunächst unter bulgarischer, später dann unter byzantinischer Herrschaft. Zwischen dem 15. und 20. Jahrhundert hatten türkische Paschas das Sagen und prägten mit osmanischer Architektur das Bild der Stadt. Wie kosmopolitisch und tolerant Berat war, bewiesen die Einwohner unter deutscher Besatzung 1944. Sie nahmen 600 jüdische Mitbürger in ihre Familien auf und retteten sie so vor Deportation und Tod.

*** Zitadelle Kalaja e Beratit

Mit noch erhaltenen Umfassungsmauern und Türmen thront die Festung am höchsten Punkt des Hügels Man-

galem, rund 200 Meter über dem Fluss Osum. Bereits die Illyrer besaßen hier eine gut gesicherte Siedlung; in ihrer heutigen Form entstand die Kalaja unter byzantinischer Herrschaft und wurde unter den Osmanen wiederholt ausgebaut und verstärkt. Der steile Anstieg lohnt durchaus: Die meisten Steinhäuser innerhalb der Mauern entstammen dem christlichen 13. Jahrhundert; auch die zahlreichen Kirchen wurden in dieser Zeit errichtet. Kaja, wie dieser Stadtteil genannt wird, vermittelt das Gefühl, durch ein abgelegenes Dorf zu bummeln. Kopfsteinpflastergassen winden sich vorbei an niedrigen Häuschen; wilde Kamille sprießt aus Steinritzen, und

Beliebtes Fotomotiv: Die Kirche der Dreifaltigkeit (Kisha Shen Triadha) in der Zitadelle.

Eingang zum Onufri-Museum: Unverwechselbares Merkmal des Künstlers ist das leuchtende Rot in seinen Bildern.

Wäsche flattert auf der Leine. Von der inneren Festung im Zentrum eröffnet sich ein weiter Rundumblick, der sicherlich einer der Gründe war, hier oben zu siedeln.

*** Onufri-Museum

Die Kirche Kisha Fjetja e Shën Mërisë (Mariä Himmelfahrt) von 1797 beherbergt das Nationale Ikonen-Museum mit Werken von Malern der »Schule von Berat«. Begründer und berühmtester religiöser Maler Albaniens war Onufri, über dessen Leben kaum etwas bekannt ist. Viele seiner Werke hingegen sind leicht zu identifizieren, weil er einen besonderen Rotton verwendete und seine Figuren sehr rea-listisch gestaltete – die Einflüsse venezianischer Malerei sind unverkennbar. In seiner Zeit in Berat schuf er Ikonen und Fresken für mehrere Kirchen der Kaja; die wertvollsten wurden aus den Gotteshäusern entfernt und im Museum ausgestellt. Interessant ist auch das Gotteshaus selbst. Das dreischiffige Langhaus trägt zwei Kuppeln über dem Hauptschiff, die auch von außen zu sehen sind. Die detailreich geschnitzte und mit Ikonen geschmückte Ikonostase ist ein Meisterwerk orthodoxen Kunsthandwerks.

* Kirche Kisha Shen Triadha

Die Kirche der Dreifaltigkeit zählt zu den ältesten und malerischsten Gotteshäusern der Kaja – und ist leider meist verschlossen. Mit etwas Glück lässt sich ein Mitarbeiter des Onufri-Museums überreden, das zwischen dem 13. und 14. Jahrhundert erbaute Gotteshaus für Besucher kurzzeitig aufzusperren. Doch auch rein die Ansicht von außen lässt die Bedeutung des Baus erkennen. Weißer Stein und rote Ziegel verleihen der Fassade eine äußerst harmonische Gestalt; der kreuzförmige Grundriss mit zentraler, einem Zylinder aufgesetzten Kuppel zeigt klassische Proportionen und als Fotomotiv vor Festungsmauer, Stadtsilhouette und blauem Osum-Fluss ist das Gotteshaus durchaus Instagram-tauglich.

Die osmanischen Wohnhäuser der »Stadt der tausend Fenster« drängen sich dicht an dicht an den Hang.

Abends am Fluss

Was die Italiener »Passagiata« nennen, den abendlichen Spaziergang mit der ganzen Familie entlang einer Promenade, zelebrieren die Albaner leidenschaftlich unter dem Namen »xhiro«. Mit Glockenschlag 18 Uhr bummelt man auch in Berat aus allen Himmelsrichtungen zum Fluss auf die Rruga Promenada, die Promenadenstraße. Während die alten Männer in den Cafés Domino spielen und über Fußball diskutieren, schlendern Frauen, Kinder und junge Paare unter den Bäumen auf und ab, treffen Bekannte, tauschen Tratsch aus und haben stets ein Auge auf die Kinder. Jugendliche nutzen die Promenade als roten Teppich, um darauf mit Skateboard-Akrobatik zu glänzen und der oder dem Angebeteten zu imponieren. Nach spätestens drei Stunden ist der Xhiro vorbei – dann geht's wieder nach Hause.

** Viertel Lagija Mangalem

Dem Viertel am Zitadellen-Hang verdankt Berat seinen Beinamen »Stadt der tausend Fenster«, denn die übergroßen Fenster der traditionellen osmanischen Häuser blicken dem Besucher wie wachsame Augen entgegen. Traditionell wurden sie in die hangabgewandten Fassaden eingebaut und ließen so viel Licht in die Räume. Das Viertel entwickelte sich ab dem 15. Jahrhundert unter türkischer Herrschaft und besitzt mehrere Moscheen, darunter die Xhamia e Plumbit (Bleimoschee). Ebenso sind mehrere Tekke (Sitz von Sufi-Bruderschaften) im Viertel beheimatet. Interessant ist die Tekke Halveti (Teqeja e Helvetie) in der Rruga Kurt Pasha aus dem 18. Jahrhundert mit einem offenen Säulengang und antiken Kapitellen aus Apollonia.

** Moschee Xhamia e Plumbit

Die um die Mitte des 16. Jahrhunderts erbaute Moschee an der Rruga Gaqi Gjika zeigt alle Merkmale klassischer osmanischer Architektur. Über einem viereckigen Zentralbau erhebt sich die Hauptkuppel, die früher mit Blei überzogen war. Erst später fügte man die

zierliche Vorhalle mit den drei kleinen Kuppeln dazu. Eine Reihe von kunstvoll gearbeiteten Fenstern lässt viel Licht in den schlichten Gebetssaal. Schräg gegenüber steht das christliche Pendant, die 2014 geweihte Kathedrale des hl. Demetrius (Shen Dhimitri). Das neobyzantinische Gotteshaus besitzt eine moderne, sehenswerte Ikonostase.

** Viertel Lagija Gorica

Das traditionell orthodoxe Viertel auf der anderen Seite des Flusses Osum lehnt sich wie Mangalem gegenüber an den Hang eines Berges, des Shpiraq (1240 Meter). Wie in Mangalem bestimmen auch hier die hinter- und nebeneinander gestaffelten, weißen Häuser und die kopfsteingepflasterten Gassen die Architektur, nur wirkt das Stadtbild großzügiger, einige Häuser besitzen sogar kleine Gärten. In Gorica finden sich zahlreiche Restaurants, Hotels und Hostels, es ist das Ausgehviertel von Berat. Die Brücke Ura e Goricës schafft mit 129 Metern Länge die Verbindung zwischen den beiden Stadtteilen. Einen Übergang gab es bereits im 18. Jahrhundert, das heutige Bauwerk stammt von 1927.

Kleine Bar im beliebten Stadtteil Gorica. Auch hier staffeln sich die Häuser den Berg empor.

Der Osum-Canyon gräbt sich eindrucksvoll bis zu 80 Meter tief in die Landschaft.

Lange Zeit war sie in Vergessenheit geraten, doch nun glänzt die Kasabashi-Brücke wieder restauriert in alter Pracht.

*** Osum-Canyon

Ist die Schlucht des Flusses Osum, 50 Kilometer südöstlich von Berat, tatsächlich die längste und tiefste Albaniens? Superlative sind relativ, aber unbestritten gehört sie zu den imposantesten und zugleich malerischsten Naturhighlights des Landes. Auf einer Länge von 13 Kilometern und mit Felswänden von bis zu 80 Metern Höhe arbeitet sich der Osum zwischen den Dörfern Lapanj und Çorovoda von Süd nach Nord durch eine Karstlandschaft und formt dabei mehrere Schluchten. Diese sind wahrscheinlich bis zu zwei Millionen Jahre alt. Man nimmt an, dass der Osum ursprünglich unterirdisch floss und durch den Einbruch der Karsthöhlen, die er geschaffen hatte, ans Tageslicht kam – ein typisches Phänomen von Karstgestein. Den besten Aussichtspunkt finden Schwindelfreie auf einer Plattform unweit des Campingplatzes Kanioneve rund 4,5 Kilometer südlich von Çorovoda. Von ihr blickt man direkt in den spektakulärsten Teil des Canyons.

** Bogovë-Wasserfall

Nördlich des Schlucht-Endes bei Çorovoda zweigt beim Dorf Bogovë ein rund 3 Kilometer langer Pfad nach Osten in Richtung des Wasserfalls ab, der vor allem im Frühjahr nach der Schneeschmelze beeindruckt. Das Wasser stürzt in einer engen Klamm über einen 20 Meter hohen Felsen in ein Becken mit türkisgrünem Wasser – angesichts dieser Szenerie kommen echte karibische Gefühle auf. Oder gar himmlische, denn der Name Bogovë leitet sich vom slawischen »bog«, Gott, ab! Wer in Bogovë Lebensmittel und Getränke eingekauft hat, kann in dieser friedlichen, vom Rauschen des Wassers und dem Gesang der Vögel durchdrungenen Atmosphäre ein Picknick abhalten, bevor er sich in die erfrischenden Fluten stürzt.

** Kasabashi-Brücke

Die Steinbrücke über den Fluss Çorovoda, der in der gleichnamigen Stadt in den Osum mündet, zählt nachweislich zu den ältesten osmanischen Brücken Albaniens. Wenige Kilometer nach dem nördlichen Schluchtausgang schwingt sie sich seit 1640

Die Osum-Schlucht als Rafting-Hotspot hat sich mittlerweile herumgesprochen.

über den Fluss. Architekt Reis Mimar Kasëm (1570–1659) errichtete sie als dreibogiges Konstrukt, dessen mittlere Krümmung eine Höhe von zwölf Metern erreicht. Mit 25 Metern Länge und drei Metern Breite hat sie durchaus imposante Ausmaße. Einst überquerten auf ihr Karawanen von Korça nach Berat den Çorovoda, dann war sie lange Zeit dem Verfall preisgegeben. Nach einer aufwändigen Restaurierung erstrahlt sie heute wieder in altem Glanz. Nicht weit entfernt erstreckt sich mit der Pirogoshi-Höhle eines der größten Höhlensysteme Albaniens, das aber nur mit erfahrenen Führern besichtigt werden kann.

** Rafting

Wenn der Wasserstand in den Osum-Canyons hoch genug ist – das ist meist nach der Schneeschmelze im späten Frühjahr der Fall –, organisieren diverse Outdoor-Veranstalter aus Berat Raftingtouren in der Schlucht. Zwischen zweieinhalb und vier Stunden dauert das nasse Vergnügen, bei dem die Teilnehmer in Schlauchbooten eine der spektakulärsten Passagen des Schluchtensystems durchfahren. Auf dem Weg passieren sie acht Wasserfälle, die Felsformation »Kathedrale« und himmelhohe Felswände. Aber keine Sorge, der Osum ist mit Wildwasser der Stufe I bis II ein zahmer Fluss.

Die Türbe mit dem Grabmal des Abbas ibn Ali fügt sich harmonisch in die karge Landschaft des Berges Tomorr ein.

** Tomorr-Nationalpark

Kernstück des knapp 25 000 Hektar großen Nationalparks ist das Bergmassiv des Tomorr, dessen namensgebender Gipfel mit 2384 Meter nicht der höchste, aber der bedeutendste des Nationalparks ist. Er gilt dem Sufi-Orden der Bektashi als heilig. Das östlich von Berat gelegene Naturschutzgebiet zwischen den Flüssen Osum und Tomorrica ist ungewöhnlich artenreich und dank der vielfältigen Erosionsformen des Karstes auch landschaftlich besonders reizvoll. Buchen, Pinien und Baum-Hasel bilden dichte Mischwälder; auf den Wiesen blühen Alpen-Leinkraut, Gelber Enzian und Flockenblumen um die Wette. Im Herbst sprenkeln Herbstzeitlosen die Hänge mit ihren zartlila Blüten. Raubtiere wie Bär und Wolf durchstreifen den die meiste Zeit des Jahres nur wenig besuchten Nationalpark, denn Wanderwege existieren kaum oder sind schlecht markiert. Das ändert sich Mitte August, wenn zunächst die christliche und dann die große muslimische Wallfahrt auf den Berg Tomorr beginnt.

** Türbe des Abbas Ali

Als mythisches Gebirge sahen bereits die Illyrer den Berg Tomorr (Mali i Tomorrit). Sie glaubten, es sei die Verkörperung des Baba Tomorr, der begleitet von vier weiblichen Adlern gegen die bösen Geister kämpfe. Für die Sufi-Gemeinschaft der Bekhtashis sind auf dem Gipfel die sterblichen Überreste des Abbas ibn Ali beigesetzt. Der Sohn des ersten schiitischen Imams Ali (des Schwiegersohns des Propheten Mohammed) sei 680 in der Schlacht von Kerbala (Irak) gefallen, seine Asche nach Albanien überführt und in dem Mausoleum beigesetzt worden. Der heutige Bau wurde erst 2006 errichtet; historische Reisende berichten aber bereits im 17. Jahrhundert von einem Heiligtum auf dem Berg. Unterhalb des Gipfels bietet die Tekke Baba Abbas Ali, ein klosterähnliches Zentrum auf etwa 1500 Metern Höhe, Pilgern Unterkunft, die den mühsamen Weg auf den Gipfel auf sich genommen haben. Die meisten kommen allerdings motorisiert – eine serpentinenreiche Straße führt bis zur Tekke.

Die große Pilgerfahrt

Still ist es um das Grabmal des Abbas Ali auf dem Gipfel des Bergs Tomorr, nur ein paar Bergdohlen flattern um das helle, zwölfeckige Mausoleum mit seiner grünen Kuppel. Im Winter ist es unter seiner Kappe aus Schnee kaum noch zu erkennen, ebenso wenig das Reiterdenkmal des Abbas Ali etwas unterhalb. Doch dann kommt Mariä Himmelfahrt am 15. August, an dem Gläubige auf seinen kahlen Gipfel pilgern. Die Anhänger des Sufi-Ordens der Bekhtashi folgen fünf Tage später.

Die Pilgerfahrt verwandelt den Tomorr in ein wahres Volksfest: Tausende von Menschen versammeln sich um das Derwisch-Kloster am Kulmak-Pass, schlagen ihre Zelte auf und schreiten zur Tat: Jeder Pilger ist verpflichtet, ein Schaf zu opfern. Manche haben ein eigenes Tier mitgebracht, andere kaufen es den wartenden Hirten ab. Feuer werden angefacht und die Opfertiere landen schließlich in den Mägen der Pilger. Wer ganz nach oben zum Grabmal des Abbas Ali steigt, verhüllt den Kopf, küsst das Eingangstor und legt dann am Sarkophag seine Opfergabe nieder – eine Kerze, Geld, ein Zettel mit darauf gekritzeltem Wunsch. Und auch hier oben geht das Schafeschlachten weiter (im Bild). Am 25. August verlassen die Pilger den Berg wieder. Nun hat er wieder 11 Monate Ruhe.

Vom römischen Kastell sind in Elbasan noch viele Relikte erhalten, wie hier das Burgtor, der Eingang zur Altstadt.

Südostalbanien: Vogelparadiese, Seen und alte Handelsstädte

Wie ein roter Faden zieht sich die römische Handelsstraße Via Egnatia durch die Region zwischen Elbasan, Korçë und dem Ohrid- und Prespa-See. Auf ihrem Weg durch das südöstliche Albanien entstanden römische Rastlager, byzantinische Siedlungen und schließlich osmanische Städte; Spuren der bewegten Geschichte sind allgegenwärtig. Wer genug hat von Ruinen, Ikonen oder Moscheen findet in den Naturparadiesen an den großen Seen himmlische Ruhe und eine bunte Vogelschar.

* Elbasan

Wer sich Albaniens viertgrößter Stadt von Norden her nähert, ist zunächst mit den vor sich hin rostenden Ruinen des größten Industriekombinats Albaniens konfrontiert. Çeliku i Partisë, Stahl der Partei, hieß der Komplex, der ab 1974 Luft, Erde und Menschen mit ungefilterten Emissionen vergiftete, während er aus Nickel und Chrom Stahl produzierte. Die Stadt hinter diesem apokalyptischen Bild entpuppt sich als hübsch, aber auch etwas verschlafen. Dabei beherbergte sie im 19. Jahrhundert in ihren Mauern einige der führenden Köpfe der Nationalen Wiedergeburt, einer Unabhängigkeitsbewegung von Intellektu-

ellen gegen die osmanische Herrschaft. Zurück geht Elbasan auf einen Rastplatz an der ab 146 v. Chr. angelegten Handelstraße Via Egnatia, die von der Adria (Apollonia) an den Bosporus (Konstantinopel) führte.

** Kastell Scampis

Normalerweise werden Festungen eher auf Anhöhen errichtet, Scampa hingegen, das Rom im 4. Jahrhundert befestigte, lag an einem Fluss, der heute Skhumbin heißt. Innerhalb der damals angelegten und von nachfolgenden Völkern verstärkten Mauern hat sich Elbasan sein orientalisches Gepräge mit schmalen Gässchen und bunten Läden und Cafés bis heute be-

wahrt. Maßgeblicher Bauherr war übrigens der berüchtigte Albanien-Eroberer Mehmet II. Er ließ die Zitadelle verstärken und schlug darin das Lager auf, von dem aus er Albanien unterwarf. Die noch erhaltenen Teile der Kastellmauern – entlang des Bulevardi Qemal-Stafa im Süden – wirken mit ihren Ecktürmen und Bastionen auch heute noch sehr wehrhaft. Der 15 Meter hohe Uhrturm Kulla e Sahatit auf einer der Bastionen erinnert die Gläubigen an die Gebetszeiten. Hier führt ein Tor in den Altstadtbereich mit typisch niedrigen Häuschen, einer Vielzahl von Geschäften, Restaurants, Cafés und einigen preiswerten Unterkünften.

** Königsmoschee

Errichtet wurde die Mbret-Moschee im Jahre 1502 zu Ehren des Sultans Mehmet II., der 1467 mit 200 000 Mann Albanien regelrecht überrannte und Skanderbegs Widerstand brach. Gemessen an der Bedeutung dieses »Königs« wirkt das Gotteshaus recht bescheiden. Im Stil der damaligen Zeit aus Naturstein und Ziegel errichtet, besitzt es einen nahezu quadratischen Gebetssaal und einen von Säulen getragenen Portikus. Reisende berichteten im 18. Jahrhundert, dass diese Moschee besonders verehrt wurde. Viele kamen nach Elbasan, um hier ihre Gebete zu verrichten, und hinterließen Graffiti an den Wänden, die im Zuge einer Renovierung im 19. Jahrhundert entfernt wurden. Ab 1967 diente der Bau profanen Zwecken; erst seit Ende der kommunistischen Ära erfüllt die Moschee wieder ihre ursprüngliche Funktion.

* Nazireshe-Moschee

Die Moschee mit Kuppel und Bleistift-minarett steht etwas verloren zwischen sozialistischen Wohnblocks. Mit gerade einmal zehn Metern Länge diente das kleine Monument sicher keiner großen Gemeinde, sondern der Familie des Stifters, eines nazir (Beamten), als Ort des Gebets. Um das Ende des 16. Jahrhunderts erbaut, zeigt sie das typische Mauerdekor jener Zeit: Unverputzt sind Bruchsteine und Ziegel zu einem geometrischen Rot-Weiß-Muster gelegt. Das ursprüngliche Ziegeldach der Kuppel musste bei einer Renovierung 2014 einem Blei-belag weichen; auch andere architektonische Änderungen wurden vorgenommen. Trotz dieser Verfälschung des ursprünglichen Baus wirkt die zierliche Moschee sehr harmonisch – wäre da nicht ihre so gar nicht passende Umgebung.

** Nikolauskirche

Das 1554 errichte Gotteshaus in der Nähe des Dorfes Shelcan südöstlich von Elbasan lässt mit seinem schlichten Äußeren nicht erahnen, welches Feuerwerk es im Inneren entfaltet: Die Kirche wurde komplett von dem berühmten Kirchenmaler Onufri mit Fresken ausgemalt und ist ein Kleinod für alle Kunstfreunde. Beginnend un-

Eine edle Übernachtungsmöglichkeit findet man im Hotel Guri.

Für alle Fans von Onufri ein Muss: Die kleine Nikolauskirche in Shelcan.

Wellness an der Via Egnatia

Die von den Römern im 2. Jahrhundert v. Chr. angelegte Handelsroute führte von Durrës beziehungsweise Apollonia auf zwei Wegen in Richtung Elbasan (damals Scampa) und vereinigte sich bei Ad Quintum (Stacioni Romak) unweit des heutigen Dorfes Bradashesh. Ad Quintum war eine von mehreren Stationen, an denen die Pferde gewechselt werden konnten, und bot mit einer eigenen Therme sogar eine Art Wellness-Service für erschöpfte Reisende. Die Therme, gelegen an der Straße SH7, ist ungewöhnlich gut erhalten: Die Einrichtungen von Kalt- und Schwitzraum, das kalte Tauchbecken und sogar ein angeschlossener Speisesaal sind noch heute gut zu erkennen.

ter einem Fries, wird im Uhrzeigersinn die Lebensgeschichte Jesu anhand von frabenfrohen Fresken erzählt, ein Reigen von Heiligenbildern grenzt den Zyklus von stehenden Figuren nach unten hin ab.

Lin liegt eingebettet in eine friedliche Bucht und gilt als eines der schönsten Dörfer Albaniens.

Ein noch unentdecktes Schmuckstück – die dreibogige Brücke Ura e Golikut.

** Lin

Mit knapp 1000 Einwohnern ist Lin am Westufer des Ohridsees (siehe S. 170) ein etwas größeres Dorf, in dessen Zentrum noch einige hübsche Fischerhäuschen stehen. Die dörfliche Stimmung zieht im Sommer viele Touristen an, die am kleinen Seestrand und in den Cafés und Restaurants ihre Ferien genießen. Was die meisten nicht ahnen: Sie baden buchstäblich über einer der ältesten, wenn nicht sogar der ältesten Pfahlbausiedlung Europas. Neue archäologische Funde der Universität Bern legen nahe, dass Menschen in Buqeza unweit von Lin bereits vor knapp 8000 Jahren ihre Hütten auf Pfählen an den

See stellten. Sie waren Fischer wie die heutigen Bewohner von Lin. Zusätzlich scheinen sie auch Landwirtschaft betrieben zu haben und wären damit diejenigen, die Ackerbau und Viehzucht in Südosteuropa einführten.

** Basilika

Oberhalb des Dorfes, auf einer Anhöhe 30 Meter über dem See gelegen, bergen die Ruinen der byzantinischen Basilika Rrënojat e Kishës Bizantin aus dem 6. Jahrhundert frühchristliche Bodenmosaike, die zum UNESCO-Weltkultur- und -Naturerbe der Ohrid-Region zählen. Darunter auch mit 220 Quadratmetern das größte des Balkans. Die Mosaike von Lin (Mozaiku i

Linit) wurden erst 1967 entdeckt, paradoxerweise im Verlauf der Kampagne für ein atheistisches Albanien. Damals wurde die auf der alten Kultstätte errichtete Kirche abgerissen und die Mosaike kamen zum Vorschein. Reich an Details und sich in den Motiven nie wiederholend, sind besonders diejenigen in der Sakristei, wo Darstellungen von Pfauen, Tauben und Weinkelchen sich mit geometrischen Mustern abwechseln. Den Boden der Kapelle schmückt ein Mosaik mit einem Davidpsalm.

** Brücke Ura e Golikut

20 Kilometer südwestlich von Lin überquerte einst die römische

Den Ohridsee muss sich Albanien mit Nordmazedonien teilen, nur ein kleiner Teil, wie hier nahe Udenisht, ist albanisch.

Handelsstraße Via Egnatia den Fluss Shkumbin; um über ihn zu gelangen, errichteten die Römer im 2. Jahrhundert n. Chr. eine Steinbrücke, die von den Türken im 17. Jahrhundert erneuert und als steinerne Dreibogenbrücke wieder aufgebaut wurde. In steilem Bogen wölbt sie sich in bis zu zehn Metern Höhe eindrucksvoll über den Fluss, dessen Fluten dem Bauwerk über die Jahrhunderte allerdings massiv zugesetzt haben. Erst in den 2010er-Jahren erfolgte eine Renovierung des angeschlagenen Bauwerks und eine Sicherung durch Ableitung zu starker Wasserströme. Noch ist die Golik-Brücke wegen ihrer Lage abseits der Hauptattraktionen ein selten be-

suchtes Juwel in Albanien. Zusammen mit den illyrischen Königsgräbern auf dem Hügel nur wenige Kilometer entfernt lädt sie zu einem attraktiven Abstecher in der Umgebung des Ohridsees ein.

** Illyrische Königsgräber

Noch nicht UNESCO-Erbe, aber wahrscheinlich bald: Die in den Fels gehauenen Königsgräber (Varret e Selcës së Poshtme) aus dem 4. bis 1. Jahrhundert v. Chr., 30 Kilometer südwestlich von Lin, sind ein rares archäologisches Zeugnis der Illyrer; jenes Volkes, das die Balkanhalbinsel vor Ankunft von Griechen, Römer und schließlich Slawen bewohnte.

Sind bis zum 4. Jahrhundert nur vereinzelte illyrische Siedlungen überliefert, entstand hier am rechten Ufer des Flusses Shkumbin und unweit des Ohridsees unter Herrschaft der illyrischen Encheläer eine komplett befestigte Stadt auf einer Hügelkuppe. Spuren der Besiedlung reichen bis in byzantinische Zeit zurück. Als Sensation sehen Archäologen die im 4. und 3. Jahrhundert unterhalb der Akropolis angelegten fünf Gräber an, in denen offensichtlich hohe Würdenträger oder Herrscher beigesetzt wurden. Das »Theatergrab« besitzt sogar zwei wie im Theater angeordnete Sitzreihen, auf denen Angehörige den Bestattungsriten zusehen konnten.

Ruderboote, aber auch zahlreiche Enten und Schwäne ziehen im Drilon-Nationalpark ihre Bahnen.

* Tushemisht

Der beliebte Badeort am Ohridsee mit seinem langem Sandstrand liegt unweit der Grenze zu Nordmazedonien und wirkt mit seinen Teichen, Kanälen und Auenwäldern wie eine albanische Ausgabe eines Spreewalddorfes. Die Wasseradern werden durch eine kräftige Karstquelle gespeist, die östlich von Progradec nahe des Seeufers entspringt. Viele der Kanäle verlaufen kreuz und quer durch den Ort und verleihen ihm ein ganz eigenes Gepräge – hier betreibt jemand eine Miniatur-Fischfarm, dort verleiht ein anderer Ruderboote. Groß ist das Angebot an Kitsch und Kunsthandwerk, an Selbstgebackenem und Selbstgebrautem, das man an den vielen Ständen entlang der Kanäle erwerben kann. Ebenso groß das Angebot an Restaurants. Unterkünfte gibt es insbesondere im Sommer reichlich, viele Familien nehmen dann Feriengäste auf.

* Drilon-Nationalpark

Die aus dem Boden tretende Karstquelle des Flusses Drilon lässt den
Nationalpark Parku i Drilonit am Ohridsee wie eine künstlich angelegte
Parklandschaft mit Kanälen und Seen
erscheinen, auf denen Schwäne ihre
Runden drehen. Besucher können

sich Ruderboote leihen und die Landschaft vom Wasser aus genießen oder
aber im kühlenden Schatten alter
Eichen und Weiden spazieren gehen.
Übers Wasser gebaute Restaurants
servieren hier eine echte Spezialität:
die Ohrid-Forelle Koran. Als Ferien-
domizil war dieser Abschnitt des Sees

schon immer beliebt und in der kommunistischen Ära für Normalalbaner
gesperrt, denn Enver Hoxha besaß
hier eine seiner Lieblingsvillen. Heut-
zutage empfängt sie zum Restaurant
und Hotel »Vila Art« umgebaut zah-
lende Gäste ganz gleich welcher Herkunft.

Nationalpark Prespasee

Der »Parku Kombëtar i Prespës« im Drei-
ländereck von Albanien, Nordmazedoni-
en und Griechenland ist mit einer Fläche
von 27 750 Hektar nicht nur das größte,
sondern auch eines der jüngsten Naturschutzgebiete des Balkans. Landschaftlich ist die Region zwischen Großem und
Kleinem Prespasee und dem Gebirgszug
des Mali i Thatë (2287 m) sehr abwechslungsreich. Große Wasserflächen, dichte
Wälder und zu Skulpturen erodierte
Karstformationen wechseln sich ab und
formen verschiedenste Lebensräume für
eine artenreiche Flora und Fauna.
Als Überwinterungs- und Brutgebiet von
Zugvögeln ist der Nationalpark auch ein
wichtiges Ziel für Vogelkundler. Sie können hier unter anderem zwischen März
und Oktober große Kolonien der seltenen Krauskopfpelikane beobachten; viele meinen sogar, es handle sich dabei um
die größte Kolonie Europas. Auch die
artverwandten Rosapelikane kommen an
den beiden Seen vor, des weiteren
Gänsegeier, Sumpfrohrsänger und das
scheue Haselhuhn.
Weil der Nationalpark erst relativ spät
und in bewohntem Gebiet eingerichtet
wurde, befinden sich mehrere Dörfer im
Schutzgebiet. Auch Spuren der langen
Besiedlung dieser Region, vor allem Kirchen und Kapellen, sind zu finden. Mehrere Wanderwege erschließen die Wild-
nis; sie sollten wegen der nicht immer
übersichtlichen Markierung aber besser
mit einem Guide begangen werden.

Ein buntes, urbanes Lebensgefühl erwartet den Reisenden in Korça.

*** Korça

»Klein-Paris« nennen die Einheimischen die Stadt (rund 50 000 Einw.) auf dem 850 Meter hohen Plateau des Morava-Gebirges. Sie ist charmant, kosmopolitisch, das historische Zentrum gut erhalten und gepflegt. Korça vereint albanische, aromunische (mazedonische), griechische und türkische Elemente, und dieses Vielvölkerkonglomerat ist sowohl im Stadtbild als auch in der Lebensart sichtbar. Bereits im Neolithikum besiedelt, gilt die fruchtbare Region um Korça als eine Wiege des Ackerbaus in Europa. Doch erst im 13. Jahrhundert ist ein Ort an sich belegt, Mitte des 15. Jahrhunderts gibt es dann Zeugnisse einer den Osmanen unterstellten Stadt, deren Blüte im 18. und 19. Jahrhundert auch zahlreiche Menschen aus den Nachbarländern nach Korça lockte. Um die Wende zum 20. Jahrhundert spielte Korça eine bedeutende Rolle in der Erneuerungsbewegung albanischer Intellektueller. Viel wurde in den letzten Jahren renoviert, sodass die Stadt mit dem Bulevardet Shen Gjergji und Republika tatsächlich ein bisschen an Paris erinnert. Die Umgebung lockt mit üppig ausgemalten Kirchen und schönen Wanderwegen.

** Alter Basar

Im ehemaligen türkischen Kaufmannsviertel Charchia arrangieren sich schmale Gassen, Moscheen, Badehäuser und Geschäfte um den zentralen Freiheitsplatz Sheshi Liria und die Mirahori-Moschee, Korças ältestes islamisches Gotteshaus. Im 19. Jahrhundert soll es hier über 1000 Gewerbe und 18 Karawansereien gegeben haben. Händler aus Griechenland und Mazedonien verstärkten damals die türkische Gemeinde. Mit Abzug der Türken gingen auch die weit verzweigten Handelsverbindungen verloren. Der Basar verfiel. Erst ab 2014 wurde das Ensemble aufwändig restauriert. Heute zählt der Alte Basar zu den Hauptattraktionen der Stadt, auch wenn das Warenangebot überwiegend aus Fernost stammt.

* Mirahori-Moschee

Sowohl die Architektur als auch die symbolische Bedeutung der Moschee spielt für die islamische Gemeinde eine große Rolle. Errichtet wurde sie 1495 von Ilijaz Bej Mirahori, der aus einem Dorf unweit Korças stammte, als Junge für die Janitscharentruppe des Sultans zwangsrekrutiert wurde und eine steile militärische Karriere vom Sklaven zum Oberbefehlshaber absolvierte. Für seine Leistungen erhielt er die Hand der Sultanstochter und als Bey die Herrschaft über seine Heimatregion. Das Gebetshaus zeigt die klassischen Formen der osmanischen Architektur jener Zeit: ein fast quadratischer Grundriss, den eine Kuppel überwölbt, eine von Säulen getragene Vorhalle, die Mauern in abwechselnden Lagen von hellem Stein und Ziegel dekorativ ausgeführt. Sie gilt als früheste noch erhaltene Einkuppelmoschee Albaniens. Das bei einem Erdbeben zerstörte Minarett wurde 2006 erneuert. Den Wiederaufbau des Uhrturms gegenüber, der ursprünglich aus dem 18. Jahrhundert stammt, verdankt Korça türkischen Geldgebern, ebenso wie die Restaurierung der wenigen noch im Inneren erhaltenen Fresken.

Speisen im schönen Innenhof: Lacht die Sonne, werden in der Altstadt schnell Stühle und Tische rausgestellt.

Bunte Teppiche sind nicht die einzigen Eyecatcher im Viertel des Alten Basars.

Die schöne Kathedrale, an der Stirnseite des Boulevards St. Georg, ist das Wahrzeichen von Korça.

Das strahlende Rot im Nationalmuseum kündigt es an – hier haben die Werke von Onufri ihren Platz.

*** Nationalmuseum für mittelalterliche Kunst

Allein dieses Museum (Muzeu Kombëtar i Artit Mesjetar) lohnt den Weg nach Korça, denn es gilt als eines der schönsten Ikonenmuseen Europas. Seine Gründung im Jahr 1987 zählt zu den rätselhaften Beschlüssen des Hoxha-Regimes. Ein atheistischer Staat baut ein Museum für eine der größten Sammlungen christlicher Kunst weltweit? Ganz so absonderlich war es nicht, die Objekte waren davor in Kirchen und Klöstern Südalbaniens konfisziert worden, über 8000 Exponate waren es insgesamt. Man musste sie (bzw. einen Bruchteil davon) nur ausstellen. Das passiert in diesem Haus nicht verstaubt-museal, sondern ästhetisch wie didaktisch ansprechend und macht die Sammlung äußerst interessant. Hauptsächlich sind es Ikonen aus dem 14. bis 19. Jahrhundert, die inzwischen in einem Neubau von 2016 Bewunderung erregen. Geradezu überwältigt ist man im »Goldenen Saal«, dessen Wände bis zu einer Höhe von acht Metern mit Ikonen bedeckt sind. Im »Schwarzen Labyrinth« begegnet man Albaniens berühmtesten Ikonenmaler Onufri und seiner »Schule von Berat« – was an dem besonderen Rotton der Wände zu erkennen ist.

** Boulevard St. Georg

Zwischen dem modernen Aussichtsturm am nördlichen und der Kathedrale Christi Himmelfahrt am südlichen Ende versammeln sich auf Korças Hauptstraße in den frühen Abendstunden Familien und Singles, Alte und Junge zum Xhiro. Man flaniert unter den alten Lindenbäumen, trifft Freunde, schleckt ein Eis oder trinkt einen Mokka in einem der Cafés. Die Zeiten, als der Xhiro hier auch per Auto oder Moped absolviert wurde, sind vorbei; der Boulevard ist verkehrsberuhigt. Umso schöner lassen sich die renovierten Fassaden im Stil des Historismus bewundern, darunter das dottergelbe Shen-Gjergji-Haus mit Jugendstil-Details.

Voskopoja, die zerstörte Metropole

Korças Aufstieg im 18. und 19. Jahrhundert war nur möglich, weil die größte Rivalin Voskopoja Ende des 18. Jahrhunderts in einer Strafaktion von türkischen Truppen nahezu dem Erdboden gleichgemacht wurde. Viele seiner ursprünglich bis zu 70 000 Einwohner vor allem griechischer und aromunischer Herkunft flohen nach Korça und bescherten der nur 20 Kilometer entfernten Stadt einen Wirtschaftsboom. Heute leben in Voskopoja gerade einmal noch 1000 Menschen, die meisten christlichen Glaubens. Die in 1200 Meter Höhe liegende Gemeinde hat sich zur entspannten Sommerfrische entwickelt, die nicht nur Bewohner aus Korça gerne an Wochenenden aufsuchen.

Der Bunec-Strand ist nur einer von vielen tollen Beaches der Albanischen Riviera.

Süden und Albanische Riviera: Traumstrände und Welterbestätten

Der Einfluss des nahen Griechenlands ist im südlichen Albanien deutlich in der Kultur sichtbar; zugleich aber war diese Region am längsten von türkischen Truppen besetzt, so spielt also auch der Islam eine wichtige Rolle. Touristisch findet man hier viele Freizeit-, Natur- und Kultur-Highlights auf kleinem Raum: Traumstrände entlang der Riviera grenzen an bedeutende Naturschutzgebiete und an archäologische Highlights wie das unter UNESCO-Schutz stehende Butrint.

* Vlora

Die Stadt an der gleichnamigen Bucht erlebt einen Boom: Sie soll das Tor zur Albanischen Riviera werden, eine Marina für Luxusjachten, einen internationalen Flughafen bekommen. Eine schicke Meerespromenade hat sie bereits. Auswanderer aus Korinth gründeten Vlora im 6. Jahrhundert v. Chr.; sie erkannten bereits die großartige Lage dieser Bucht, die die Halbinsel Karaburun und das Inselchen Sazani vor Meeresturbulenzen schützte. In Vlora enden die Schwemmland-ebenen Mittelalbaniens und die Berge reichen wieder direkt an die Küste heran. An den Hängen staffeln sich Wohnanlagen und Appartement-blocks mit bestem Blick auf das türkis-blaue Meer und die gegenüberliegende Halbinsel Karaburun.

* Promenade und Strand

Vloras Promenade Rruga Çamëria leidet etwas unter dem Autoverkehr, den die durch die Stadt führende Schnellstraße SH8 mit sich bringt. Gesäumt vom breiten Sandband des »neuen Strandes« Plazhi i Ri und neu gepflanzter Palmen und Pinien ist sie dennoch einer der Treffpunkte für den abendlichen Xhiro. Unter der Ägide des belgischen Architekten Xaveer de Geyter haben sich einzelne Abschnitte in eine schicke »Waterfront« verwandelt, mit Ruhezonen, kleinen Parks und Stufen, die zum Meer führen und zum Sitzen einladen. Zum Flanieren empfiehlt sich ebenfalls die Fußgängerzone im historischen Stadtkern sowie der Uferpark südlich des Hafens.

** Muradie-Moschee

Erstaunlich, wie klein und zierlich diese bedeutende Moschee erscheint: Von hohen Wohnblöcken eingerahmt, wirkt sie wie eine Miniatur. 1542 zu Ehren von Sultan Murad II. errichtet, zeigt sie das charakteristische Wanddekor mit abwechselnd gesetzten Bändern aus Stein und Ziegel. Eine mit gewölbten Dachziegeln gedeckte Kuppel überwölbt den zwölfseitigen Zentralbau, das Bleistiftminarett reckt sich 18 Meter in den Himmel. Legenden besagen, die Moschee sei ein Werk des berühmtesten osmanischen

Die schöne Rruga Justin Godart hat sich mit ihren niedrigen Wohnhäusern aus dem 19. Jahrhundert erhalten.

Architekten jener Zeit, Sinan. Doch diese Zuordnung kann sich nicht auf zeitgenössische Quellen stützen. Im Inneren zeigt sich das Gotteshaus fast schmucklos; die ursprünglich aufgetragenen Fresken sind weitestgehend verschwunden.

** Rruga Justin Godart

Viel ist nicht geblieben von der Altstadt Vloras: Nur einige Reste der mittelalterlichen Stadtmauer und ein paar Häuschen zwischen sozialistischen Neubauten sind noch erkennbar. Wäre da nicht das bezaubernde, nach dem Lyoner Bürgermeister aus den 1920er-Jahren, Justin Godart, benannte Sträßchen, würde man historische Spuren vergebens suchen. In der früheren Hauptgasse der Altstadt restaurierte man Pflaster und Häuser in kräftigen Farben und rettete im letzten Moment ein Stück Geschichte. Mit ihren zahlreichen kleinen Läden und Cafés lädt sie zu einem reizvollen Bummel durch die ehemalige Altstadt, die sich allmählich wieder zur Attraktion wandelt. Nicht zuletzt durch das geplante Jüdische Museum (Muzeu Hebraik i Vlorës), das ab 2025 über das Schicksal der Juden in Vlora informieren wird.

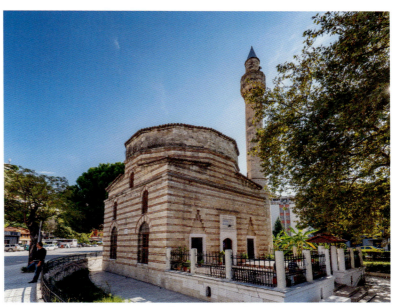

Die Muradie-Moschee stammt noch aus osmanischer Zeit.

* Fahnenplatz

Wo der einstige albanische Ministerpräsident Ismail Qemali (1844–1919) am 28. November 1912 in Vlora die Unabhängigkeit Albaniens vom Habsburger Reich ausrief, erinnern heute ein monumentales Denkmal und dahinter eine kleine Parkanlage mit dem Grab des Unabhängigkeitshelden an den verehrten Politiker. Noch monumentaler als das kämpferische Denkmal mit Qemali in der ersten Reihe erscheint der riesige Fahnenplatz (Sheshi i Flamurit), von dem die wichtigsten Straßen in die vier Himmelsrichtungen abgehen.

Vom Bunker zur Strandbar

1971 fällte der diktatorische Herrscher Enver Hoxha einen Beschluss, der das Land bis heute nachhaltig prägt: die Bunkerisierung (»bukerizimi«) Albaniens. Das Land sollte binnen weniger Jahre zwischen 1975 und 1983 mit rund 250 000 Bunkern vor Angriffen aus dem feindlichen Ausland geschützt werden – tatsächlich wurden es »nur« rund 170 000. In einer beispiellosen Kampagne zogen Militär und Freiwillige übers Land und legten Bunker an. In den schönsten Landschaften, neben den bedeutendsten archäologischen Stätten, an idyllischen Buchten und auf Friedhöfen wuchsen die Betonkuppeln der Bunker wie graue Pilze aus dem Boden.

Heute benötigt man sie nicht mehr und sie verfallen zunehmend. Oder aber sie werden kreativ genutzt wie der Bunker, den Marku am Skutarisee zum Tattoo-Studio umbaute. Marku war einer der Ersten, die erkannten, dass die Bunker auch einer anderen Nutzung dienen könnten. Seitdem sind viele verschiedene Varianten entstanden: von der Strandbar über den Viehstall, vom Museum bis zum Bed & Breakfast-Domizil. Hatten arme Albaner früher Bunker zerstört, um an das darin verbaute Metall zu kommen, sind die Anlagen heute Objekte architektonischer Studienprojekte.

Blick auf die Halbinsel Karaburun, die bei Sonnenuntergang fast mit dem Horizont verschmilzt.

** Zvërnec

Etwa 300 griechischstämmige Einwohner zählt das Dorf zwischen Narta-Lagune, Klosterinsel und den Spuren des antiken Thronion, der ersten Gründung korinthischer Siedler an der Bucht. Ein schöner Strand, ein paar Hotels und friedliche Stimmung sorgen für ein Kontrastprogramm zum oft trubeligen Vlora. Ein 200 Meter langer Holzsteg führt zum orthodoxen Kloster Mariä Himmelfahrt (Manastiri i Shën Mërisë) hinüber. Es liegt auf einer Insel und von ihm ist nur noch die im 13. Jahrhundert errichtete Marienkirche erhalten. Sehenswert im altehrwürdigen Gotteshaus, das allerdings mehrmals um-gebaut wurde, sind die kunstvoll geschnitzte Ikonostase und Reste der Fresken. Die dicht mit Zypressen bewachsene Insel lädt zu einer Rast im Schatten ein.

** Narta-Lagune

Achtung, Kameras gezückt! Die 45 Quadratkilometer große Lagune nördlich von Vlora zählt zu den besten Birding-Orten Albaniens. Hier im Mündungsgebiet der Vjosa, einer der letzten Wildflüsse Europas, bildete sich durch einen schmalen Sandstreifen ein zum Meer hin begrenztes Feuchtgebiet, das nur durch zwei Zugänge Frischwasser bekommt. Ein Teil der Lagune wird zur Salzgewinnung genutzt, der Rest für Fischerei und Muschelzucht. Aber die Lagune ist eben auch Heimat für viele Vögel oder wird als Zwischenstation auf dem Vogelzug angeflogen. Besonders Rosaflamingos und Krauskopfpelikane sind das Highlight vieler Vogelbeobachter. Daneben kann man auch Eisvögel, Blässhühner und Regenpfeifer sichten. Durch den geplanten Bau des Internationalen Flughafens von Vlora ist das Vogelparadies allerdings in seiner Existenz bedroht.

* Halbinsel Karaburun

Die etwa 4,5 Kilometer breite und 16 Kilometer lange Halbinsel, auch »Schwarzes Kap« genannt, trennt den

Ein Holzsteg führt zur dicht bewaldeten Insel Zvërnec ...

... auf der das wunderschöne orthodoxe Kloster Mariä Himmelfahrt wartet.

Süden der Vlora-Bucht vom offenen Meer. Lange Zeit militärisches Sperrgebiet, ist sie heute noch ein echter Geheimtipp und kaum besucht. Uralte Winterweidegebiete werden von Hirten aus Dukat genutzt, viel Flora und Fauna konnte sich hier ungestört entwickeln, darunter Macchia, Eichen, Wacholder und Mastixsträucher. Die kleinen Badebuchten an der Ostküste werden im Sommer von Ausflugsbooten angesteuert; eine Reihe von Karsthöhlen, darunter die imposante Shpella e Haxhi Aliut, zeigt Spuren früherer Besucher, die bis zurück in die Antike reichen. Zusammen mit der Insel Sazanh ist die Halbinsel als Meeresnationalpark unter Naturschutz gestellt.

Noch halten die Stützen des Kreuzgangs.

Albaniens Traumstrände

Wo liegt der schönste Strand im ganzen Land? Das ist natürlich Ansichtssache, aber die Albanische Riviera in der südlichen Landeshälfte gilt den meisten als der attraktivste Küstenstreifen des Landes. Und sie ist tatsächlich ein echter Geheimtipp, zählt sie doch (noch) zu den am wenigsten verbauten Küstenlandschaften des gesamten Mittelmeerraumes. 150 Küstenkilometer, unzählige einsame Buchten, im Hinterland romantische Bergdörfer und das ganze verbunden durch eine wunderschöne Küstenstraße – der Name Riviera könnte hier treffender nicht sein. Zwar werden auch hier bereits die ersten Luxus-Resorts gebaut, aber noch findet man sein individuelles Strandglück mit türkisem Meer, hellem Sand und einem gekühlten Bier in der Hand. Wie lange diese Ruhe (abgesehen vom Monat August) noch herrscht, ist ungewiss, besser ist es, man beeilt sich, um das Idyll anzutreffen.

Dhërmi
Sand, helle Kiesel und türkisblaues Meer – der Strand (im Bild links) unterhalb des alten Dorfes Dhërmi besitzt alle Attribute, die ihn zu einem Traumstrand machen – allerdings nicht im August. Dann fahren die Beachbar-Besitzer ihre Bluster hoch und beschallen den Strand mit Techno oder Balkanpop.

Kakome

Ob und wie diese paradiesische und für die Öffentlichkeit gesperrte Bucht (albanisch: Gjiri i Kakomesë, im Bild rechts oben) bei Saranda erreichbar ist, hängt von vielen Faktoren ab. Als Privatbesitz dürfen Normaltouristen sie nicht nutzen, allerdings wurde in manchen Jahren auch Eintritt erhoben und Liegen vermietet. Am angenehmsten ist die Fahrt mit dem Boot von Sarandë.

Gjipe

Die Sandsichel des Gjipe-Beach (im Bild rechts, Mitte) öffnet sich am Ausgang des gleichnamigen Canyons zwischen Saranda und Dhërmi zum Meer. Ein toller Anblick, aber nicht einfach zu erreichen. Vom Parkplatz sind es 25 Minuten zu Fuß bergab. Lohn der Mühe: Heller Sand, ein paar einfache Bars, Sonnenschirme und das tiefe Blau des Meeres!

Ksamil-Inseln

Je nach Zählung dümpeln drei oder vier Inseln im Meer vor dem gleichnamigen Badeort und nennen sich stolz »albanische Malediven« (im Bild rechts unten). Mediterran bewachsen und felsig sind sie insbesondere für Einsamkeitsuchende ein lohnendes Ziel. Die gegenüberliegenden Strände am Festland locken dafür mit jeder Menge Attraktionen wie Bars, Liegestuhlverleih und Wassersport.

Krorëz

Ohne Boot ist der Plazhi i Krorëzës zwischen Lukova und Saranda nicht zu erreichen. Deshalb zählt seine nahezu weiße, von schroffem Fels gerahmte Feinkiessichel zu den (noch) wenig besuchten Stränden Albaniens. Glasklares Wasser und der steil abfallende Grund machen den Strand zum Schnorchlerparadies.

Blick auf die Festung von Porto Palermo, die auf einer kleinen Halbinsel thront. Ihr Dach kann bestiegen werden.

** Dhërmi

Auch dieser inzwischen sehr beliebte Badeort zählt hauptsächlich Menschen griechischer Abstammung zu seinen knapp 2000 Bewohnern. Während moderne Hotelbauten die Küste säumen, krallt sich das alte Dorf in 200 Metern Höhe an die Flanke des Çika. Kopfsteingepflasterte Gassen winden sich vorbei an weiß getünchten Steinhäusern mit bunten Sommergärten, und an jeder Biegung stößt man auf eine der 30 orthodoxen Kirchen, die meisten ziemlich verfallen. Teilrenoviert und in blendendem Weiß erhebt sich das Marienkloster Manastirit të Shën Mërisë über dem Ort. Das Gotteshaus aus dem 13. Jahrhundert hütet im Inneren ein wahres Freskenfeuerwerk, allerdings nicht in bestem Zustand. Von oben eröffnet sich ein herrlicher Blick über die Küste des Ionischen Meeres und die berühmten Strände von Dhërmi.

** Himara

Himara entwickelte sich schon früh zum Badeort mit entsprechender Infrastruktur wie Hotels, Restaurants und Cafés, die die wirklich wunderschöne Sandbucht säumen. Historische Bauwerke fielen allerdings der touristischen Expansion zum Opfer. Einen Ausflug in die Geschichte bietet das in 180 Metern Höhe gelegene Festungsdorf Kalaja e Himarës. Besiedlungsspuren in und um die Festung führen zurück in die illyrische Epoche des 8. Jahrhunderts v. Chr. Rom und Byzanz bauten damals die Befestigungsanlage aus. Heute liegen große Teile in Ruinen, doch nach wie vor besitzt der »Kastro« (Himara ist wie die Nachbarorte eine griechische Siedlung) das Flair vergangener Epochen, als nicht der Badetourismus die Dörfer ernährte, sondern sich die Bewohner angesichts von Piraten und feindlicher Flotten nur auf den Anhöhen sicher fühlen konnten. Den weiten Blick bis nach Korfu haben sie sicherlich damals schon genossen, so wie es auch heutige Besucher tun, die den beschwerlichen Weg zur Kalaja auf sich nehmen. Generell ist Himara ein guter Standort, um von hier die albanische Riviera zu erkunden.

** Porto Palermo

Die weite Bucht südlich von Himara wirkt relativ unberührt, und das, obwohl sie zu den schönsten der Albanischen Riviera zählt. Der Grund: In der kommunistischen Ära diente sie als Marinebasis und war Sperrgebiet. Rücksichtslose Bauprojekte wie in anderen Badeorten waren hier nicht möglich. Bewacht wird die Bucht von einer Festung aus dem 19. Jahrhundert, deren Wurzeln aber mindestens in venezianischer wenn nicht in römischer Zeit liegen. Wie ein Rammbock mit drei Spitzen liegt sie auf einer vorgelagerten Insel, die durch einen Damm mit dem Festland verbunden ist. Ein 650 Meter langer Tunnel wurde 1969 in den Fels gesprengt, um Schnellbooten Unterschlupf zu bieten. Bis heute sind hier Schiffe des albanischen Zolls stationiert, die auf Schmuggler Jagd machen. Einen Blick auf die Anlage erlaubt der Aussichtspunkt an der Küstenstraße SH8 im nördlichen Buchtbereich.

Wunderschöne Strände prägen den Küstenabschnitt rund um Dhërmi.

Bunt und trubelig geht es an der Promenade von Himara zu.

Das Städtchen hat aber auch viele einsame Ecken.

Saranda: Die Bebauung lässt zu wünschen übrig, der Strand ist aber top.

Sozialistische Skulptur an der Uferpromenade von Saranda.

* Saranda

Saranda zwängt sich an eine wunderschöne Bucht, die hohen Berge hat die Stadt jedoch direkt im Rücken. Viel Platz blieb daher nicht für die Bebauung und so sieht die 20 000-Einwohner-Stadt auch aus: mit einer dicht an dicht gestellten »Skyline« von Hotels und Wohnblöcken, deren Architekturstil zwischen 1970er-Jahren und Postmoderne changiert. Doch in Sichtweite der griechischen Insel Korfu, zu der Fährverbindungen bestehen und es daher hier auch von Tagesausflüglern wimmelt, zählt anderes, nämlich die weite Strandbucht. Hauptsächlich wegen ihr führt der Badeort im Ranking der beliebtesten Ferienziele an der Albanischen Riviera, er gilt sogar als eine der wichtigsten Urlaubsdestinationen des Landes. Daneben ist Saranda ein guter Ausgangspunkt für Abstecher zu Kultur- und Naturhighlights in der Umgebung. So ist es z.B. nach Butrint, dem 15 Kilometer entfernten UNESCO-Weltkulturerbe, nicht weit.

** Kloster Mesopotam

Der Konvent im Dorf Mesopotam, 12 Kilometer von Saranda hält eine Überraschung bereit: Seine im 13. Jahrhundert erbaute Kirche gilt als größte orthodoxe Gebetsstätte Albaniens. Obwohl Südalbanien bereits im 14. Jahrhundert türkisch besetzt war, blieben die Menschen dem christlichen Glauben treu. Die ungewöhnliche Architektur mit zwei Apsiden lässt vermuten, dass das Gotteshaus sowohl von der orthodoxen als auch der katholischen Gemeinde genutzt wurde. Archäologische Untersuchungen brachten Mauerstrukturen aus dem 3. bis 4. Jahrhundert v. Chr. zutage. Die Kirche steht also entweder anstelle eines älteren (griechischen) Heiligtums oder wurde aus dessen Material errichtet. Erdbeben schädigten die Nikolauskirche wiederholt schwer, sodass von ihrem ursprünglichen Freskenschmuck leider kaum noch etwas erhalten ist.

** See Syri i Kalter

Eine Abzweigung an der Straße von Saranda nach Gjirokastër führt zu einem erstaunlichen Naturphänomen, dem »Blauen Auge«. Hier entspringt eine der kräftigsten Karstquellen des Landes an der Flanke des Gebirgszugs Mali i Gjerë und bildet einen bis zu 45 Meter tiefen See, dessen Farbe bei entsprechender Sonneneinstrahlung einem »Auge« ähnelt: Im Zentrum wirkt es dunkelblau wie die Iris, außen dann helltürkis. Der in einen Wald aus Tannen, Haselnuss- und Walnussbäumen gebettete See war der kommunistischen Nomenklatura vorbehalten; heute darf jeder das Farbenspiel des konstant 13 Grad kalten Wassers bewundern. Das Badeverbot wird von vielen ignoriert.

Der idyllisch gelegene, türkise Syri i Kalter wird von einem Quellbach gespeist.

Das Kloster Mesopotam gibt Fachleuten nachwievor Rätsel auf.

Das herrlich am Vivar-Kanal gelegene Butrint ist die am meisten besuchte archäologische Stätte Albaniens.

*** Butrint

Was für eine Lage! Südlich von Saranda bildet die parallel zur Küste nach Süden greifende Halbinsel Ksamil eine Art Binnenmeer, den Butrintsee, der nur über den schmalen Vivar-Kanal mit dem Ionischen Meer verbunden ist. Am südlichsten Ende der Halbinsel, am Kanal, gründeten Illyrer und Griechen eine Hügelsiedlung, deren Spuren bis ins 10. Jahrhundert v. Chr. zurückreichen. Teilweise wird sogar spekuliert, dass es sich bei Butrint um Homers Troia handle. Ihre größte Blüte erlebte die Stadt um das 4. Jahrhundert v. Chr., aus dieser Zeit stammen auch die meisten Bauten, z.B. die 850 Meter lange Stadtmauer. Bis zur Besetzung durch Venedig 1318 überstand Butrint diverse Eroberungen, sank aber von da an zu einem ein-

fachen Militärstützpunkt ab. Erste Ausgrabungen unternahm der Italiener Luigi Maria Ugolini ab 1928. Seit 1992 zählt Butrint zum UNESCO-Weltkulturerbe.

*** Amphitheater

Hauptplatz des hellenistischen Butrint war die Agora, an der wichtige Bauten der Stadt versammelt waren. Einer davon war das halbkreisförmige Theater (3. Jahrhundert v. Chr.), dessen aufsteigende Sitzreihen dem Vivar-Kanal zugewandt sind. Es fasste bis zu 2000 Zuschauer und zählt zu den am besten erhaltenen Bauten der antiken Metropole. Mit seinen zahlreichen Inschriften an den Wänden diente es gleichzeitig als eine Art städtisches Archiv. Aus der römischen Zeit entstammen die erhöhten Bühnenauf-

bauten, die den Blick auf die Landschaft dahinter versperrten, und die mit Fußbänken bequemer gestalteten Sitzreihen am Bühnenrand. Sie waren ursprünglich der römischen Prominenz vorbehalten.

** Asklepios-Heiligtum

Tempel, Säulenhalle und »Schatzhaus« neben dem Theater stammen aus dem 4. Jahrhundert v. Chr. und waren dem Gott der Heilkünste, Asklepios, geweiht. Wahrscheinlich beförderte dieses Heiligtum auch den Aufstieg Butrints, denn es zog Pilger und Heilung Suchende in die Stadt am Kanal von Vivar. Hinweise auf einen Asklepius-Kult wurden mehrere gefunden: Zahlreiche hier geborgene Münzen tragen das Symbol der Schlange und auch ein Marmorkopf

Noch sehr gut erhalten – das Amphitheater.

Auch viele Bauten der einstigen Stadt sind noch gut zu erkennen.

ist unzweifelhaft dem Gott der Heilkunst zuzuordnen.

** Löwentor

Eines der später noch genutzten sechs Tore der griechischen Festungsmauer aus dem 4. Jahrhundert v. Chr. verdankt seinen Namen dem Relief auf dem Torsturz: Ein Löwe reißt darauf einen Stier. Die Darstellung stammt allerdings aus dem fünften nachchristlichen Jahrhundert. Das Tor durchschreitend erreicht man über eine Treppe ein in den Fels geschlagenes, römisches Nymphäum, ein halbkreisförmiges Heiligtum für die Nymphen, die als Gutes wirkende Wassergeister verehrt wurden. Auffällig ist, wie schmal die Stadttore gehalten sind – so konnten nie mehrere Feinde gleichzeitig eindringen.

Bitte Kopf einziehen – das Löwentor ist eines der sechs antiken Stadttore.

Wo der Vivar-Kanal in den Butrint-See übergeht, überwacht eine venezianische Dreiecksburg das Geschehen.

1928 entdeckte der Archäologe Luigi Ugolini die Reste des Baptisteriums mit seinen einmalig schönen Mosaiken.

Ohne Dach, aber immer noch eindrucksvoll: die Basilika von Butrint.

*** Baptisterium

Neben hellenistischen und römischen Ruinen zeigt Butrint auch eindrucksvolle Monumente aus der Christenzeit. So war Butrint ab dem 4. Jahrhundert n. Chr. Bischofssitz, und etwa 200 Jahre später entstand der Baptisterium genannte Bau – ein Achteck mit einem in der Mitte eingelassenen Taufbecken. Praktisch denkend nutzte der Bauherr, wahrscheinlich der Bischof, die Wasseranlagen der römischen Therme nebenan zur Versorgung seiner Kultstätte. In zweifachem Kreis stehen je acht Granitsäulen um das Becken. Die nahezu unbeschädigten Mosaiken darin zählen zu den herausragenden Beispielen frühchristlicher Kunst, sind zu ihrem Schutz aber oft mit Sand bedeckt. Fische, Hirsche und Pfauen symbolisieren darin in 64 Medaillons die Unsterblichkeit der Seele; Reben aus Efeu und Wein umranken die anmutige Szenerie, die ausschließlich in Schwarz, Weiß und Rot gehalten ist.

* Basilika

Ebenfalls im 6. Jahrhundert erbaut, von den Venezianern umgestaltet und wahrscheinlich fast 1000 Jahre genutzt, ist die Basilika heute nur noch ein Gerippe aus Mauern, Säulen und Bögen. Die kostbaren Mosaiken, die früher den gesamten Fußboden schmückten, sind bis auf wenige Reste im Apsis-Bereich verschwunden.

* Festung

Unterhalb der Akropolis und am Ufer des Vivar-Kanals fällt der wuchtige zweistöckige venezianische Turm ins Auge: Im 16./17. Jahrhundert errichtet, kontrollierte er den Schiffsverkehr zwischen Butrint und dem Ionischen Meer. Ihm gegenüber sicherte die Kalaja trekëndore, die Dreiecksfestung, mit bis zu 200 Mann die Wasserstraße. Die Kontrolle von oben gewährte ab dem 13. Jahrhundert das fünfeckige venezianische Kastell auf der Akropolis mit Weitblick über Kanal und Meer bis nach Korfu.

Über den Kanal

Einen praktischen Grund, von der archäologischen Stätte Butrint über den Vivar-Kanal zu setzen, gibt es eigentlich nicht, es sei denn, man möchte die Fahrt auf diesem archaischen Gefährt ausprobieren. Der Ponton kann vier Fahrzeuge aufnehmen, dazu ein paar Fahrradfahrer und Fußgänger, und los geht's. Die Seilzugfähre hängt an Stahlseilen, die an beiden Ufern verankert sind, und wird durch die Strömung auf die andere Seite gezogen.

Naturparadies Ksamil-Inseln

Dass es vor Albaniens Küste nur knapp 20 Inseln gibt, ist erstaunlich. Schließlich misst die Küste insgesamt 476 Kilometer. Kroatien weiter nördlich zählt immerhin über 1000 Eilande. Vier der albanischen Inseln bilden den sogenannten Ksamil-Archipel. Er liegt vor dem gleichnamigen Badeort an der Albanischen Riviera. Wie weiß-grüne Tupfer erheben sich die vier Schwestern aus dem türkisen Meer, zwei in nur 60 bis 100 Metern Entfernung vom Ufer, die anderen beiden liegen mit 350 und 500 Metern etwas weiter draußen. Oft gelten letztere als ein zusammenhängendes Eiland, weil sie nur eine schmale Sandbank verbindet (siehe Bild rechts). Der Archipel gilt als eine der letzten Oasen an Albaniens Küste, die sich die typische mediterrane Vegetation bewahren konnten: Steineichen, Stechpalmen, Feldulmen, Myrte und Lorbeer bilden eine schier undurchdringliche Macchia. In den Gewässern gedeihen breitblättriges Seegras und Steckmuscheln; mit Glück lassen sich Große Tümmler und Delfine beobachten. Zwei der vier Inseln stehen unter Naturschutz. Gute Schwimmer können zumindest die näheren Inseln mit ihren weißen Kies- und Sandstränden ohne Probleme vom Festland erreichen; von Ksamil aus werden aber auch Bootstouren angeboten.

Markanter Blickpunkt der Zitadelle ist der Uhrturm.

Bergauf und bergab führen die Kopfsteinpflastergassen in Gjirokastra.

*** Gjirokastra

In dieser vielleicht am besten erhaltenen osmanischen Stadt Albaniens erblickten zwei berühmte albanische Persönlichkeiten das Licht der Welt: zum einen der gnadenlose Diktator Enver Hoxha im Jahr 1908 sowie 1936 der regimekritische Schriftsteller Ismail Kadare. In gewisser Weise stehen sie für die zwei Gesichter der Stadt, die sich auf den ersten Blick mit ihren Häuserreihen aus grauem Stein, atemberaubend übereinander gestaffelt an der Flanke des Mali i Gjerë (1789 m), harsch und verschlossen präsentiert. Um aber dann – ganz unverhofft – in den Gassen der Altstadt ihren ganzen orientalischen Charme zu entfalten. Gjirokastras Geschichte beginnt erstaunlicherweise erst um das 6. Jahrhundert, als der Bau einer Mauer nachgewiesen ist. Schriftlich erwähnt wurde der Ort erstmals im 14. Jahrhundert unter byzantinischer Herrschaft, um 1417 schließlich von Osmanen erobert zu werden und bis zu Beginn des 20. Jahrhunderts unter türkischer Oberhochheit zu bleiben. Zusammen mit Berat zählt Gjirokastra zum UNESCO-Weltkulturerbe.

*** Zitadelle

Albaniens größte Höhenburg Kalaja e Girokastrës bewacht die Stadt und das Flusstal des Drino aus luftigen 336 Metern Höhe. Ein steiler Aufstieg führt von der Altstadt zur Burg, die ab dem 6. Jahrhundert von vielen Herrschern ausgebaut und ab dem 19. Jahrhundert von Paschas, Königen und Diktatoren als Foltergefängnis missbraucht wurde. Ihrer militärischen Bedeutung entsprechend, sind in der Festung Waffen und Fahrzeuge ausgestellt, darunter eine amerikanische Lockheed T-33 Shooting Star, die 1957 in den albanischen Luftraum eindrang und zur Landung gezwungen wurde. Auch das Armeemuseum ist hier untergebracht. Der Innenhof dient als Veranstaltungsort für Festivals, und der Blick vom im 19. Jahrhundert errichteten Uhrturm ist sensationell.

*** Alter Basar Qafa e Pazarit

Das historische Marktzentrum von Gjirokastra erstreckt sich von der Kreuzung der Rruga Ismail Kadare und Rruga Alqi Kondi entlang der davon abzweigenden, bergauf und bergab führenden Gassen. Nach einem verheerenden Brand wurde es Ende des 19. Jahrhunderts in einheitlichem Stil wieder aufgebaut. Zwei- bis dreistöckige Häuser beherbergten Handwerksbetriebe und Läden. Von den traditionellen Gewerken ist kaum noch eines erhalten, aber Geschäfte und Cafés locken zum Stöbern und Entspannen bei einem Mokka. Sehenswert ist die einzige erhaltene der historischen Moscheen der Stadt, die Xhamia e Pazarit aus dem 17. Jahrhundert, an der Rruga Ismail Kadare.

* Haus von Ismail Kadare

Wie der Alte Basar wurde auch das Geburtshaus des Dichters an der Rruga Fatu Berberi aufwändig renoviert – in seinem Kern stammt es aus dem 18. Jahrhundert. Wer Kadares »Chronik in Stein« gelesen hat, wird einige Räume wiedererkennen. Der 1936 hier geborene Dichter beschreibt darin seine Kindheit in den Wirren des Zweiten Weltkriegs, als auch Gjirokastra schweren Bombardements ausgesetzt war. Leider wirkt die moderne Präsentation etwas seelenlos.

Auf den umliegenden Hügeln liegen Hunderte von schön erhaltenen Wehrturmhäusern.

Aufgrund seiner Höhe von rund 20 Metern hat man vom Zekate-Haus einen einmaligen Blick über das Tal.

*** Skënduli-Haus

Das 1823 erbaute, festungsartige Haus ist nicht nur ein hervorragendes Beispiel für die damalige Architektur und die Wohnkultur wohlhabender Familien. Sein Besitzer Nasip Skënduli führt persönlich durch das Anwesen und sorgt damit für ein ebenso unterhaltsames wie authentisches Besichtigungserlebnis. Familie Skënduli zählte im 19. Jahrhundert zu den reichsten Familien der Stadt, sie wurde aber unter dem kommunistischen Regime 1981 enteignet. Ende der 1990er-Jahre erhielt sie ihr Anwesen zurück und wandelte es schließlich in ein Hausmuseum um. Zu sehen sind unter anderem sechs Bäder, vier Hammams, zwölf Zimmer, ein Empfangssaal sowie eine Zisterne, eingerichtet, wie es in der Glanzzeit der Skëndulis üblich war.

** Ethnographisches Museum

Wenige Häuser weiter an der Rruga Hysen Hoxha wurde 1908 Enver Hoxha geboren. Sein Geburtshaus brannte allerdings ab und wurde in den 1960er-Jahren durch den Nachbau eines historischen Wohnhauses ersetzt. Das heute darin untergebrachte Ethnographische Museum zeigt Kunst, Kleidung, Schmuck, Geschirr und Einrichtungsgegenstände, die Hoxha in den benachbarten Familienburgen beschlagnahmen ließ. An den Diktator selbst erinnert hier heute nichts mehr.

** Haus der Polyphonie

Das private Museum in der Rruga Ismail Kadare widmet sich einer südalbanischen Tradition, die von der UNESCO 2008 zum Immateriellen Kulturerbe erklärt wurde, dem isopolyphonen Gesang. Fotos, Videos und Musikaufnahmen dokumentieren diesen traditionellen Gesangsstil,

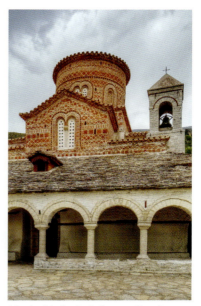

Marienkirche in Labova e Kryqit.

Im Skënduli-Haus: Da würde man doch gleich am liebsten Platz nehmen.

den vor allem Männer aufführen. Ein in der kommunistischen Ära gegrabener Tunnel gibt dafür einen idealen akustischen Rahmen.

** Zekate-Haus

Alleine von außen ist das Zekate-Haus sehenswert: Herrisch wacht es von einem Felsen aus über die Altstadt und das Tal. Das 1812 erbaute, festungsartige Anwesen flankieren zwei mächtige Türme, dazwischen eine von zwei hohen Bögen strukturierte Fassade. Im Inneren zeigt der Empfangsraum mit Fresken, kunstvoll geschnitzter Holzdecke und Fenstern aus venezianischem Glas den Reichtum der Bewohner. Auch hier führt ein Nachfahre der Erbauer durch das Museum.

** Labova e Kryqit

Das Dorf Labove e Kryqit südlich von Gjirokastra ist nahezu verlassen. Anziehungspunkt ist seine altehrwürdigen Kirche, die nicht nur zu den ältesten orthodoxen Gotteshäusern in Albanien zählt, sondern auch zu einem der anschaulichsten Beispiele byzantinischer Sakralarchitektur. Kaiser Justinian persönlich soll sie im 6. Jahrhundert gestiftet und mit einer Reliquie des Heiligen Kreuzes ausgestattet haben. Ihre heutige Bausubstanz reicht bis ins 10. Jahrhundert zurück und zeigt die charakteristischen Merkmale wie abwechselnde Lagen von Ziegel und Stein, eine zentrale Kuppel und eine säulengestützte Vorhalle. Bis zum Verbot religiöser Handlungen 1967 feierten die orthodoxen Christen hier jedes Jahr am 15. August Mariä Himmelfahrt mit einer Prozession, bei der die Reliquie von Dorf zu Dorf getragen wurde. 1989 verschwand das kostbare Stück, angeblich gestohlen von Enver Hoxhas Tochter.

Am Rand der Këlcyra-Schlucht haben sich viele Ausflugsrestaurants angesiedelt.

Natürliche Pools laden in der Lengarica-Schlucht zu einem Bad ein. Das Wasser gilt als sehr gesund.

*** Vjosa-Nationalpark

2023 war es endlich so weit: Nach einem mehr als zehn Jahre währenden Kampf von Anwohnern und Naturschützern verkündete Albanien die Einrichtung eines Nationalparks an der Vjosa (Vjosë), einem der letzten ungezähmten Wildflüsse Europas. Die Erklärung erfolgte buchstäblich in letzter Minute, denn der Wildfluss war lange Zeit durch den geplanten Bau von 46 Staudämmen bedroht. Mit dem »Parku Kombëtar i Lumit të Egër Vjosa«, Europas erstem Wildfluss-Nationalpark, ist die einmalige Schönheit der Vjosa strengstens geschützt. Über 260 Kilometer kann sich sich der Strom nun von den Schluchten des griechischen Pindos-Gebirges durch Albanien hinunter bis zu ihrem Mündungsdelta an der Adria frei durch die Landschaft winden. Am ganzen Fluss gibt es keine Uferbegradigung und keine Buhnen, keine Vertiefung, Ableitungen oder Staudämme. Die Natur, darunter Aal, Geier und Erdbeerbaum (s. S. 265) dankt es.

* Permët

In Permët trifft man auf ein grünes Landstädtchen mit altem Baumbestand und vielen schönen Parkanlagen rund um das Ufer der Vjosa. Am östlichen Zugangstor zum Nationalpark haben viele Outdoor-Unternehmen ihren Sitz, die ihre Gäste auf Kajaks, per Schlauchboot oder per Rad ins Abenteuerland der Vjosa führen. Auch an einfachen Unterkünften und Campingplätzen herrscht kein Mangel. Rund 20 Kilometer sind es von hier zur Këlcyra-Schlucht, in der die Vjosa zahlreiche Gumpen und Wasserfälle bildet. Auf der 13 Kilometer langen Strecke durch die bis zu 1000 Meter hohen Bergflanken verengt sich der Fluss und hüpft über Stromschnellen, um sich danach wieder im flachen, breiten Kiesbett auszudehnen. Karstquellen ergießen rauschende Wasserfälle über Felswände in den Fluss, wo Ausflugslokale mit romantischen Aussichtsterrassen die Besucher verpflegen.

** Lengarica-Schlucht

Auch die Zuflüsse der Vjosa sollen in absehbarer Zeit Teil des Nationalparks werden. Für das Flüsschen Langarica

Am besten nicht nach unten schauen – Hängebrücke in Çarshovë.

kommt diese Entscheidung aber womöglich zu spät, denn hier ist das, was an der Vjosa noch verhindert werden konnte, bereits passiert: Drei Wasserkraftwerke blockieren und leiten inzwischen ihren Lauf. Dennoch bietet die Schlucht der Langarica eines der eindrucksvollsten Naturschauspiele: Sie ist tief eingeschnitten, teils wenige Meter schmal, erfüllt vom Toben des Wassers nach der Schneeschmelze und fröhlich gluckernd im Sommer. Die hier tiefblaue Gumpen füllenden Thermalquellen helfen bei Magenbeschwerden und werden von Einheimischen rege genutzt. Dass der Canyon an einem historischen Handelsweg lag, belegt die zweibogige, osmanische Brücke Ura e Kadiut aus dem 18. Jahrhundert. Bei Niedrigwasser führt ein stellenweise im Flussbett verlaufender Wanderweg durch den Canyon.

** Çarshovë & Kanikol

Kurz nach Passieren der Grenze zu Albanien fängt die in Griechenland entspringende Vjosa an, zu mäandern – teils so heftig, dass einem bereits beim Blick auf die Landkarte schwindelig wird. Auf ihrem kurvenreichen Weg passiert sie aus der Zeit gefallene Städtchen wie Çarshovë, wo eine ziemlich marode Hängebrücke den Fluss überspannt. Ein paar Kehren weiter verschlingt sie sich bei Kanikol zu einem Hufeisen mit türkisgrünem Wasser und einem breiten Kiesstrand.

Einer der letzten Wild-flüsse Europas

Als Albaniens Premier Edi Rama am 15. März 2023 auf der Burg von Tepelenë die Gründung des Vjosa-Nationalparks erklärte, war dies der vorläufige Höhepunkt eines langen Kampfes um einen der letzten Wildflüsse Europas. Der Erfolg der Initiative ist auch dem Einsatz zweier prominenter Unterstützer zuzuschreiben: Dem Hollywood-Star Leonardo di Caprio und der Outdoor-Firma Patagonia. Warum gerade die Vjosa? Sie zählt zu den wenigen Flüssen auf dem Balkan, deren Wasserkraft noch nicht durch Sperren gebändigt wurde. Sie durchquert auf ihrem Weg Hochgebirge, durchbricht Schluchten, breitet sich in weiten Kiesebenen aus, deren Gemenge und Geröll sie in Richtung der Adria trägt und damit die Küste stabilisiert, und verzweigt sich an der Mündung zu einem Delta mit Lagunen, in denen Salz- auf Süßwasser trifft. Jeder geografische Raum bietet besonderen Tier- und Pflanzenarten Überlebensnischen. Insgesamt sind rund 1100 Tierarten entlang ihres Laufs verzeichnet – vom Aal bis zum Otter, von den bedrohten Pindus-Schmerlen bis zu Ohrid-Steinbeißern, zwei seltenen Süßwasserfischarten. Im Unterlauf säumen Eichen und Erdbeerbäume den Fluss, an seiner Mündung gründeln Krauskopfpelikane und Rosaflamingos. Ein wahres, schützenswertes Paradies also!

Die schönsten Reiserouten

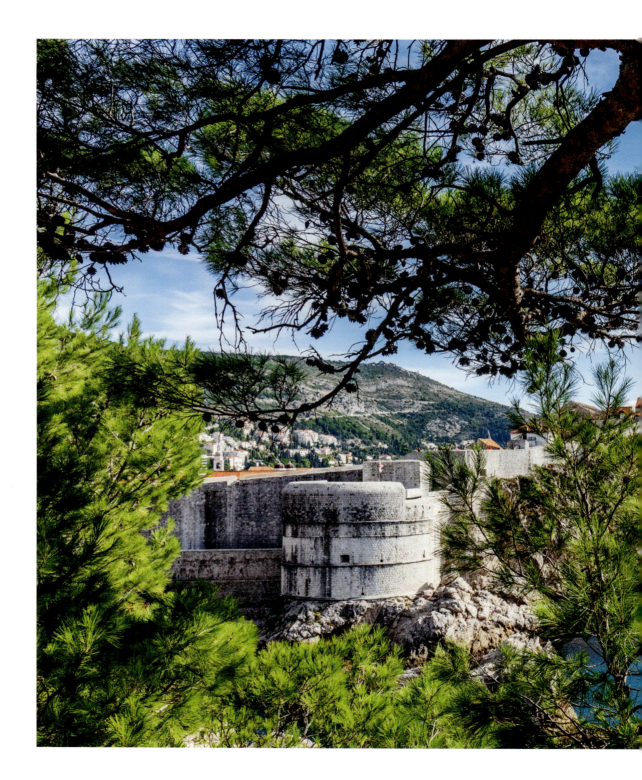

Rund 1300 Kilometer liegen zwischen Bled im nördlichen Slowenien und Saranda in Südalbanien; 1300 Kilometer, die durch imposante Hochgebirgslandschaften, entlang einer traumschönen Küste und vorbei an Städten voller Vergangenheit und quirligen Metropolen führen. Die hier folgenden sechs Routen erschließen die vielen Facetten des westlichen Balkans: Man trifft auf unberührte Natur, mondäne Badeorte, auf Nationalparks wie auf Kunstschätze venezianischer Prägung. Land und Leute lernt man dabei ebenso kennen wie kulinarische Spezialitäten der einzelnen Regionen (im Bild: Blick auf Dubrovnik, Kroatien).

Routenübersicht

Route 1: Von den Alpen bis an die Adria
Route 2: Auf der Jadranska Magistrala gen Süden
Route 3: Ins Land der Skipetaren
Route 4: Von himmelstürmenden Gipfeln bis in die Hauptstadt
Route 5: Im Zentrum Albaniens zwischen Lagunen und Klöstern
Route 6: Tief im Süden: Traumstrände und antike Stätten

Gebirgslandschaft
Felslandschaft
Schlucht/Canyon
Vulkan erloschen
Höhle
Gletscher
Flusslandschaft
Wasserfall/Stromschnelle
Seenlandschaft
Naturpark
Nationalpark (Landschaft)
Nationalpark (Flora)
Nationalpark (Fauna)
Biosphärenreservat
Wildreservat
Zoo/Safaripark
Küstenlandschaft
Strand
Insel

Vor- und Frühgeschichte
Prähistorische Felsbilder
Griechische Antike
Römische Antike
Christliche Kulturstätte
Kulturlandschaft
Historisches Stadtbild
Burg/Festung/Wehranlage
Burgruine
Palast/Schloss
Technisches/industr. Monument
Staumauer
Sehenswerter Leuchtturm
Herausragende Brücke
Grabmal
Kriegsschauplatz/Schlachtfelder
Denkmal
Mahnmal
Spiegel- und Radioteleskop
Weinanbaugebiet
Markt/Basar
Feste und Festivals
Museum
Theater
Weltausstellung
Olympische Spiele

Skigebiet
Segeln
Tauchen
Windsurfen
Kanu/Rafting
Seehafen
Badeort
Mineralbad/Therme
Freizeitpark
Spielkasino

Die Brücke Stari Most in Mostar hat eine große symbolische Bedeutung.

Fast schon alpenländisch mutet die Kulisse von Bled mit dem Bleder See und der Marienkirche in seiner Mitte an.

Von den Alpen bis an die Adria

Etwas mehr als 500 Routenkilometer liegen zwischen den Gipfeln der Julischen Alpen in Slowenien und dem »schönsten Sonnenuntergang der Welt«, von dem Alfred Hitchcock nach seinem Besuch in Zadar an der kroatischen Adria schwärmte. Dazwischen locken Höhlenabenteuer, nostalgische Badeorte, ein Feenreich aus Farn und Wasser und natürlich die türkisfarbene Adria.

Bilderbuchkulisse im slowenischen Bled: Eine Burg hoch über dem Bleder See, ein Inselchen mit Kirche und die Gebirgswand der Julischen Alpen begeistern gleich zum Start. Schöne Wanderungen lassen sich unternehmen, oder man mietet ein Ruderboot, legt an der Insel an und läutet die Wunschglocke. Die verspielte Architektur des genialen Jože Plečnik, eine lebhafte Altstadt voller Kneipen und Studenten und das bezaubernde Flüsschen Ljubljanica prägen die slowenische Hauptstadt Ljubljana. Die Köstlichkeiten der slowenischen Küche servieren hier gleich mehrere mit Michelin-Stern ausgezeichnete Res-

taurants. In Postojna geht's per Höhlenzug ins märchenhafte Reich der »Adelsberger Grotte«, die bereits zu K.-u.-k.-Zeiten ein Hit war, während die nahe gelegene Höhlenburg Predjama alle Träume von Raubritterromantik erfüllt. Wilde Höhlennatur – dafür stehen auch die Höhlen von Škocjan: Rauschend strömt der Fluss Pivka durch die Finsternis des Höhlen-Canyons. Weiter geht's in Richtung Küste, aber sind wir jetzt in Österreich? Das kroatische Opatija könnte mit seinen verspielten Villen und Hotels in Habsburger Gelb und der Franz-Joseph-Promenade, die ins 12 Kilometer entfernte Lovran führt, durchaus als

Filmkulisse für Sisi-Filme durchgehen. Die Nachbarstadt Rijeka hingegen zeigt sich jung und geschäftig mit Hafen, Altstadt und dem Kneipenviertel Trsat. Ein Tag am Meer, ob hier oder in Opatija, dann geht's ins Landesinnere zu den Plitvicer Seen: Hier heißt es früh aufbrechen, damit man die einzigartige Schönheit aus Seen, Kaskaden und Wasserfällen möglichst für sich hat. Stege, Brücken und Wanderwege erschließen eine Märchenlandschaft. Über das schroffe Velebit-Massiv führt die Route schließlich zurück an die Küste und in die Hafenstadt Zadar mit ihrer berühmten Meeresorgel.

Plitvicer Seen Der Nationalpark mit seinen Wasserfällen gehört zum Höhepunkt jeder Kroatienreise.

Rijeka Das schmucke Nationaltheater stammt noch aus Habsburger K.-u.-k.-Zeiten.

Opatija Das legendäre Hotel Kvarner (1884) in Opatija ist eines der ältesten Hotels an der Ostadria.

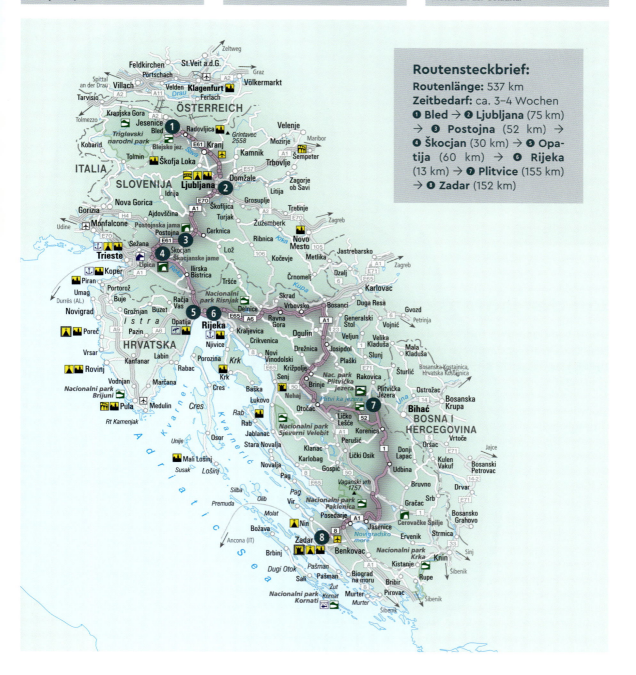

Routensteckbrief:

Routenlänge: 537 km
Zeitbedarf: ca. 3–4 Wochen
❶ **Bled** → ❷ **Ljubljana** (75 km) → ❸ **Postojna** (52 km) → ❹ **Škocjan** (30 km) → ❺ **Opatija** (60 km) → ❻ **Rijeka** (13 km) → ❼ **Plitvice** (155 km) → ❽ **Zadar** (152 km)

Der versteckte Pasjača-Strand an der Riviera von Dubrovnik ist nur über lange und steile Treppen erreichbar.

Auf der Jadranska Magistrala gen Süden

Diese sonnige Fahrt führt an der dalmatinischen Küste entlang und berührt dabei gleich vier UNESCO-Welterbestätten: die Kathedrale St. Jakob in Šibenik, die Altstadt von Trogir, den Diokletianpalast in Split und den historischen Kern von Dubrovnik.

Studenten prägen das Bild der alten Universitätsstadt Zadar. Für Kunstinteressierte hat die malerische Altstadt auf der schmalen Landzunge aus allen Epochen etwas zu bieten: das römische Forum, die byzantinische Kirche St. Donatus, venezianische Stadtmauern und Paläste sowie eine faszinierende Meeresorgel. Vor allem Bootsbesitzern ist Biograd na Moru ein Begriff, bietet der Hafen doch fast 1000 Anlegeplätze. Den Vraner See (Vransko jezero), Kroatiens größten Binnensee, trennt nur ein schmaler Landstreifen vom Meer. Wegen seiner biologischen Vielfalt ist er heute ein geschützter Naturpark. Die Altstadt von Šibenik liegt an der Mündung der Krka und gilt als Meisterwerk der Städtebaukunst: Da sind die Stadtloggia, der Bischofspalast, das Franziskanerkloster, der Rektorenpalast, die Festung St. Michael und vor allem die Kathedrale des hl. Jakob, von der UNESCO zum Weltkulturerbe deklariert. Primošten befand sich früher auf einer kleinen Insel, nur durch eine Zugbrücke mit dem Festland verbunden. Später baute man einen Damm, über den man noch heute bequem in das Städtchen gelangt. Das historische Zentrum von Trogir gehört seit 1997 zum UNESCO-Weltkulturerbe. Ein Schmuckstück ist die Kathedrale St. Laurentius mit ihrem reich skulptierten Portal. Eine UNESCO-Welterbestätte besitzt auch Split: den Diokletianpalast, der die Keimzelle der Stadt bildete. Beim früheren Piratennest Omiš hat die Cetina einen tiefen Canyon in die Berge geschnitten. Die Felsen sind ein Eldorado für Kletterer. Makarska ist der Hauptort der gleichnamigen Riviera mit ihren schönen Stränden. Auf dem Zugang zur Halbinsel Peljesač liegt Ston, das aus den Ortsteilen Veliki Ston und Mali Ston besteht. Zwischen ihnen verläuft die längste Schutzmauer Europas. Dubrovnik, »die Perle der Adria«, hat sich zum Touristenmagnet entwickelt. Die Altstadt mit ihren glänzenden Pflastersteinen, der trutzigen Mauer und den engen Gassen ist wunderschön.

Šibenik Die Kathedrale des hl. Jakob in Šibenik mit ihrem ungewöhnlichen Fries aus 71 Köpfen, ein Meisterwerk der Architekten Juraj Dalmatinac und Nikola Firentinac, ist UNESCO-Weltkulturerbe.

Primošten Das wunderschöne Primošten ist berühmt für seine auf einer Halbinsel gelegene Altstadt, deren höchsten Punkt die Kirche St. Georg markiert. Hinauf gelangt man durch enge, gewundene Gassen, vorbei an traditionellen, mit Blumen geschmückten Steinhäusern.

Routensteckbrief:

Routenlänge: ca. 399 km
Zeitbedarf: ca. 2–3 Wochen
❶ Zadar 30 km → ❷ Biograd na Moru 9 km → ❸ Vraner See (Vransko jezero) 44 km → ❹ Šibenik 29 km → ❺ Primošten 33 km → ❻ Trogir 27 km → ❼ Split 25 km → ❽ Omiš 39 km → ❾ Makarska 109 km → ❿ Ston 54 km → ⓫ Dubrovnik

Split Splits größter Besuchermagnet ist das Altstadtviertel, dessen Keimzelle der antike Diokletianpalast bildete. Außerhalb der Palastmauern lädt die Riva, die palmengesäumte Uferpromenade, zum Flanieren bei Sonnenuntergang oder einem Cocktail am Wasser ein.

Dubrovnik Den schönsten Blick über Dubrovniks ziegelrotes Dächermeer genießt man bei einem Spaziergang auf den Stadtmauern.

Wunderschöne Strände und eine hübsche Altstadt – damit punktet Ulcinj in Montenegro.

Ins Land der Skipetaren

Von Dubrovnik, der Königin der Adria, geht's an der Küste entlang durch Montenegro, vorbei an der reizvollen Bucht von Kotor und ihren orthodoxen Kirchen, der uralten Hauptstadt Stari Bar und dem lebhaften Badeort Ulcinj. Dann geht's über die albanische Grenze und für viele erst mal in ein unbekanntes Terrain. Es folgt ein Abstecher zum Skutarisee, in Lezhë trifft man allerorten auf den Widerstandshelden Skanderbeg, während Durrës in die römische und griechische Geschichte entführt. Reichlich idyllische Strände locken auf der gesamten Fahrt.

Bis zur albanischen Grenze verläuft die Route am Meer oder in Meeresnähe – die Badesachen sollten also griffbereit sein! Ein letzter Blick zurück auf Dubrovnik, dann geht's auf der Jadranska Magistrala stetig nach Süden. Ein bisschen Wartezeit sollte man einkalkulieren beim Passieren der EU-Außengrenze von Kroatien nach Montenegro, dann ist die Bucht von Kotor mit ihrer eindrucksvollen Bergkulisse erreicht. Ein erster Stop zum Baden und Übernachten empfiehlt sich im venezianischen Perast

oder wenige Kilometer weiter in Kotor mit seiner lebhaften Altstadt. Ein historischer Kern schmückt auch Budva, und auch hier locken fantastische Strände und glasklares Meer. Die Promis des Balkans (und Russlands) vergnügen sich auf der wirklich bezaubernden, aber sehr elitären Hotelinsel Sv. Stefan, während das nahe Bar auf »normalen« Badetourismus setzt. Wer hier übernachtet, kommt nicht nur in den Genuss von attraktiven Stränden, sondern kann auch einen Abstecher nach Stari Bar unternehmen, ein ver-

gessen geglaubtes, dörfliches Idyll. Kilometerlange Sandstrände machen in Ulcinj den Abschied von Montenegro schwer, doch der Skutarisee landeinwärts wartet schon. Schilf statt Sand, Reiher statt Möwen – der See und die Restaurants von Shkodra begeistern. Lezha am Rande einer Lagunenlandschaft erlaubt einen Blick auf albanischen Alltag und auf das Mausoleum seines größten Helden Skanderbeg. In Durrës wieder an der Adria angekommen, trifft man auf eine Großstadt mit einem reichen archäologischen Erbe.

Perast Das schmucke Städtchen liegt eindrucksvoll an der Bucht von Kotor. Im Hintergrund türmen sich die Berge.

Budva Die Altstadt von Budva ist geradezu prädestiniert, um ausgiebig bummeln zu gehen.

Lezha Einmal emporgeklommen, genießt man von der Zitadelle einen fantastischen Blick aufs Meer.

Routensteckbrief:

Routenlänge: ca. 331 km

Zeitbedarf: ca. 2–3 Wochen

❶ **Dubrovnik** → ❷ **Perast** (80 km) →
❸ **Kotor** (12 km) → ❹ **Budva** (23 km) →
❺ **Sv. Stefan** (10 km) → ❻ **Bar** (30 km) →
❼ **Ulcinj** (27 km) → ❽ **Shkodra** (42 km) →
❾ **Lezha** (38 km) → ❿ **Durrës** (69 km)

Für viele ein noch völlig unbekanntes Gewässer: Der riesige Skutarisee gehört zu Montenegro und Albanien.

Von himmelstürmenden Gipfeln bis in die Hauptstadt

Die Route ab Shkodra schlägt einen Haken in die herrlich wilde Natur der Albanischen Alpen, bevor sie sich zurück westwärts zur albanischen Hauptstadt Tirana wendet. Kühne Serpentinenstraßen, von 2000er-Gipfeln umstandene Täler, Blutrachetürme und abgeschiedene Dörfer liegen auf dem Weg. Zum Abschluss präsentiert sich die albanische Hauptstadt Tirana mit vielen Museen, Kneipen und urbanem Flair.

Bevor man Shkodra und den vogelreichen Skutarisee verlässt, empfiehlt sich ein Bootsausflug zur Vogelbeobachtung. Auch Abstecher in die hübschen Uferorte wie Shirokë oder Zogaj lohnen sich, um eine Spezialität der Region zu verkosten: tavë krapi, Karpfen mit Tomaten und Zwiebeln. Dann verlässt die Route das sumpfige Flachland, um tief in die Bergwelt einzudringen. Das Dorf Theth liegt in einem von hohen Felsgipfeln begrenzten Tal im Theth-Nationalpark, der mit zahllosen Wandermöglichkeiten begeistert, darunter auch dem berühmten

»Peaks of the Balkans«. Selbst einen Blutracheturm nennt das Dorf sein Eigen – im Falle einer Fehde finden die betroffenen Familien darin Schutz. Zurück in Shkodra wählt man nun eine andere Route in das entlegene Tal des Valbona-Nationalparks, und zwar geht es mit der Fähre über den Koman-Stausee – eine ebenso aussichtsreiche wie abenteuerliche Fahrt. Nur der 2694 Meter hohe Bergklotz Maja e Jezercës trennt Theth vom Tal von Valbona und macht diesen Umweg erforderlich. Auch Valbona begeistert mit Gipfelkulisse, traditioneller Archi-

tektur und vielen Wandermöglichkeiten. Eine lange Fahrt liegt zwischen Valbona und Tirana, da kommt ein Zwischenstopp in Kruja gerade recht. Neben der mächtigen Zitadelle lockt der Basar mit orientalischem Flair. Tirana zeigt das moderne Albanien mit Street Art, Museen und dem ehemaligen abgeriegelten Stadtteil der Politprominez, Blloku. Unter den vielen Restaurants empfiehlt sich das Mullixhiu des Starkochs Bledar Kola, albanische Nouvelle Cuisine! Eine Seilbahn bringt Ausflügler auf den Hausberg Dajti.

Theth Vor Kurzem noch völlig einsam, wird das Gebirgstal rund um Teth heute von vielen Touristen besucht.

Valbona-Nationalpark Der Nationalpark ist einer der landschaftlichen Höhepunkte Nordalbaniens.

Tirana Auf den ersten Blick unattraktiv, bietet die Hauptstadt des Landes viel urbane Abwechslung.

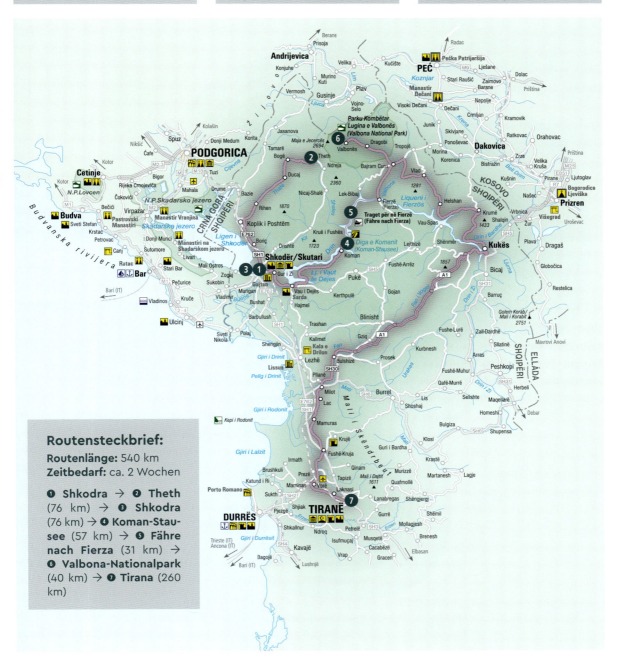

Routensteckbrief:

Routenlänge: 540 km
Zeitbedarf: ca. 2 Wochen

❶ **Shkodra** → ❷ **Theth** (76 km) → ❸ **Shkodra** (76 km) → ❹ **Koman-Stau-see** (57 km) → ❺ **Fähre nach Fierza** (31 km) → ❻ **Valbona-Nationalpark** (40 km) → ❼ **Tirana** (260 km)

Am Ohridsee kann man eine Stippvisite nach Nordmazedonien zum Kloster Sv. Jovan Kaneo einlegen.

Im Zentrum Albaniens zwischen Lagunen und Klöstern

Zentralalbaniens Highlights versammeln sich auf dieser Rundtour, die von den Lagunen und Stränden an der Adria zu den albanischen Küsten der beiden großen Seen im Osten, Ohrid und Prespa, führt. Städtebaulicher Höhepunkt der Route ist das von der UNESCO geadelte Gjirokastra, die »Stadt der tausend Fenster«. Auch Naturliebhaber kommen nicht zu kurz, denn Lagune und Seen sind die Heimat seltener Vögel wie dem Krauskopfpelikan.

Erster Stopp nach Tirana ist das Vogelreich der Lagune von Karavasta und ihr Nationalpark. Auch beim nächsten Halt können sich Naturliebhaber noch einmal an gefiederten Schönheiten sattsehen: Krauskopfpelikane schätzen die Narta-Lagune, hier ergänzt durch eine Flamingo-Kolonie und das bunte Aufblitzen von Eisvögeln im Sturzflug. Aber auch die Bedrohung dieser Oasen wird deutlich – Investoren bauen nicht weit entfernt einen internationalen Flughafen. Orthodoxe Schätze birgt das Kloster Zvërnëc auf seinem vorgelagerten Inselchen in Form einer kunstvollen Ikonostase, dann geht's nach Vlora: Eine tolle Promenade und eine Marina für Luxusjachten machen hier von sich reden. Landeinwärts und teils entlang des Wildflusses Vjosa, dessen Unterlauf zum Nationalpark erklärt wurde, steuert die Route nun Gjirokastra an. Steil führen die Gassen der Altstadt bergan zur Zitadelle. In den Basargassen gibt's buntes Kunsthandwerk, mehrere historische Turmhäuser einflussreicher Familien empfangen in Form von Museen Besucher. Einen hübsch restaurierten alten Basar, Moscheen und entspanntes Flair hat auch Korça zu bieten und dazu ein phänomenales Ikonen-Museum. Von hier ist es nicht mehr weit an den Prespa- sowie Ohrid-See mit dem sympathischen Hafenort Lin und einem Mini-Nationalpark bei Drilon. Als Sensationsfunde gelten die Mosaiken einer byzantinischen Basilika und die illyrischen Königsgräber in der Umgebung. Letztes Ziel ist Elbasan, dessen Altstadt in den Mauern eines römischen Kastells Platz gefunden hat. Durch das ehemalige Scampis führte die Via Egnatia. Endpunkt der Tour ist Tirana.

Kloster Zvërnec Ein pittoresker Holzsteg führt über die spiegelglatte Narta-Lagune zur Klosterinsel.

Elbasan Das Basartor ist römischen Ursprungs und Eingangsportal zur hübschen Altstadt.

Korça Das Basarviertel von Korça lädt zu ausgiebigen Shoppingtouren ein. Besonders viel los ist am Freiheitsplatz.

Routensteckbrief:

Routenlänge: ca. 690 km
Zeitbedarf: ca. 2–3 Wochen

❶ Tirana → ❷ Divjaka mit Karavasta-Lagune (87 km) → ❸ Narta-Lagune/Kloster Zvërnec (97 km) → ❹ Vlora (10 km) → ❺ Gjirokastra (130 km) → ❻ Korça (200 km) → ❼ Drillon (42 km) → ❽ Lin (25 km) → ❾ Elbasan (65 km) → ❿ Tirana (40 km)

Der Gjipe-Beach ist nur einer von vielen Traumstränden im Süden Albaniens.

Tief im Süden: Traumstrände und antike Stätten

Im Süden von Albanien fällt die Entscheidung besonders schwer: Lieber an den Strand, zum Basarbummel oder antike Ruinen erkunden? Wer sich eine Woche oder besser noch mehr Zeit nimmt, kann alle Highlights miteinander verbinden. Nach einem Inlandsschlenker zu von der UNESCO gekrönten Stätten wie Berat, Gjirokastra und Butrint steht dem Badevergnügen an der Albanischen Riviera nichts mehr im Wege.

Start- und Zielpunkt ist der Badeort Vlora, dessen Altstadtkern man suchen muss – die Stadt gibt sich gerne modern. Aber in der pastellbunten Gasse Rruga Justin Godart blitzt noch etwas vom historischen Erbe auf. Die nahe Ausgrabungsstätte Apollonia glänzt mit einer gut erhaltenen Stoa, einem Wandelgang. Weiter geht's in die weiße Stadt Berat, die den Denkmalschutz schon früh ernst nahm. Die traditionelle Architektur ihrer Altstadtviertel ist wunderbar erhalten; Läden und Cafés im Basar erwecken Bilder vom Orient. Abends treffen sich Familien und Freunde zum Xhiro am Fluss. Ähnliches Bild in Gjirokastra: Weiße, hinter- und übereinander gestaffelte Häuser, orientalisches Flair, dazu mehrere Turmhäuser, Anwesen wohlhabender Familien, die im traditionellen Stil als Museen eingerichtet sind. Zurück an der Küste wartet eine außergewöhnliche archäologische Stätte, auch sie ist UNESCO-Weltkulturerbe. Butrint, seit dem 10. Jahrhundert v. Chr. von Illyrern und Griechen besiedelt, besitzt eine außergewöhnliche Lage auf einer von Lagune und Kanal umflossenen Halbinsel. Ein hervorragend erhaltenes Amphitheater und das dem Gott der Heilkunst geweihte Heiligtum sind die Hauptattraktionen. Nun aber endlich ans Meer: Ob man Saranda oder Himara als Standort wählt, bleibt dem persönlichen Geschmack überlassen. Endlose Strände, Liegestuhlverleih, Beach-Bars und Restaurants finden sich hier wie da. Einen Ausflug zum Gjipe-Strand sollte man auf jeden Fall unternehmen – nach einer halbstündigen Schluchtwanderung erfreut die Sandbucht mit kristallklarem Meer. Dann geht's wieder zurück nach Vlora.

Apollonia Noch einiges ist in Apollonia von den Römern erhalten, so u.a. das Buleuterion, das einstige Rathaus.

Gjirokastra Trutzig und stattlich zugleich: Gjirokastra mit seinen Turmhäusern ist ein wichtiges kulturelles Zentrum.

Vlora Viel ist in Vlora an historischer Substanz nicht erhalten, nur die Rruga Justin Godart zeigt sich schmuck wie einst.

Routensteckbrief:

Routenlänge: ca. 380 km
Zeitbedarf: ca. 10 Tage

❶ Vlora → ❷ Apollonia (37 km) → ❸ Berat → (77 km) → ❹ Gjirokastra (42 km) → ❺ Butrint National Park (70 km) → ❻ Saranda (15 km) → ❼ Himara (52 km) → ❽ Gjipe-Strand (15 km) → ❾ Vlora (70 km)

Reiseatlas von Slowenien bis Albanien

Die Straßen in Slowenien und Kroatien sind gut ausgebaut, je weiter man jedoch in den Süden vorstößt, desto abenteuerlicher wird es, insbesondere wenn man sich in ländlichen Gegenden aufhält. Von Eseln auf der Fahrbahn, schlecht markierten Baustellen bis zu Schlaglöchern reicht das Spektrum. Wer achtgibt, kann sich aber auch als Individualreisender gut fortbewegen. Der folgende Reiseatlas im Maßstab 1:800 000 hilft bei der Planung und markiert alle wichtigen Sehenswürdigkeiten (im Bild: Landstraße an der Albanischen Riviera).

ZEICHENERKLÄRUNG

Autobahn (im Bau)

Autobahn gebührenpflichtig (im Bau)

4- oder mehrspurige Schnellstraße (im Bau)

Fernstraße/Nationalstraße (im Bau)

Fernstraße im Tunnel

Wichtige Hauptstraße (im Bau)

Hauptstraße (im Bau)

Nebenstraße mit Mautstelle

Straße gesperrt

Pass · Steigung

Touristenstraße
Route des Crêtes

Autobahn-Anschlussstelle

Sonstige Anschlussstelle

Entfernung an Autobahnen in km

Entfernung an Straßen in km

Straße für Wohnwagen ungeeignet · gesperrt

Europastraßen-Nr.

Autobahn-Nr.

Bundes-Nationalstraßen-Nr.

Internationaler Flughafen mit IATA Code

Nationaler Flughafen mit IATA Code

Regionaler Flughafen

Bahnlinie

Autoverlad per Bahn

Autofähre

Staatsgrenze

Provinzgrenze

Zeitzonengrenze

Nationalpark

Naturpark

Berlin Hauptstadt eines souveränen Staates

Schwerin Hauptstadt eines Bundesstaates

GENÈVE Sehenswerter Ort

BESONDERE SEHENSWÜRDIGKEITEN

Herausragende Naturlandschaften und Naturmonumente

- UNESCO-Weltnaturerbe
- Gebirgslandschaft
- Felslandschaft
- Wüsten-, Dünenlandschaft
- Seenlandschaft
- Küstenlandschaft
- Flusslandschaft
- Schlucht/Canyon
- Depression
- Gletscher
- Vulkan, erloschen
- Vulkan, aktiv
- Geysir
- Wasserfall/Stromschnelle
- Höhle
- Fossilienstätte
- Nationalpark (Landschaft)
- Nationalpark (Flora)
- Nationalpark (Fauna)
- Nationalpark (Kultur)
- Biosphärenreservat, Waldgebiet
- Naturpark
- Botanischer Garten
- Schmetterlingsfarm
- Zoo/Safaripark
- Vogelschutzgebiet
- Wildreservat
- Schutzgebiet Seehunde
- Insel
- Strand
- Unterwasserreservat
- Quelle

Herausragende Metropolen Kulturmonumente & -veranstaltungen

- UNESCO-Weltkulturerbe
- Vor- und Frühgeschichte
- Römische Antike
- Wikinger
- Keltische Geschichte
- Prähistorische Felsenbilder
- Kirche/Kloster allgemein
- Kirchen-, Klosterruine
- Romanische Kirche
- Gotische Kirche
- Renaissance Kirche
- Barocke Kirche
- Byzantinisch/orthodoxe Kirche
- Islamische Kulturstätte
- Moschee
- Synagoge
- Kulturlandschaft
- Historisches Stadtbild
- Burg/Festung/Wehranlage
- Burgruine
- Palast/Schloss
- Technisches/industrielles Monument
- Spiegel- Radioteleskop
- Staumauer
- Bergwerk geschlossen
- Sehenswerter Leuchtturm
- Windmühle
- Wassermühle
- Herausragende Brücke
- Kriegsschauplatz/Schlachtfeld
- Grabmal
- Denkmal

- Mahnmal
- Sehenswerter Turm
- Herausragendes Gebäude
- Freilichtmuseum
- Markt/Basar
- Feste und Festivals
- Theater
- Weltausstellung

Berühmte Reiserouten

- Autoroute
- Hochgeschwindigkeitszug
- Bahnstrecke
- Schiffsroute

Sport- und Freizeitziele

- Hafen
- Arena/Stadion
- Rennstrecke
- Golf
- Pferdesport
- Skigebiet
- Windsurfen
- Wellenreiten
- Segeln
- Badeort
- Kanu/Rafting
- Freizeitbad
- Hallenbad
- Mineralbad/Therme
- Freizeitpark
- Spielcasino
- Aussichtspunkt
- Wandern/Wandergebiet

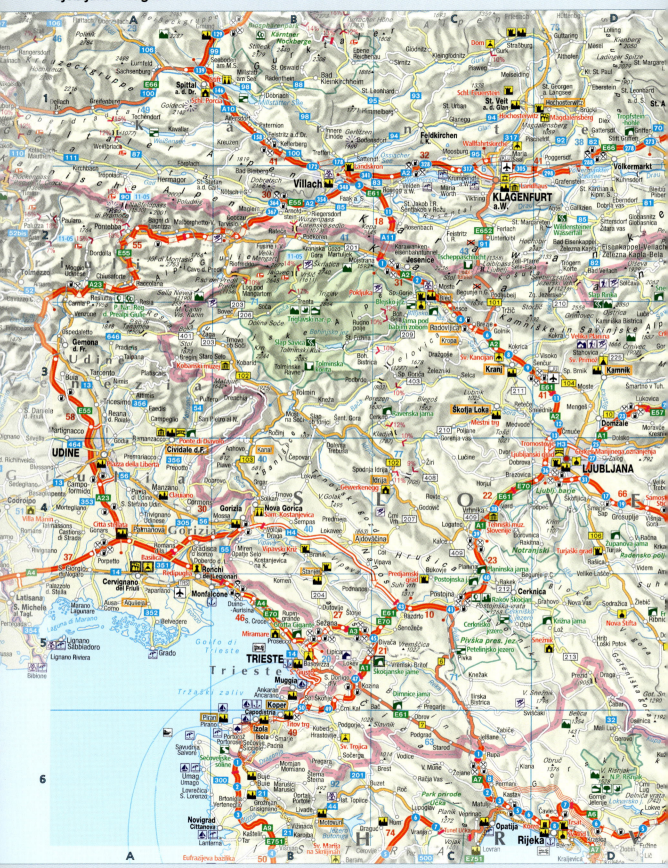

Maßstab 1:800 000

0   10   20 Kilometer

0   10 Miles

Maßstab 1:800 000

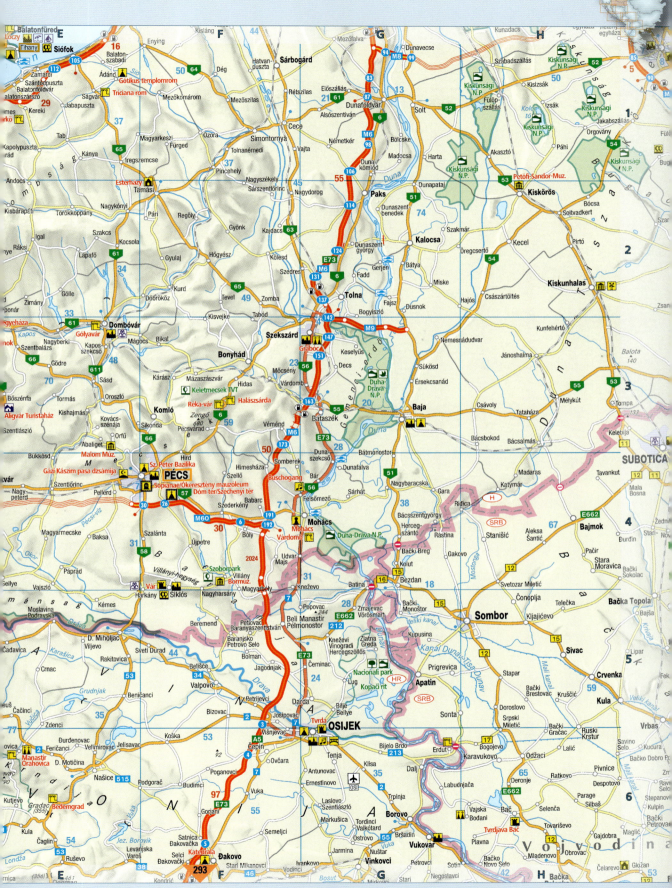

Maßstab 1:800 000

0   10   20 Kilometer
0   10 Miles

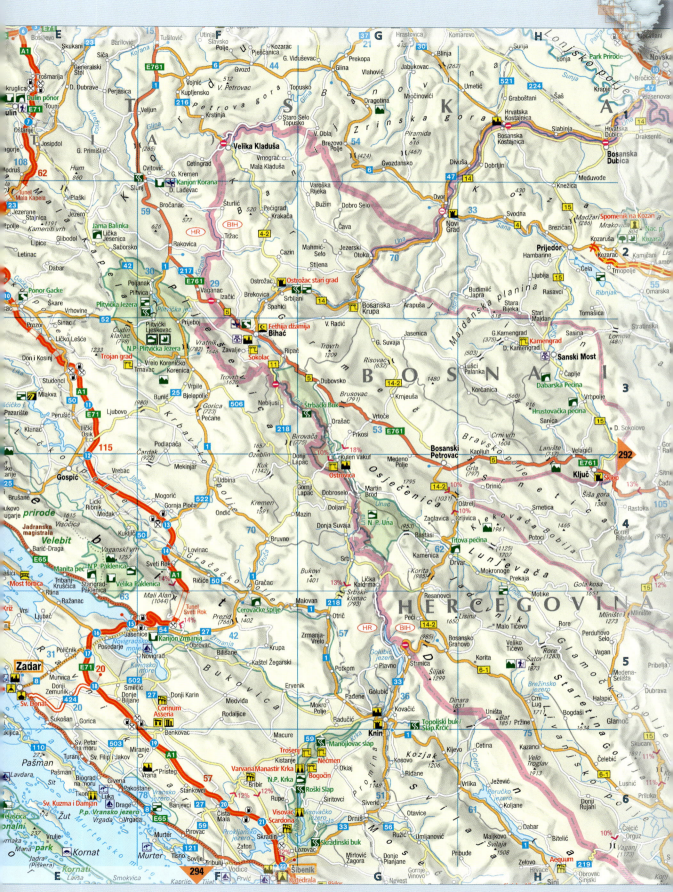

291

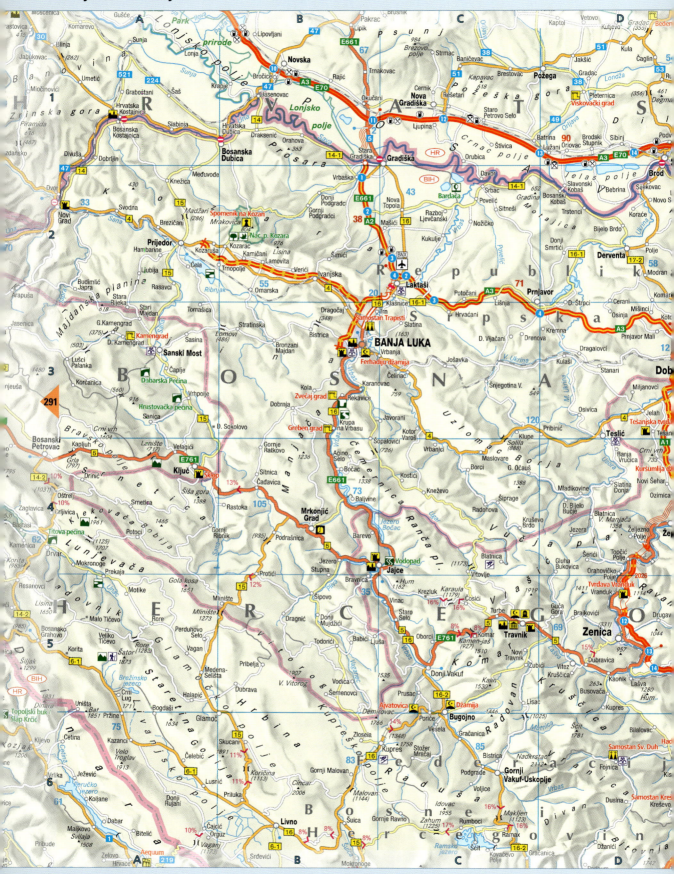

Maßstab 1:800 000

0   10   20 Kilometer
0   10 Miles

293

Maßstab 1:800 000

0   10   20 Kilometer

0   10 Miles

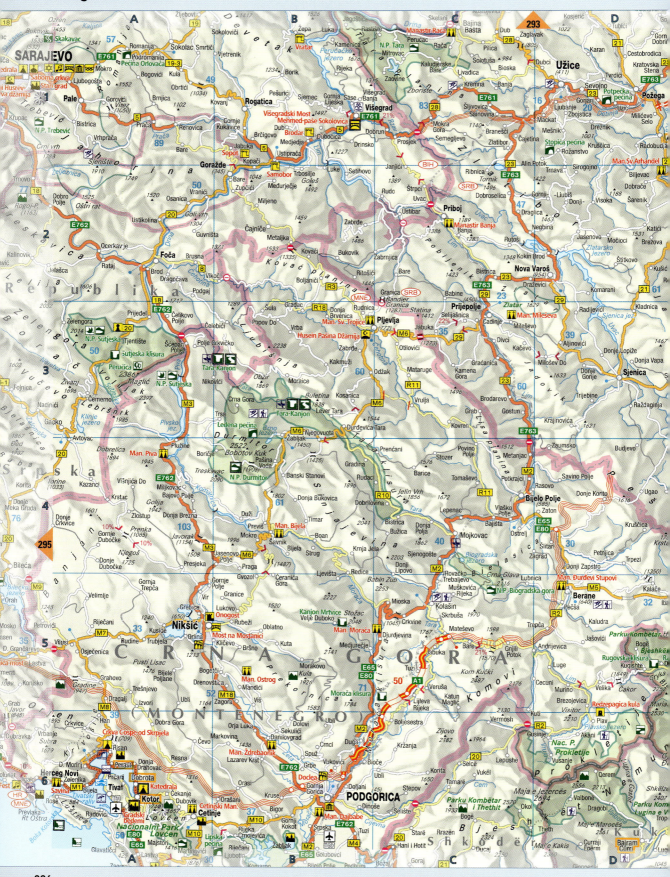

Maßstab 1:800 000

0 10 20 Kilometer
0 10 Miles

Maßstab 1:800 000

0   10   20 Kilometer

0   10 Miles

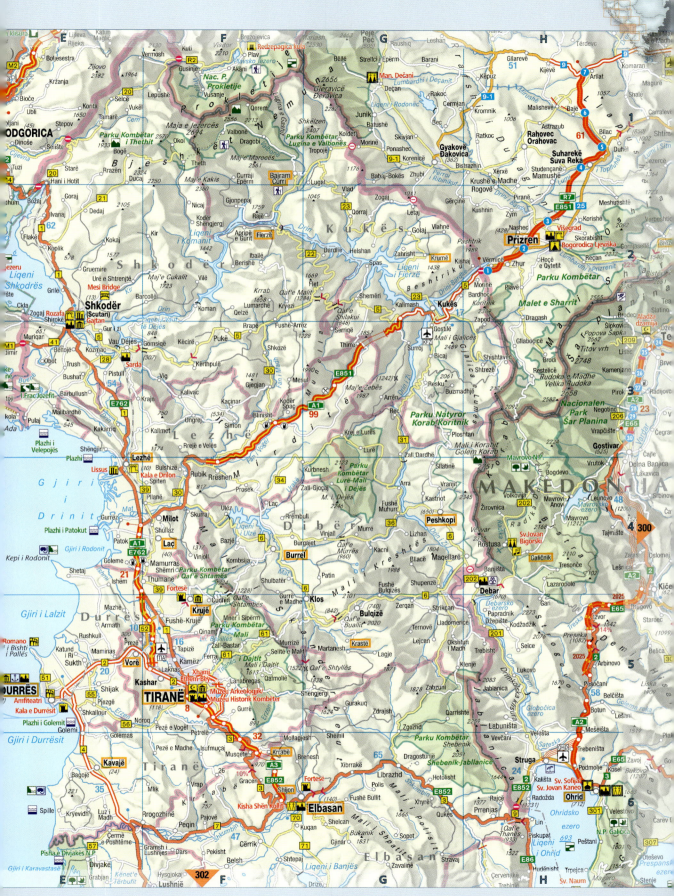

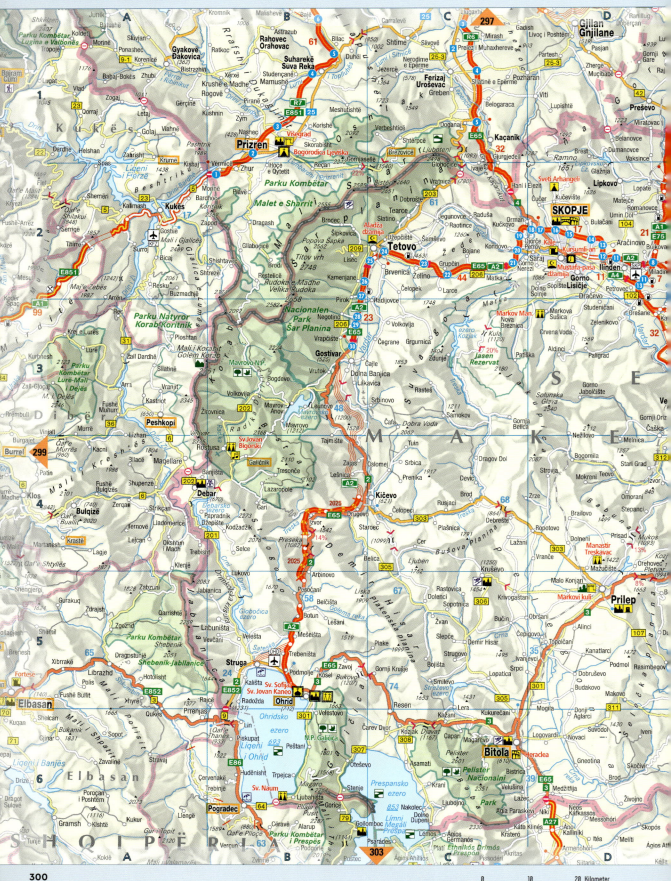

Maßstab 1:800 000

0   10   20 Kilometer

0   10 Miles

Maßstab 1:800 000

0   10   20 Kilometer

0   10 Miles

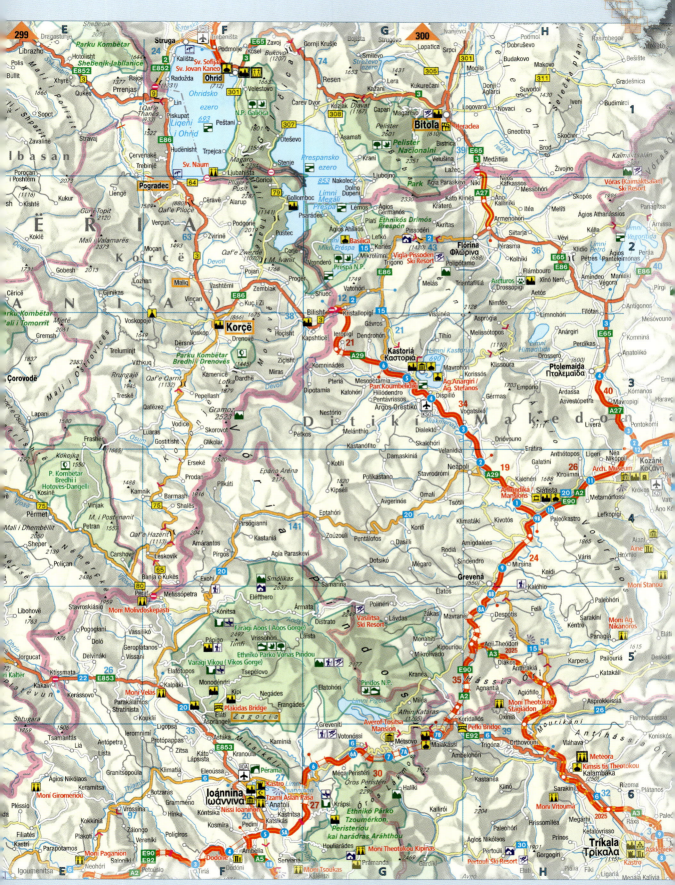

Bosanski Dubočac BIH 292 D2
Bosanski Kobaš BIH 292 D2
Bosanski Novi = Novi Grad BIH 291 G2
Bosanski Petrovac BIH 291 G4
Bosansko Grahovo BIH 291 G5
Bosilevo NMK 301 G4
Bosiljevo HR 287 F6
Boškovići BIH 292 C2
Bošnjace SRB 297 H4
Bošnjaci HR 293 F2
Bošnjane SRB 297 G2
Bostan BIH 295 F3
Bosut SRB 293 G2
Bőszénfa H 289 E3
Botajica BIH 293 E2
Botun NMK 300 B5
Botunja SRB 297 G2
Boturič SRB 297 F2
Botzarás GR 303 F6
Bovan SRB 297 H2
Bovec SLO 286 B3
Božaj MNE 299 E2
Božava HR 290 D5
Brabaniq RKS 297 F5
Brabonič = Brabaniq RKS 297 F5
Bračevci HR 289 F6
Bradaša = Bardhash RKS 297 G4
Bradina BIH 295 G1
Brailovo NMK 300 D4
Brajkovići HR 290 A1
Brajkovići BIH 292 D5
Branik SLO 286 B4
Branjina HR 289 G5
Brankovci SRB 301 F1
Brasaljce = Bresalci RKS 297 G6
Braslovče SLO 287 E3
Brataj AL 302 C4
Brateljevići BIH 293 F5
Bratunac BIH 293 G5
Bravnica BIH 292 B5
Brbinj HR 290 D5
Brčigovo BIH 296 B1
Brčko BIH 293 F2
Bregana HR 287 F4
Breginj SLO 286 A3
Bregovi BIH 292 B4
Brekovica BIH 291 F2
Brenešti SRB 296 C1
Bresalci RKS 297 G6
Bresnica SRB 297 E1
Brest HR 286 C6
Brest NMK 300 D1
Brestanica SLO 287 F4
Brestova HR 290 B1
Brestovac HR 288 D6
Brestovac BIH 291 G3
Brestovac Daruvarski HR 288 C5
Brestrnica SLO 287 F2
Breza BIH 293 F4
Brežani BG 301 H3
Breze HR 290 D1
Brezičani BIH 291 H2
Brezičani BIH 292 C5
Brezičani BIH 292 C3
Brežice SLO 287 F4
Brezje SLO 286 C3
Brezna SRB 297 F2
Breznica SRB 297 H6
Breznica Đakovačka HR 293 E1
Breznica Našička HR 289 E6
Breznički Hum HR 288 A3
Brezno SLO 287 F2
Brezojevica MNE 296 D5
Brezova SRB 296 D2
Brezovica SLO 286 D4
Brezovica HR 288 D4
Brezovica HR 289 F5
Brezovica = Brezovicë RKS 300 C1
Brezovicë RKS 300 C1
Brezovo Polje HR 291 G1
Brezovo Polje-Selo BIH 293 F3
Bribir HR 291 F6
Bribir HR 290 D1
Brijesnica BIH 293 E3
Brijesnica Donja BIH 293 E4
Brijesta HR 295 F4

Brinje HR 291 E2
Briševo HR 291 E5
Bristovi BIH 292 C5
Brka BIH 293 F3
Brlog HR 291 E2
Brloznik BIH 293 G6
Brna HR 294 D4
Brnaze HR 294 D2
Brnjaci BIH 295 G1
Brnjica SRB 292 B3
Brnjica SRB 296 A1
Bročanac HR 291 F2
Broćanac BIH 295 F2
Bročice HR 292 B1
Brod BIH 296 A2
Brod BIH 292 D2
Brod NMK 300 C4
Brod NMK 300 D6
Brod = Brodi RKS 299 H3
Brodac Gornji BIH 293 G2
Brođanci HR 289 F6
Brodarevo SRB 296 C3
Brodarica HR 294 B2
Brodec NMK 300 B2
Brodi RKS 299 H3
Brod Moravice HR 287 E6
Brod na Kupi HR 287 E6
Brodski Stupnik HR 292 D1
Bronzani Majdan BIH 292 B3
Bršadin HR 289 G6
Brseč HR 290 B1
Bršno MNE 296 B5
Brštanovo HR 294 C2
Brstica SRB 293 G4
Brtonigla HR 286 B6
Brückl A 286 D1
Bruglie HR 290 D5
Brus SRB 297 G3
Brušane HR 291 E4
Bruška HR 291 F5
Brusna BIH 296 A2
Brusnica Velika BIH 293 E2
Brusnik HR 288 C6
Bruvno HR 291 F4
Brvenica NMK 300 C2
Brzeće SRB 297 F3
Bučin NMK 300 C5
Bučino BG 301 H2
Bučje HR 288 D6
Budakovo NMK 300 D5
Budići SRB 297 E2
Budimci HR 289 F6
Budimir HR 294 D2
Budimirci NMK 303 H1
Budimlić Japra BIH 292 A2
Budinarci NMK 301 G3
Budisalc RKS 297 F5
Budisavci = Budisalc RKS 297 F5
Budjevo SRB 296 D4
Budmolici BIH 295 F2
Budoželja SRB 297 E2
Budrovci HR 293 E1
Budva MNE 298 C2
Budzsák H 289 G4
Bugojno BIH 292 C5
Buia I 286 A3
Buie = Buje HR 286 B6
Bujanovac SRB 297 H6
Buje HR 286 B6
Bujkova NMK 300 D2
Bukinje BIH 293 F4
Bükkösd H 289 E4
Bukova Gora BIH 295 E2
Bukovica BIH 295 E2
Bukovica SRB 297 E1
Bukovica BIH 292 B2
Bukovica BIH 295 G1
Bukovica, Špišić- HR 288 C4
Bukovik MNE 298 D2
Bukovik SRB 296 B2
Bukovje SLO 286 C5
Bulačani NMK 300 D2
Buletić BIH 292 D4
Buljane SRB 297 H1
Buljarica MNE 298 D2
Bulozi BIH 295 H1
Bulqizë AL 299 G5
Bulshizë AL 299 G5
Buna BIH 295 G3
Bunar SRB 297 G1
Bunić HR 291 F3
Burgajet AL 299 G4
Burilčevo NMK 301 F3
Burmazi BIH 295 G4
Burrel AL 299 F4

Bursići BIH 296 B1
Bušetina HR 288 D4
Buševec HR 288 A5
Bushat AL 299 E3
Busici NMK 300 D4
Busije BIH 291 G3
Bušletić BIH 292 D3
Busovača BIH 292 D5
Büssü H 289 E2
Buštranje SRB 301 E1
Buvce SRB 297 H5
Buzet HR 286 B6
Bužica MNE 296 C4
Bužim BIH 291 G2
Bužim HR 291 E3
Buzmadhjë AL 300 A2
Buzsák H 288 D2

C

Čabar HR 286 D5
Čabra RKS 297 F4
Cacabëzë AL 299 F6
Čačak SRB 297 E1
Čačinci HR 289 E5
Čađavica BIH 292 B4
Čađavica BIH 293 G3
Čađavica HR 289 E5
Čađavica Srednja BIH 293 G3
Cadinje SRB 296 C3
Čafa NMK 300 C3
Čaglica BIH 291 F1
Čaglin HR 289 E6
Čajetina SRB 296 C1
Čajić BIH 294 D1
Čajle NMK 300 B3
Čajniče BIH 296 B2
Čakovec HR 287 H2
Campeglio I 286 A3
Campoformido I 286 A4
Čanak HR 291 E3
Canfanaro = Kanfanar HR 290 B1
Caparde BIH 293 G4
Capari NMK 303 G1
Čaplje BIH 291 H3
Čapljina BIH 295 F4
Capodistria = Koper SLO 286 B6
Čara HR 294 D4
Čardak BIH 293 E2
Čardaklija NMK 301 F3
Carevdar HR 288 B4
Čarev Dvor NMK 303 G1
Carnia Piani I 286 A2
Carralevë RKS 297 F6
Carshovë AL 303 E4
Cărvarica BG 301 G2
Caska HR 290 D4
Čaška NMK 300 D4
Castellier = Kaštelir HR 290 A1
Castions di Strada I 286 A4
Čatići BIH 293 E5
Çaush AL 302 D5
Čava BIH 291 G2
Cave del Predil I 286 B2
Čavle HR 290 C1
Cavtat HR 298 B1
Čazma HR 288 B5
Čečava BIH 292 D3
Cece H 289 F1
Čečina SRB 297 E2
Cecuni NMK 296 D5
Čegrane NMK 300 C3
Čehići BIH 291 H2
Čejreci BIH 291 H2
Čekanje MNE 296 A6
Čela BIH 291 H2
Čelarevo SRB 293 H1
Čelebić BIH 294 D1
Čelebići BIH 296 B3
Čelebići BIH 295 G2
Čelić BIH 293 F3
Čelikovo Polje BIH 296 A3
Čelinac BIH 292 C3
Celje SLO 287 E3
Čelopeci NMK 300 C4
Čelopek NMK 300 C2
Čelopek BIH 293 G4
Čemerno BIH 296 A3
Čeminac HR 289 G5
Čepigovo NMK 300 D5
Čepikuće HR 295 G5
Čepin HR 289 F6
Čepovan SLO 286 B4
Čepure SRB 297 G1
Cer NMK 300 C4
Čeralije HR 288 D5

Čerani BIH 292 D2
Čeranića Gora MNE 296 B5
Çëravë AL 303 F2
Čerevič SRB 293 H1
Cerić HR 293 F1
Çëricë AL 303 E2
Čerin BIH 295 F3
Cerjë AL 303 E3
Cerklje SLO 287 F4
Cerknica SLO 286 C5
Cerkno SLO 286 C3
Cerkvenjak SLO 287 G2
Çermë e Poshtëme AL 302 C1
Cermjan RKS 297 E6
Cerna HR 293 F1
Cernik HR 292 C1
Cerovica BIH 292 D3
Cerovica BIH 295 G4
Cerovljani BIH 292 B2
Cerovlje HR 290 B1
Çërrik AL 302 C1
Červenakë AL 300 B6
Cervignano del Friuli I 286 A5
Česarica HR 290 D4
Česim BIH 295 G2
Čestobrodica SRB 296 D1
Cetina HR 291 H6
Cetingrad HR 291 F1
Cetinje MNE 298 D1
Četirci BG 301 G1
Čevo MNE 298 D1
Chiusaforte I 286 A2
Ćićevac SRB 297 H1
Čićevo BIH 295 G2
Çiflik AL 302 D6
Čikat HR 290 C4
Čikatovë RKS 297 F5
Čikatovo = Çikatovë RKS 297 F5
Cikó H 289 F3
Čilipi HR 298 B1
Cilli = Celje SLO 287 E3
Cirkulane SLO 287 G3
Čista Mala HR 291 F6
Čista Provo HR 295 E2
Čitlu SRB 297 G2
Čitluk BIH 295 F3
Čitluk BIH 295 G2
Čitluk HR 291 G6
Čitluk BIH 295 G2
Cittanova = Novigrad HR 290 A1
Čkla MNE 299 E2
Coccau I 286 B2
Čokešina SRB 293 G3
Col SLO 286 C4
Čonoplja SRB 289 H5
Čoralići BIH 291 F2
Čorle BIH 292 C2
Cormons I 286 A4
Corna Ribnica BG 301 H3
Čorovodë AL 303 E3
Ćosići BIH 292 C5
Cres HR 290 C2
Crikvenica HR 290 C1
Crkveno BIH 292 A4
Crkvice HR 295 F4
Crkvice MNE 298 C1
Crkvina BIH 293 E2
Crkvine MNE 296 C5
Crljivica BIH 291 G4
Crmjan = Cermjan RKS 297 E6
Crna Bara SRB 293 G2
Crnac HR 289 E5
Crnac RKS 297 F4
Crna Gora MNE 296 B3
Crna na Koroškem SLO 287 E2
Crna Rijeka BIH 292 A2
Crnča SRB 293 G5
Crnci MNE 296 B6
Crne Lokve BIH 295 F2
Crnići BIH 295 G4
Črni Kal SLO 286 B6
Crni Lug HR 286 D6
Crni Lug BIH 291 H5
Crni Padež HR 290 D3
Crnjelovo Gornje BIH 293 G3
Crno HR 291 E5
Crnoča SRB 297 E4
Crnoglav BIH 295 G4
Crnoljevo = Carralevë RKS 297 F6
Črnomelj SLO 287 E5
Črnuče SLO 286 D4
Crvena Luka HR 294 A1

Crvena Voda NMK 300 D3
Crvenka SRB 289 H5
Csábor H 289 H2
Csámpa H 289 F2
Csanyoszró H 289 E4
Császártöltés H 289 H2
Csátalja H 289 G4
Csávoly H 289 H3
Csebény H 289 E3
Csengőd H 289 H1
Cserénfa H 289 E3
Cserkút H 289 E4
Csesztreg H 287 H1
Csibrák H 289 F2
Csikéria H 289 H3
Csökölÿ H 288 D3
Csokonyavisonta H 288 D4
Csömend H 288 D2
Csorna H 289 H4
Csörnyeföld H 288 B2
Csurgó H 288 C3
Čučer NMK 300 D2
Čučerje HR 287 G4
Čudhin AL 299 F6
Čuhovići BIH 295 G2
Čukojevac SRB 297 F1
Culine SRB 293 G3
Culija SRB 297 E4
Čuljkovic SRB 293 H3
Cún H 289 E5
Čuništa BIH 293 E5
Čunski HR 290 C3
Čuprija SRB 297 G1
Curraji Epërm AL 299 F1
Čvitović HR 291 F1
Čvrljevo HR 294 C1

D

Dabar HR 291 E2
Dabar HR 291 H6
Dabašnica HR 291 G4
Dabila NMK 301 G4
Dabo Stanovi HR 290 D3
Dabove = Dabo Stanovi HR 290 D3
Dabrica BIH 295 G3
Đakova HR 293 E1
Dalj HR 289 G6
Dalmand H 289 F2
Dalmatinski Labin HR 294 C2
Damaskiniá GR 303 G4
Damjan NMK 301 F4
Danilo HR 294 B1
Danilovgrad MNE 298 D1
Danilovići BIH 296 C1
Darány H 288 D4
Daránypuszta H 289 E1
Darda HR 289 G5
Dardhë AL 303 F3
Dardhë AL 299 G2
Dars AL 299 F6
Daruvar HR 288 C5
Dasilli GR 303 G4
Dávod H 289 G4
Davor HR 292 C2
Debar NMK 300 A4
Debrešte NMK 300 C4
Deçan RKS 299 G1
Dečani = Decan RKS 299 G1
Decs H 289 G3
Dedaj AL 299 E2
Dég H 289 F1
Dejčići BIH 295 H2
Delčevo NMK 301 G2
Đelekovec HR 288 B3
Đeletovci HR 293 G1
Deligrad SRB 297 H2
Delijaš BIH 295 H2
Dellach im Drautal A 286 A1
Delnice HR 286 D6
Delvináki GR 303 E5
Delvinë AL 302 D5
Demir Hisar NMK 300 C5
Demir Kapija NMK 301 F4
Dencsháza H 289 E4
Dendrohóri GR 303 G3
Đeneral Janković = Hani i Elezit RKS 300 C2
Deringaj HR 291 F4
Deronje SRB 289 H6
Dërsnik AL 303 E3
Derventa BIH 292 D2
Desinić HR 287 F3

Despótis GR 303 H5
Despotovo SRB 289 H6
Deutsch Goritz A 287 G1
Deutschlandsberg A 287 E1
Devic NMK 300 C4
Đevrske HR 291 F6
Dežanovac HR 288 C6
Dežanovac HR 288 C6
Deževa SRB 297 E3
Deževice BIH 295 G1
Dhërmi AL 302 C4
Dhivër AL 302 D5
Dhrovjan AL 303 E5
Dhuvjan AL 303 E5
Diákos GR 303 H5
Dialektó GR 303 G3
Didići SRB 297 F2
Dietersdorf am Gnasbach A 287 G1
Diex A 286 D1
Dignano = Vodnjan HR 290 B2
Diklo HR 291 E5
Dinjiška HR 291 E4
Dinoše MNE 299 E1
Diósberény H 289 F2
Diósviszló H 289 E4
Dipotamia GR 303 G3
Dispilió GR 303 G3
Dístrato GR 303 G5
Divača SLO 286 B5
Divci SRB 296 C3
Divjakë AL 302 C1
Divoš SRB 293 H2
Divoselo HR 291 F4
Divuša HR 292 A1
Djakovac HR 288 C5
Djedina Rijeka HR 292 D1
Djevanje BIH 293 G5
Djinjdjuša SRB 297 H4
Djorče Petrov NMK 300 D2
Djurdjev Dol = Gjurgje-dell RKS 300 C2
Djurdjevina NMK 296 C5
Doberdo del Lago I 286 B4
Dobl-Zwaring A 287 F1
Doboj BIH 292 D3
Doborovci BIH 293 E3
Dobošnica BIH 293 E4
Dobova SLO 287 F4
Dobrače SRB 296 D2
Dobra Gora MNE 296 A6
Dobranje HR 294 D2
Dobra Voda MNE 298 D3
Dobra Voda BIH 293 E2
Döbriach A 286 B1
Dobrići BIH 291 F2
Dobri Do SRB 297 G4
Dobrilovina MNE 296 B5
Dobrla vas = Eberndorf A 286 D2
Dobrljin BIH 292 A1
Dobrna SLO 287 E3
Dobrnič SLO 287 E4
Dobrnja BIH 293 F4
Dobrnja BIH 292 B3
Döbrököz H 289 F2
Dobromani BIH 295 G5
Dobrónak = Dobrovnik SLO 287 H1
Dobronhegy H 288 B1
Dobro Polje BIH 295 H2
Dobrošane NMK 300 D2
Dobrošane NMK 297 H6
Dobroselica SRB 296 C2
Dobro Selo BIH 291 G2
Dobroselo HR 291 G4
Dobrošte NMK 300 D2
Dobrota MNE 296 A6
Dobrotić SRB 297 H3
Dobrova SLO 286 D4
Dobrovo SLO 286 B4
Dobrun BIH 296 C1
Dobruša = Drenushë RKS 297 F4
Dobruševo NMK 300 D5
Dobsza H 288 D4
Doburaki BG 301 H4
Doganaj RKS 300 C1
Doganović = Doganaj RKS 300 C1
Dojevići SRB 297 E4
Dokanj BIH 293 F4
Dolac BIH 293 E6
Dolci HR 289 E6
Dole BIH 295 F3
Dolenci NMK 300 C5
Dolenja Trebuša SLO 286 B4

Gerjen H 289 G2
German NMK 301 E1
Gérmas GR 303 H3
Gernec AL 302 C3
Geroplátanos GR 303 F5
Gerovo HR 286 D6
Gerzovo BIH 292 B5
Gevgelija NMK 301 F5
Giannádes GR 302 C6
Gige H 288 D3
Giletinci HR 292 C1
Gilvánfa H 289 E4
Gimino = Žminj HR 290 B1
Gizdavac HR 294 C2
Gjegjan AL 299 F3
Gjilan = Gnjilane RKS 297 H6
Gjinar AL 299 G6
Gjinikas AL 303 E2
Gjirokastër AL 302 D5
Gjonpepaj AL 299 F2
Gjormë AL 302 C4
Gjurakovc RKS 297 E5
Gjurgjedell RKS 300 C2
Glamoč BIH 292 B6
Glanegg A 286 C1
Glashütten A 287 E1
Glavace HR 291 E2
Glavani HR 290 B2
Glavatički MNE 296 A6
Glavatićevo BIH 295 G6
Glavičiče BIH 293 G3
Glavinci BIH 297 G1
Glavnik = Gllamnik RKS 297 G5
Gledić SRB 297 F1
Gledjica BIH 297 E2
Gleichenberg, Bad A 287 G1
Gleinstätten A 287 F1
Glibodol HR 291 E2
Glikolar AL 303 F3
Glina HR 291 G1
Gllaboçiçë RKS 299 H3
Gllamnik RKS 297 G5
Gllarevë RKS 299 H1
Gllavë AL 302 D3
Gllogovc = Drenas RKS 297 F5
Globasnica = Globasnitz A 286 D2
Globasnitz A 286 D2
Globočica = Gllaboçiçë RKS 299 H3
Globočica = Globoçicë RKS 300 C2
Globoçiçë RKS 300 C2
Globoder SRB 297 G2
Glodi BIH 293 G5
Glodina BIH 291 G2
Glödnitz A 286 C1
Glogošnica BIH 295 F2
Glogovac HR 288 B5
Glogovac = Drenas RKS 297 F5
Glogovica HR 292 D1
Gložan SRB 293 H1
Gluha Bukovica BIH 292 D4
Glumina BIH 293 G4
Glušci SRB 293 H2
Gnas A 287 G1
Gneotina NMK 300 D6
Gnjilane = Gjilan RKS 297 H6
Gnjili Potok MNE 296 C5
Gnojnica BIH 293 E3
Gnojnice BIH 295 G3
Gobesh AL 303 E2
Goč SRB 297 F2
Godaćica SRB 297 F1
Godia I 286 A3
Godovič SLO 286 C4
Gödre H 289 E3
Goduš BIH 293 F4
Gojsalići BIH 293 F5
Gokčanica SRB 297 F2
Gola HR 288 C3
Golaj AL 299 G2
Golemas AL 299 E4
Goleme AL 299 E4
Golemi AL 299 E6
Golinci HR 289 E5
Gölle H 289 E2
Gollomboc AL 303 F2
Golnik SLO 286 C3
Golo Brodo BIH 292 C4
Golubić HR 291 G5
Golubinja BIH 293 E2
Golubovci MNE 296 B6
Golubovec HR 287 G3
Gombolyag H 289 G2

Gomirje HR 287 E6
Gomsiqë AL 299 E3
Gonars I 286 A4
Gora HR 288 A6
Goračići SRB 297 E1
Goraj AL 299 E2
Goranci BIH 295 F3
Gorani BIH 293 E6
Goražde BIH 296 B2
Görcsöny H 289 E4
Gorenja vas SLO 286 C3
Gorenje SLO 287 E3
Görgeteg H 288 D3
Gorgogíri GR 303 H6
Gorgópi GR 301 F6
Gorica HR 291 E5
Gorica BIH 295 E3
Gorica BIH 295 H5
Gorica HR 291 E4
Gorica H 289 E3
Gorica BIH 292 B5
Goričan HR 288 B2
Gorice BIH 293 F2
Goricë AL 300 B6
Gorizia I 286 A4
Gorjani HR 289 F6
Gorjani SRB 296 D1
Gorna Dikanja BG 301 H1
Gorna Graštica BG 301 G1
Gornij Krupac SRB 297 H2
Gornja SRB 297 F1
Gornja Belica NMK 300 C3
Gornja Britvica BIH 295 F2
Gornja Dobrinja SRB 296 D1
Gornja Dolina BIH 292 C2
Gornja Dubica BIH 293 E2
Gornja Golubinja BIH 292 D4
Gornja Gorica MNE 296 B6
Gornja Gorijevnica SRB 297 E1
Gornja Grabovica BIH 295 F2
Gornja Gračenica HR 288 B6
Gornja Jošanica SRB 297 G3
Gornja Klina = Klinë e Epërme RKS 297 F5
Gornja Konjuša SRB 297 G3
Gornja Lapaštica = Llaposhticë e Epërme RKS 297 G4
Gornja Lijeska BIH 296 B1
Gornja Ljubovidja SRB 293 H5
Gornja Lupljanica BIH 292 D2
Gornja Međiđa BIH 293 E3
Gornja Močila HR 291 E2
Gornja Ploča HR 291 F4
Gornja Radgona SLO 287 G1
Gornja Rakovac BIH 293 E4
Gornja Rtica = Herticë RKS 297 G5
Gornjaselë RKS 300 B2
Gornja Slatina BIH 293 E2
Gornja Stržava SRB 297 H3
Gornja Suvaja BIH 291 G3
Gornja Toponica SRB 297 H3
Gornja Tramošnica BIH 293 E2
Gornja Trebeuša BIH 292 C5
Gornja Trepča MNE 296 A5
Gornja Trepča SRB 297 E1
Gornja Tuzla BIH 293 F4
Gornja Živinice BIH 293 F4
Gornje Dubočke MNE 296 A4
Gornje Dubrave BIH 293 F4

Gornje Jelenje HR 286 D6
Gornje Kukavice BIH 296 B1
Gornje Pećine BIH 292 C5
Gornje Polje MNE 296 A5
Gornje Primišlje HR 291 E1
Gornje Radaljevo SRB 296 D2
Gornje Ratkovo BIH 292 B4
Gornje Ravno BIH 292 C6
Gornje Selo = Gornjaselë RKS 300 B2
Gornje Taborište HR 287 G6
Gornje Vinovo HR 294 C1
Gornje Vratno HR 288 A3
Gornje Vrhovine HR 291 E3
Gornje Vukovsko BIH 292 C6
Gornje Zagorje HR 291 E1
Gornjia Crnišava SRB 297 F2
Gornji Agići BIH 292 A2
Gornji Bešpelj BIH 292 C4
Gornji Bogićevci HR 292 B1
Gornji Brčeli MNE 298 D2
Gornji Čajdraš BIH 292 D5
Gornji Cevljanovići BIH 293 E6
Gornji Crnač BIH 295 F2
Gornji Dubac MNE 297 E2
Gornji Gajtan SRB 297 H4
Gornji Gare SRB 297 H6
Gornji Grad SLO 286 D3
Gornji Humac HR 294 D3
Gornji Kamengrad BIH 292 A3
Gornji Kokot MNE 296 B6
Gornji Košlje SRB 293 H5
Gornji Kremen HR 291 F1
Gornji Krušje NMK 300 C5
Gornji Lapac HR 291 G4
Gornji Ljubiš SRB 296 D2
Gornji Malovan BIH 295 E1
Gornji Muć HR 294 C2
Gornji Nerodimlje = Nerodime e Epërme RKS 300 C1
Gornji Očauš BIH 292 C4
Gornji Orizari NMK 300 D3
Gornji Palačkovci BIH 292 D2
Gornji Pervan BIH 292 B3
Gornji Petrovci SLO 288 A1
Gornji Podgradci BIH 292 B2
Gornji Potpeč BIH 293 F3
Gornji Rahić BIH 293 F3
Gornji Ribnik BIH 292 A4
Gornji Šeher BIH 292 B3
Gornji Selo HR 294 C3
Gornji Sjeničak HR 287 G6
Gornji Statovac SRB 297 H4
Gornji Stepos SRB 297 G2
Gornji Štrbci HR 291 G3
Gornji Streroc = Strellci i Epërm RKS 299 G1
Gornji Tiškovac HR 291 G5
Gornji Tkalec HR 287 H4
Gornji Tučepi HR 295 E3
Gornji Vakuf-Uskoplje BIH 292 C6
Gornji Viduševac HR 287 G6
Gornji Zirkovac HR 291 G1

Gornji Zovik BIH 293 F3
Gorno Jabolčište NMK 300 D3
Gorno Lisičje NMK 300 D2
Gorno Nerezi NMK 300 D2
Gorno Osenovo BG 301 H2
Gorobinici NMK 301 E3
Gorovići BIH 296 A1
Gospić HR 291 E4
Gostilë AL 300 A2
Gostitisht AL 303 F3
Gostivar NMK 300 D3
Gostovići BIH 293 E4
Gostun SRB 296 C3
Gouménissa GR 301 F6
Govedari HR 295 F5
Gozd-Martuljek SLO 286 B2
Grab BIH 295 H5
Grab MNE 296 C3
Grab HR 291 F5
Grab HR 294 D2
Grab BIH 295 F3
Grab BIH 296 A3
Grabarje HR 292 D1
Grabež BIH 291 F3
Grabjan AL 302 C1
Grablje BIH 295 G4
Grábóc H 289 F3
Graboštani BIH 292 A1
Grabovac HR 295 E3
Grabovac HR 291 F2
Grabovac BIH 289 G5
Grabovica BIH 292 D3
Grabovica BIH 293 F5
Grabovko SLO 287 E4
Grabovnica SRB 297 G3
Gračac HR 291 F5
Gračac SRB 297 F2
Gračac HR 294 B1
Gračanica BIH 292 C6
Gračanica BIH 293 E3
Gračanica BIH 295 F1
Gračanica SRB 293 G5
Gračanica BIH 296 C3
Gračanica BIH 293 F4
Gračanica = Graçanicë RKS 297 G6
Graçanicë RKS 297 G6
Gracen AL 302 D1
Grad SLO 287 G1
Gradac SLO 287 E5
Gradac HR 287 G6
Gradac HR 295 E4
Gradac MNE 296 B3
Gradac SRB 297 E3
Gradac SRB 297 E3
Gradac BIH 295 F2
Gradac HR 294 C1
Gradac BIH 295 F4
Gradačac BIH 293 F2
Gradec HR 287 H4
Gradec NMK 301 F4
Gradec BG 301 F3
Gradešnica NMK 303 H1
Gradevo BG 301 H2
Gradina HR 288 D4
Gradina MNE 296 B4
Gradina BIH 292 B3
Gradina HR 294 B1
Gradisca d'Isonzo I 286 A4
Gradiška BIH 292 C1
Gradiška = Gradiška BIH 292 C1
Gradište HR 293 F1
Gradište NMK 301 E2
Gradište HR 289 E6
Grado I 286 A5
Gradojević SRB 293 H4
Gradošorci NMK 301 G4
Gradsko NMK 301 E3
Grafenstein A 286 D2
Grahovo SLO 286 D5
Grahovo MNE 296 A5
Grammeno GR 303 F6
Gramsh AL 300 A6
Gramsh i Lushnjes AL 302 C1
Granica BIH 295 H4
Granica SRB 296 C2
Granica BG 301 G1
Granice MNE 296 B5
Granice HR 289 E6
Granitsopoúla GR 303 G6
Grapska Gornja BIH 292 D3
Grbe MNE 296 B6
Grbeši BIH 295 H5
Grborezi BIH 292 B6

Grčina = Gërçinë RKS 300 A1
Grčište NMK 301 F5
Grebaštica HR 294 B2
Grebci BIH 295 G5
Greben RKS 300 C1
Grebice MNE 296 A5
Grebnice BIH 293 F2
Grebno = Greben RKS 300 C1
Greda HR 288 A6
Greifenburg A 286 A1
Gremsh AL 303 E3
Grevená GR 303 H4
Greveníti GR 303 G6
Grgar SLO 286 B4
Grgurevci SRB 293 H2
Grgurići BIH 295 E1
Grgurnica NMK 300 C3
Griffen A 286 D1
Grilë AL 299 E2
Grisignana = Grožnjan HR 286 B6
Gríva GR 301 F6
Grižići HR 292 C1
Grk BIH 292 D2
Grmuša BIH 291 G2
Grohote HR 294 C3
Gromiljak BIH 292 D6
Grošnica SRB 297 F1
Grosuplje SLO 286 D4
Grubine HR 295 E2
Grubišno Polje HR 288 C5
Gruda HR 295 H6
Grude BIH 295 F3
Gruemire AL 299 E2
Grupčin NMK 300 C2
Gruža SRB 297 F1
Gryka AL 302 C2
Grza SRB 297 H1
Guberevac SRB 297 F1
Gubin BIH 292 A6
Guča SRB 297 E1
Guča Gora BIH 292 D5
Gudavac BIH 291 G3
Gudovac HR 288 B4
Gundinci HR 293 F2
Gunja HR 293 F2
Gunjaci SRB 293 H4
Gurakuq AL 299 G5
Gurizi AL 299 E3
Gurk A 286 C1
Gurrë AL 299 F5
Gurrë e Madhe AL 299 F4
Gurrëz AL 299 E4
Gušće HR 288 B6
Gusinje MNE 299 F1
Gusmar AL 302 D4
Gustirna HR 294 C2
Gutorfölde H 288 B2
Guttaring A 286 D1
Guvništa BIH 296 A2
Gvozd HR 287 G6
Gvozdankso HR 291 G1
Gvozol MNE 296 B5
Gyakovë = Đakovica RKS 297 E6
Gyapa H 289 G1
Gyöngyfa H 289 E4
Gyönk H 289 F2
Györköny H 289 G2
Gyulaj H 289 F2

Hadžići BIH 293 E6
Haganj HR 288 B4
Hagyárosbörönd H 288 B1
Hahót H 288 C2
Hajderovići BIH 293 E4
Hajmás H 289 E3
Hajós H 289 F2
Halapić BIH 292 A5
Halbenrain A 287 G1
Halíki GR 303 G6
Hambarine BIH 291 H2
Hamzić BIH 295 F3
Han MNE 298 C1
Hani i Elezit RKS 300 C2
Hani i Hotit AL 299 E1
Han Pijesak BIH 293 G5
Harc H 289 F2
Harkanovci HR 289 F5
Harkány H 289 F4
Háromfa H 288 C4
Harta H 289 F2
Hašani BIH 291 G3
Hase BIH 293 G3
Hasići BIH 292 A4
Hatelji BIH 295 H4

Hatvanpuszta H 289 F1
Hekal AL 302 C3
Helesfa H 289 E4
Helshan AL 299 G2
Herceg Novi MNE 298 C1
Hercegovac HR 288 C5
Hercegszántó H 289 G4
Hermagor A 286 A2
Hérso GR 301 G5
Herticë RKS 297 G5
Hetes H 288 D2
Hévíz H 288 C1
Hidas H 289 F3
Hild H 289 G3
Hiliódendro GR 303 G3
Hillye H 289 G2
Himarë AL 302 C4
Himesháza H 289 F4
Himmelberg A 286 C1
Hínka GR 303 F6
Hird H 289 F3
Hirics H 289 E5
Hlebine HR 288 C3
Hobol H 288 D2
Hochosterwitz A 286 D1
Hoçisht AL 303 F3
Hodbina BIH 295 G3
Hodoš SLO 287 H1
Hodós = Hodoš SLO 287 H1
Hodošan HR 288 B2
Hodovo BIH 295 G4
Hóduna H 289 G4
Hőgyész H 289 F3
Homokmégy H 289 G2
Homokszentgyörgy H 288 D3
Homorúd H 289 G4
Horígio GR 301 G4
Horjul SLO 286 C4
Horváthertelend H 289 E3
Hosszúheteny H 289 F3
Hotanj Hutovski BIH 295 F4
Hotnja HR 287 G6
Hotolisht AL 300 A5
Houliarádes GR 303 G6
Hrasnica BIH 295 H1
Hrasno BIH 293 E6
Hrastelnica HR 287 H6
Hrastin HR 289 F6
Hrastnik SLO 287 E3
Hrastovica HR 287 G6
Hrastovlje SLO 286 B6
Hreljići BIH 295 H2
Hrge BIH 293 E2
Hrgud BIH 295 G4
Hrib-Loški Potok SLO 286 D5
Hrisohórafa GR 301 H5
Hrisópetra GR 301 H6
Hrissomiléa GR 303 H6
Hrómio GR 303 H4
Hrtkovci SRB 293 H2
Hrušta BIH 295 G3
Hrvaćani BIH 292 C3
Hrvace MNE 294 D1
Hrvatska Dubica HR 291 H1
Hrvatska Kostajnica HR 292 A1
Hrvatski Čuntić HR 288 A6
Hrvatski Leskovac HR 287 G5
Hrženica HR 288 B3
Hudënisht AL 300 B6
Hum HR 290 B1
Hum BIH 295 H5
Hum BIH 296 A3
Hum HR 288 D5
Humci BIH 293 F3
Humljani HR 289 E5
Husino BIH 293 F4
Hutovo BIH 295 G4
Hvar HR 294 C3
Hysgjokaj AL 302 C1

Ibafa H 289 E3
Iballë AL 299 F2
Ibarac MNE 296 D5
Idrija SLO 286 C4
Ieromnimi GR 303 E6
Ieropigí GR 303 G3
Ifsar BIH 296 B2
Ig SLO 286 D4
Igal H 289 E2
Igalo MNE 295 H6

Igar H 289 F1
Iglarevo = Gllarevë RKS 299 H1
Iglika BG 301 G1
Igman BIH 295 F1
Igralište BG 301 H4
Igrane HR 295 E3
Iharosberény H 288 C3
Ilača HR 293 G1
Ilidža BIH 293 E6
Ilijaš BIH 293 E6
Ilinden NMK 300 D2
Ilirska Bistrica SLO 286 C5
Ilok HR 293 G1
Ilovik HR 290 C4
Imljani BIH 292 C4
Imotski HR 295 E2
Imrehegy H 289 H2
Innere Einöde A 286 B1
Ioánnina GR 303 F6
Ípsos GR 302 D6
Iráklia GR 301 H5
Iregszemcse H 289 E1
Ishm AL 299 E4
Isjek BIH 291 G5
Isola = Izola SLO 286 B6
Ist HR 290 D5
Istarske Toplice HR 286 B6
Istibanja NMK 301 F2
Istog RKS 297 E5
Istok = Istog RKS 297 E5
Isufmuçaj AL 299 F6
Itéa GR 303 H2
Ivaja = Ivajë RKS 300 C2
Ivajë RKS 300 C2
Ivanaj AL 299 E2
Ivánbattyán H 289 F4
Ivančići BIH 293 E6
Ivanec HR 288 A3
Ivangrad = Berane MNE 296 D5
Ivanić Grad HR 287 H5
Ivaniska BIH 291 G2
Ivanje SRB 297 H4
Ivanjevci NMK 300 C5
Ivanjica SRB 297 E2
Ivanjska BIH 292 B2
Ivankovo HR 293 F1
Ivanovo HR 289 E5
Ivanska HR 288 B5
Iveni NMK 303 H1
Izačić BIH 291 F2
Izlake SLO 287 E3
Izmény H 289 F3
Izola SLO 286 B6
Izsák H 289 H2
Izvor SRB 300 D4
Izvor BG 301 G1
Izvor SRB 297 H1
Izvor NMK 300 B4
Izvori MNE 296 A5

J

Jabapuszta H 289 E1
Jablanac HR 290 D2
Jablan Do BIH 295 H6
Jablanica BIH 293 F2
Jablanica NMK 299 H5
Jablanica BIH 293 E4
Jabuka HR 294 D2
Jabuka BIH 296 B1
Jabuka MNE 296 C3
Jabuka MNE 296 C5
Jabuka BIH 296 A2
Jabuka BIH 296 A3
Jabukovac HR 288 A6
Jadranska Lešnica SRB 293 G3
Jadrtovac HR 294 B2
Jagare BIH 292 B3
Jagodnjak HR 289 F5
Jágónak H 289 E3
Jagoštica SRB 293 G6
Jahorina BIH 296 A1
Jajce BIH 292 C4
Jakeš BIH 293 E2
Jakovo BG 301 H4
Jakšić HR 292 D1
Janja BIH 293 G3
Janjevë RKS 297 G6
Janjevo = Janjevë RKS 297 G6
Janjići BIH 296 C2
Janjina HR 295 F4
Jánoshalma H 289 H3
Jarak SRB 293 H2
Járáspuszta H 289 H1
Jare BIH 293 F5
Jarmina HR 293 F1
Jasen BIH 293 F5

Jasen BIH 295 H5
Jasenak HR 290 D1
Jasenaš HR 288 D5
Jasenica BIH 291 G3
Jasenica BIH 295 G3
Jasenica Lug BIH 295 G5
Jasenice HR 291 F5
Jasenik BIH 292 D6
Jasenjani BIH 295 G2
Jasenovac HR 292 B1
Jasenovo SRB 296 D2
Jasenovo Polje MNE 296 B4
Jasika SRB 297 G2
Jašovići MNE 296 D5
Jastrebarsko HR 287 F5
Javorani BIH 292 C3
Javornik HR 291 E2
Javorov BG 301 H3
Jaz MNE 298 C2
Jećmište SRB 297 E2
Jegunovce NMK 300 C2
Jelah BIH 292 D3
Jelašca BIH 295 H2
Jelašinovic BIH 292 A3
Jelaške BIH 293 E5
Jelisavac HR 289 E6
Jelovo Brdo BIH 293 F4
Jelsa HR 294 D3
Jelšane HR 286 C6
Jemena SRB 293 G2
Jerli Perlez = Prelez i Muhaxhereve RKS 297 G6
Jeršinci SLO 287 G2
Jeruzalem SLO 288 A2
Jesenice SLO 286 C2
Jezera BIH 292 D4
Jezera HR 291 F6
Jezerane HR 291 E2
Jezercë RKS 300 C1
Jezerce = Jezercë RKS 300 C1
Jezero HR 291 E2
Jezero BIH 292 B4
Jezero BIH 292 D5
Jezerski BIH 291 G2
Ježević HR 291 H6
Johovac BIH 292 D3
Johovac BIH 292 D3
Jorgucat AL 303 E5
Jošan HR 291 F3
Jošanica SRB 297 H1
Jošanica BIH 294 C2
Jošanička Banja SRB 297 F3
Joševka BIH 292 C3
Joševa SRB 293 H3
Josifovo NMK 301 F5
Josipdol HR 291 E1
Josipovac HR 289 F5
Jovac SRB 297 G1
Józsefházapuszta H 289 G3
Jugorje pri Metliki SLO 287 E5
Junik RKS 299 G1
Jurovski Brod HR 287 F5
Jurski Vrh SLO 287 F1
Juta H 288 D2

K

Kabal HR 288 B4
Kacabać SRB 297 H4
Kaçanik RKS 300 C1
Kačanik = Kaçanik RKS 300 C1
Kačevo SRB 296 C3
Kačikol = Keçekollë RKS 297 G5
Kaçinar AL 299 F3
Kacni AL 299 G4
Kačulice SRB 297 E1
Kaćuni BIH 292 D5
Kadarkút H 288 D3
Kadrifakovo NMK 301 E3
Kajan AL 302 D2
Kajdacs H 289 F3
Kakanj BIH 292 D5
Kakarriq AL 299 E3
Kakasd H 289 F3
Kákics H 289 E4
Kakavi AL 303 E5
Kákavi AL 303 E5
Kakma HR 291 E6
Kakmuž BIH 293 E2
Kakmuži MNE 296 B3
Kalače MNE 296 D5
Kalambáka GR 303 H6
Kalati BIH 291 G4
Kalauzovići BIH 293 F6
Kalce SLO 286 C4
Kalenić HR 292 D1

Kalesija BIH 293 F4
Kali HR 291 E5
Kaliçan RKS 297 E5
Kaličane = Kaliçan RKS 297 E5
Kalimajor H 289 G1
Kalimanci NMK 301 G2
Kalimash AL 300 A2
Kalinovik BIH 295 H2
Kališta NMK 299 H6
Kalivac AL 299 F3
Kallirói GR 303 G6
Kallmet AL 299 F3
Kálócfa H 288 B1
Kalocsa H 289 G2
Kalóhio GR 303 H5
Kalohóri GR 303 G3
Kalókastro GR 301 H6
Kalonéri GR 303 H4
Kalpáki GR 303 F5
Kaluđerovac HR 291 E3
Kaludjerske Bare SRB 293 H6
Kaludra MNE 296 D5
Kambánis GR 301 G6
Kamenac HR 289 G5
Kamena Gora SRB 296 C3
Kamenica BIH 291 G4
Kamenica BIH 293 G6
Kamenica BIH 293 E4
Kamenica SRB 293 H4
Kamenica BIH 292 D4
Kamenica (Kraljevo) SRB 297 F2
Kamenica, Makedonska NMK 301 G2
Kamenica, Valjevka SRB 293 H4
Kamenica Gornja BIH 293 G4
Kamenicë RKS 297 H6
Kamenicë AL 303 F3
Kamenička Skakavica BG 301 F1
Kamenjane NMK 300 B2
Kamensko HR 288 D6
Kamensko HR 295 E2
Kamëz AL 299 F5
Kamičani BIH 292 B2
Kaminiá GR 303 F6
Kamnica SLO 287 F2
Kamnik SLO 286 D3
Kamnik AL 303 H2
Kamniška Bistrica SLO 286 D3
Kanacspuszta H 289 G1
Kanal SLO 286 B4
Kanatlarci NMK 300 D5
Kandrše SLO 286 D3
Kanfanar HR 290 B6
Kaniža HR 292 D2
Kánya H 289 E1
Kaona SRB 297 E1
Kaonik BIH 292 D5
Kaonik SRB 297 H2
Kapela HR 288 B4
Kapelna HR 289 E5
Kapfenstein A 287 G1
Kapljuh BIH 292 A4
Kapoly H 289 E1
Kapolypuszta H 289 E1
Kaposfüred H 288 D2
Kaposgyarmat H 289 E3
Kaposkeresztúr H 289 E3
Kaposmérő H 288 D2
Kapospula H 289 E3
Kaposszekcső H 289 E3
Kaposvár H 288 D3
Kaprije HR 294 B2
Kapshticë AL 303 G3
Káptalantóti H 288 D1
Kaptol HR 288 D6
Karačići BIH 296 B1
Karád H 289 E1
Karakaj BIH 293 G4
Karan SRB 296 D1
Karanac HR 289 G5
Kárász H 289 F3
Karatmanovo NMK 301 E3
Karavukovo SRB 289 H6
Karbinci NMK 301 F3
Kardeljevo = Ploče HR 295 F4
Kardići BIH 292 C6
Karidiá GR 301 E6
Kariés GR 303 G4
Karin-Slana HR 291 F5
Karlobag HR 290 D4
Karlovac HR 287 F4
Karojba HR 286 B6
Karoussádes GR 302 C6

Karperí GR 301 H5
Karperó GR 303 H5
Kásád H 289 F5
Kašalj SRB 297 F4
Kashar AL 299 F5
Kašina HR 288 A4
Kaskantyú H 289 H1
Kassiópi GR 302 D6
Kastanéa GR 303 H6
Kastanées GR 301 G6
Kastanerí GR 301 F6
Kastaniá GR 303 F4
Kastanófito GR 303 G3
Kastav HR 286 C6
Kaštela HR 294 C2
Kaštelir HR 290 A1
Kaštel Žegarski HR 291 F5
Kastoriá GR 303 G3
Kastrat SRB 297 G4
Kastrí GR 303 E6
Kastriot AL 300 A3
Kastrítsa GR 303 F6
Katakáli GR 303 H5
Katerés GR 301 H6
Katići SRB 296 D2
Katlanovo NMK 300 D3
Katlanovska Banja NMK 300 D3
Káto Klinés GR 300 D6
Káto Lápsista GR 303 F6
Kátoly H 289 F4
Káto Theodoráki GR 301 H5
Katsikás GR 303 F6
Katund i Ri AL 299 E5
Katuni AL 294 D2
Katun Maglić MNE 296 C5
Katymár H 289 H4
Kavadádes GR 302 C6
Kavadar SRB 297 G1
Kavadarci NMK 301 E4
Kavajë AL 299 E6
Kavallar A 286 A1
Kavrakirovo BG 301 H4
Kavran HR 290 B2
Kazanci BIH 296 A4
Kažani NMK 303 G1
Kaznovice SRB 297 F3
Kazsok H 289 E2
Kçiq i Madh RKS 297 F5
Keçekollë RKS 297 G5
Kecel H 289 H2
Këcirë AL 299 F3
Kefalóvrisso GR 303 H6
Kélcyrë AL 303 E4
Kéleshalom H 289 H3
Kélla GR 303 G2
Kellerberg A 286 B1
Kémes H 289 E5
Kemse H 289 E5
Kentrikó GR 301 H6
Kéntro GR 303 H6
Këpuz RKS 297 E6
Keramítsa GR 303 E6
Kerasées GR 301 E6
Kerássovo GR 303 H3
Kercseliget H 289 E3
Kereki H 289 E1
Kerep BIH 293 E3
Kerkafalva H 287 H1
Kerkíni GR 301 H5
Kérkira GR 302 D6
Kërthpulë AL 299 F3
Keselyüs H 289 G3
Kešinci HR 289 F6
Keszthely H 288 C1
Keszü H 289 E4
Kéthely H 288 D1
Kétújfalu H 288 D4
Kičevo NMK 300 C4
Kidričevo SLO 287 G2
Kifino Selo BIH 295 H3
Kijevë RKS 299 H1
Kijevo HR 291 G6
Kijevo BIH 291 H3
Kijevo BIH 295 H1
Kijevo = Kijevë RKS 299 H1
Kilimán H 288 C2
Kilkís GR 301 G6
Kímissis GR 301 H5
Kípi GR 303 F5
Kipouríou GR 303 G5
Kipséli GR 303 G4
Kir AL 299 F2
Királyegyháza H 289 E4
Kirchbach A 286 A1
Kisač SRB 293 H1
Kisasszonyfa H 289 E4
Kisbárapáti H 289 E2
Kisberki H 289 E3

Kiscsala H 289 H2
Kisdorog H 289 F2
Kiseljak BIH 295 G1
Kiseljak BIH 293 G4
Kisföktő H 289 G2
Kisgyalán H 289 E2
Kishaj AL 299 H2
Kishajmás H 289 E4
Kishárságy H 288 D3
Kisharsány H 289 F4
Kishtë AL 300 A6
Kisizsák H 289 H1
Kiskassa H 289 F4
Kiskőrös H 289 H2
Kiskunhalas H 289 H2
Kislippó H 289 F5
Kisnyárád H 289 F4
Kisovec SLO 287 E3
Kisszállás H 289 H3
Kisszékely H 289 F1
Kistanje HR 291 F6
Kistapolca H 289 F5
Kistótfalu H 289 F4
Kisvaszar H 289 E3
Kisvejke H 289 F3
Kivotós GR 303 H4
Kjustendil BG 301 G1
Klada HR 290 D3
Kladanj BIH 293 F5
Kladernica = Koderrnik RKS 297 F5
Kladnica SRB 296 D3
Kladnjice HR 294 C2
Kladovac HR 293 F1
Klagenfurt am Wörthersee A 286 C2
Klajić SRB 297 H5
Klana HR 286 C6
Klanac HR 291 E3
Klanac HR 291 F3
Klanjec HR 287 F4
Klapavica HR 291 F4
Klašnice BIH 292 C2
Klečevce NMK 301 E2
Kleinglödnitz A 286 C1
Kleinkirchheim, Bad A 286 B1
Klein Sankt Paul A 286 D1
Klenike SRB 301 E1
Klenje SRB 293 H3
Klenjë AL 300 A4
Klenovica HR 290 D2
Klenovnik HR 287 F2
Kličevo MNE 296 B5
Klidío GR 303 H6
Klimatáki GR 303 G4
Klimatiá GR 303 F6
Klina RKS = Klinë RKS 297 E5
Klinča Sela HR 287 G5
Klinë RKS 297 E5
Klinë e Epërme RKS 297 F5
Klinja BIH 295 H3
Klinó GR 303 H6
Klis HR 294 D2
Klisa HR 289 G6
Klissoúra GR 303 H3
Klisura BG 301 H4
Kljajičevo SRB 289 H5
Ključ BIH 292 A4
Ključ BIH 295 H4
Klobuk BIH 295 F3
Klöch A 287 G1
Klokočevci HR 289 E6
Klokočevik HR 293 E6
Klokotnica BIH 293 E3
Klos AL 299 G5
Kloštar Ivanić HR 287 H5
Klupe BIH 292 C3
Kmećani BIH 292 C4
Knešpolje BIH 295 F3
Kneža SLO 286 B3
Knežak SLO 286 C5
Kneževi Vinogradi HR 289 G5
Kneževo HR 289 F4
Kneževo BIH 292 C4
Knežica BIH 292 A2
Knežina BIH 293 F6
Knić SRB 297 F1
Knídii GR 303 H4
Knin HR 291 G5
Kobarid SLO 286 B3
Kobatovci BIH 292 C2
Kobilje SLO 287 H1
Kočane SRB 297 H3
Kočani NMK 301 F3
Koceljevo SRB 293 H4
Kočerin BIH 295 F3
Kočerinovo BG 301 H2
Kočevje SLO 287 E5

Kočevskaja Reka SLO 286 D5
Kočilar NMK 301 E3
Kocsola H 289 E2
Koderrnik RKS 297 F5
Kodër Shëngjergj AL 299 F2
Kodër Spaç AL 299 F3
Kodžadžik NMK 299 H5
Kokaj AL 299 E2
Kökény H 289 E4
Kokin Brod SRB 296 D2
Kokkiniá GR 301 H6
Kokkiniá GR 303 E6
Koklë AL 303 E2
Kokori BIH 292 C3
Kokošinje NMK 301 E2
Kokra SLO 286 D3
Kola BIH 292 B3
Kolan HR 290 D4
Kolarina HR 291 F6
Kolarovo BG 301 H4
Kolašin MNE 296 C5
Koldet AL 299 G1
Kölesd H 289 F2
Kolešino NMK 301 G4
Koleško BIH 295 H3
Kolhíki GR 303 H2
Koljane HR 291 H6
Kölked H 289 G5
Kolleleç RKS 297 H6
Kolo BIH 292 B3
Kololeč = Kolleleç RKS 297 H6
Kolona BIH 292 B2
Kolonia AL 302 D4
Kolunić BIH 291 G4
Kolut SRB 289 G4
Koman AL 299 F2
Komar BIH 292 C5
Komaran RKS 297 F6
Komarani SRB 296 D2
Komarevo HR 287 H6
Komarica BIH 292 D2
Komarno MNE 298 D2
Kombsija AL 299 F4
Komen SLO 286 B5
Komić HR 291 F4
Komin HR 288 A4
Komin HR 295 F4
Komiža HR 294 B4
Komletinci HR 293 F1
Komló H 289 F3
Komninádes GR 303 G3
Komorane = Komaran RKS 297 F6
Komorić SRB 293 H4
Kompolje HR 291 E2
Konarevo SRB 297 F1
Končanica HR 288 C5
Konče NMK 301 F4
Kondofrej BG 301 H1
Kondokáli GR 302 D6
Kondorfa H 287 H1
Kondovo NMK 300 C3
Kondrić HR 293 E1
Konispol AL 303 E6
Konjavo BG 301 G1
Konjević SRB 297 H4
Konjevići BIH 293 G5
Konjevrate HR 294 B1
Konjić BIH 295 G2
Konjsko BIH 295 H5
Konjsko SRB 297 E2
Konjsko HR 294 C2
Konopište NMK 301 E4
Konsko NMK 301 F5
Kóntsika GR 303 F6
Kopačevo HR 289 G5
Kopači BIH 296 B2
Kopanice BIH 293 F2
Koper SLO 286 B6
Koplik AL 299 E2
Koporice RKS 297 F4
Koppányszántó H 289 E2
Koprivna SLO 286 D2
Koprivna BIH 293 E2
Koprivnica HR 288 B3
Koprivnica BIH 292 C6
Koprivno BIH 293 G5
Korače BIH 293 F3
Koraj BIH 293 F3
Korčanica BIH 292 A3
Korçë AL 303 F3
Korčula HR 295 E4
Korenica HR 291 F3
Korenica = Korenicë RKS 300 A1
Korenicë RKS 300 A1
Korenita SRB 293 G4
Koretin RKS 297 H6

Novi Jankovci HR 293 F1
Novi Marof HR 287 H3
Novi Pazar SRB 297 E4
Novi Sad SRB 293 H1
Novi Šeher BIH 292 D4
Novi Travnik BIH 292 C5
Novi Vinodolski HR 290 D1
Novobërdë RKS 297 H5
Novo Brdo = Novobërdë RKS 297 H5
Novo Delčevo BG 301 H4
Novo Goražde = Ustiprača BIH 296 B1
Novo mesto SLO 287 E5
Novo Poljance = Polaci i Vjetër RKS 297 F5
Novoselija BIH 292 B3
Novosello RKS 297 E5
Novo Selo BIH 292 D2
Novo Selo NMK 301 G4
Novo Selo SRB 293 G3
Novo Selo SRB 297 F2
Novo Selo BIH 292 C6
Novo Selo = Novosello RKS 297 E5
Novo Zvečevo HR 288 D6
Novska HR 292 B1
Nožičko BIH 292 C2
Nuglašica BIH 291 H5
Nuštar HR 293 F1

O

Óbánya H 289 F3
Oberrakitsch A 287 F1
Obilić = Obiliq RKS 297 G5
Obiliq RKS 297 G5
Oblatno MNE 296 B5
Obleševo NMK 301 H3
Obljajac HR 291 E2
Oborci BIH 292 C5
Oborovo HR 288 A5
Obot AL 299 E3
Obrež HR 287 G5
Obrež SRB 297 G1
Obrov SLO 286 C6
Obrovac HR 291 F5
Obrovac SRB 289 H6
Obrovac Sinjski HR 294 D1
Obršani NMK 300 C5
Obrtići BIH 293 F6
Obudovac BIH 293 F2
Oče Zagradske = Hoçë e Qytetit RKS 299 H2
Ocrkavlje BIH 296 A2
Ócsény H 289 G3
Odranci SLO 288 A2
Odžaci BIH 295 H4
Odžaci SRB 289 H6
Odžak BIH 295 G3
Odžak BIH 293 E2
Odžak MNE 296 B3
Odžak BIH 294 D1
Odžak BIH 292 C6
Ófalu H 289 F3
Ogoshte RKS 297 H5
Ogošte = Ogoshte RKS 297 H5
Ogulin HR 291 E1
Ohrid NMK 303 F1
Oklaj HR 291 G6
Okletac SRB 293 H5
Oključna HR 294 C4
Okol AL 299 F1
Okoråg H 289 E4
Okrug Gornji HR 294 C2
Okruglica HR 291 E1
Okshtun i Madh AL 300 A4
Okučani HR 292 B1
Okuklje HR 295 F5
Olasz H 289 F4
Old H 289 F5
Olib HR 290 D4
Olovo BIH 293 F5
Oltari HR 290 D2
Omačina BIH 296 B1
Omalí GR 303 G4
Omaló GR 301 F6
Omanjska BIH 292 D3
Omarska BIH 292 B2
Omiš HR 294 D2
Omišalj HR 290 C1
Omolje BIH 295 E2
Omorani NMK 300 D4
Ondić HR 291 F4
Opaljenik SRB 296 D2
Oparić SRB 297 G1
Opatija HR 286 C6
Opatija HR 287 G6

Opatje selo SLO 286 B4
Opatovac HR 293 G1
Oplećani BIH 295 E1
Oplotnica SLO 287 F2
Oprisavci HR 293 E1
Oprtalj = Portole d'Istria HR 286 B6
Opuzen HR 295 F4
Orah HR 295 F3
Orah BIH 295 H5
Orahova BIH 292 B1
Orahovac = Rahovec RKS 299 H1
Orahov Do BIH 295 G5
Orahovica HR 289 E6
Orahovica BIH 295 G2
Orahovica BIH 295 H4
Orahovičko Polje BIH 292 D4
Orahovljani BIH 292 B4
Oraovica NMK 301 H4
Orašac BIH 291 G3
Orašac HR 295 G5
Orašac NMK 301 E2
Orašani MNE 298 D1
Orasi MNE 298 D1
Orašje BIH 293 F2
Orci H 289 E2
Ordas H 289 G2
Orebić HR 295 E4
Öregcsertő H 289 G2
Öregmajor H 289 H3
Orehovec NMK 300 D4
Orehovica HR 287 H3
Orel NMK 301 E2
Orešane NMK 300 D3
Orfű H 289 E3
Orgovány H 289 H1
Orguz BIH 294 D1
Orikum AL 302 C4
Oriovac HR 292 D1
Öriszentpéter H 287 H1
Orizari NMK 301 F1
Orja Luka MNE 298 D1
Orlane = Orllan RKS 297 G5
Orlate = Arllat RKS 297 F6
Orlec HR 290 C2
Orlina MNE 296 A5
Orllan RKS 297 G5
Örma MNE 301 E6
Orman NMK 300 C4
Ormož SLO 288 A2
Orolik HR 293 G1
Oroslavje HR 287 G4
Oroszló H 289 E3
Orthovoúni GR 303 H6
Orubica HR 292 C1
Osanica BIH 296 A2
Osaonica SRB 297 E3
Osekovo HR 288 B6
Osiče NMK 301 F1
Osijek HR 289 G6
Osijek BIH 293 E6
Osilnica SLO 286 D6
Osinja BIH 292 D3
Osivica BIH 292 D3
Osječani BIH 293 E1
Osječenica MNE 296 A5
Ošlje HR 295 F4
Oslomej NMK 300 C4
Osmače BIH 293 H6
Osogovo BG 301 G1
Osojnik HR 295 G5
Osor HR 290 C3
Ospedaletto I 286 A3
Osredci HR 291 G4
Óssa GR 301 H6
Oštarije HR 291 E1
Oštava BG 301 H3
Oštra Luka BIH 293 F2
Oštra Luka BIH 291 H2
Oštrelj BIH 291 G4
Ostrelj MNE 296 E2
Ostros MNE 299 E4
Ostrošinci HR 289 E6
Ostrova HR 293 F1
Ostrožac BIH 291 F2
Ostrožac BIH 295 G2
Ostrozub = Astrazub RKS 299 H1
Ostruška Citonja BIH 292 D6
Osztopán H 288 D2
Otavice HR 294 C1
OtešEvo NMK 303 F1
Othoní GR 302 C5
Otilovići MNE 296 C3
Otočac HR 291 E2
Otočec SLO 287 E4
Otok SLO 286 C5

Otok HR 294 D2
Otok HR 293 F1
Otoka BIH 291 G2
Otovica NMK 301 E3
Otrić HR 291 G5
Ovčara HR 289 F6
Ovčar Banja SRB 296 D1
Oxínia GR 303 H5
Ozalj HR 287 G5
Ozimica BIH 292 D4
Ozora H 289 F1

P

Pačir SRB 289 H4
Pacsa H 288 C1
Pađene HR 291 G5
Padeš BG 301 H2
Padež SRB 297 G2
Padežine BIH 295 G3
Padna SLO 286 B6
Pag HR 290 D4
Pági GR 302 C6
Páhi H 289 H1
Pajovë AL 299 F6
Páka H 288 B2
Paka HR 292 C5
Pakoštane HR 294 A1
Pakrac HR 288 C6
Paks H 289 G2
Palanka BIH 293 F3
Palatna = Pollatë RKS 297 G4
Pale BIH 296 A1
Paleó Ginekókastro GR 301 G6
Paleohóri GR 303 H6
Paleohóri GR 303 H5
Paleokastrítsa GR 302 C6
Paleókastro GR 303 H4
Palermo AL 302 C5
Pálfa H 289 F1
Paligrad NMK 300 D3
Palin H 288 C2
Paliouriá GR 303 H5
Palmanova I 286 A4
Palmižana HR 294 C3
Palokastër AL 302 D4
Palotabozsok H 289 F3
Panagía GR 303 H5
Panagítsa GR 301 E6
Panaja AL 302 C3
Pančarevo NMK 301 G3
Pandelejmon AL 302 D6
Pantelej NMK 301 G1
Pantina = Pantinë RKS 297 F5
Pantinë RKS 297 F5
Papariano I 286 A5
Pápigo GR 303 G2
Papraća BIH 293 F4
Páprád H 289 E4
Papradnik NMK 299 H5
Paraćin SRB 297 G1
Parage SRB 289 H6
Parakálamos GR 303 E5
Parapótamos GR 303 E6
Paraspuar AL 302 D3
Parenzo = Poreč HR 290 A1
Pári H 289 F2
Parteš = Partesh RKS 300 D1
Partesh RKS 300 D1
Părvomaj BG 301 H4
Pasikovci HR 288 D6
Pašina Voda MNE 296 B4
Pasjan HR 293 E1
Pasjane = Pasjan RKS 300 D1
Pašman HR 291 E6
Patalom H 289 E2
Paternion A 286 B1
Patin AL 299 G4
Patiška NMK 300 C3
Patok AL 299 E4
Patos AL 302 C2
Paučina MNE 296 D4
Paučje HR 289 E6
Paularo I 286 A2
Paušinci HR 289 E1
Pavia di Udine I 286 A4
Pavici BIH 292 B3
Pavlica SRB 297 F3
Pavlovac HR 288 C5
Pavlovica BIH 292 C6
Paz HR 290 B1
Pazarić BIH 295 G1
Pirovac HR 291 E6
Pčelić HR 288 D5
Pčinja NMK 300 D2
Peć = Pejë RKS 297 E5
Pečanc RKS 297 H5

Pečance = Peçanc RKS 297 H5
Pećane HR 291 F3
Peći BIH 291 G5
Pecigrad BIH 291 F2
Pecka SRB 293 H5
Pećnik BIH 293 E2
Pécs H 289 F4
Pečša MNE 296 D5
Pécsudvard H 289 F4
Pécsvárad H 289 F3
Pedini GR 303 G2
Pediše BIH 293 F6
Péfkos GR 303 F3
Pehčevo NMK 301 G3
Pejë = Peć RKS 297 E5
Pejići BIH 291 H3
Pekisht AL 299 F6
Peklenica HR 287 H2
Pelagićevo BIH 293 F2
Pelatikovo BG 301 G2
Pélekas GR 302 D6
Pelinci NMK 301 E1
Pellérd H 289 E4
Pentálofos GR 303 G4
Pentavrissos GR 303 G3
Pepelijevac SRB 297 G2
Pepellash AL 303 E4
Peqin AL 299 F6
Pérasma GR 303 H2
Perast MNE 298 C1
Perat AL 303 F5
Perdíkas GR 303 H3
Perduhovo Selo BIH 292 A5
Períklia GR 301 F5
Perjasica HR 291 E1
Perković HR 294 C2
Permani HR 286 C6
Përmet AL 303 E4
Peroj HR 290 A2
Përpellas RKS 297 G4
Pertoča SLO 287 G1
Pertoúli GR 303 H6
Perućac SRB 293 H6
Perušić HR 291 E3
Peshkëpi AL 302 C3
Peshkopi AL 300 A3
Pesočani NMK 300 B5
Peštani NMK 303 F1
Pestovë RKS 297 F5
Pestovo = Pestovë RKS 297 F5
Pešurići BIH 296 B1
Peterd H 289 F4
Petkovci BIH 293 G4
Petlovac HR 289 F5
Petlovača SRB 293 H3
Petnjica MNE 296 D4
Petran AL 303 E4
Petrčane HR 291 E5
Pétres GR 303 H2
Petrić BG 301 H4
Petrijevci HR 289 F5
Petrinja BIH 288 C5
Petrovac na moru MNE 298 D2
Petrovci HR 293 F1
Petrovec NMK 300 D2
Petrov Gaj BIH 291 H2
Petrovice BIH 293 F4
Petrovići BIH 293 F5
Petrovići MNE 295 H5
Petrovići BIH 292 D6
Pezë e Madhe AL 299 F6
Pezë e Vogël AL 299 F5
Pezovo NMK 301 E2
Pfarre, Zell- A 286 C2
Piavica HR 290 D2
Pićan HR 290 B1
Pijavičino HR 295 E4
Pilica SRB 293 H6
Pilštanj SLO 287 F4
Pincehely H 289 F1
Piperi BIH 293 F3
Piqeras AL 302 D5
Piran SLO 286 B6
Piranë RKS 300 B1
Pirane = Piranë RKS 300 B1
Pirano = Piran SLO 286 B6
Pírgos GR 303 F4
Pirok NMK 300 B2
Pirovac HR 291 E6
Pirsógianni GR 303 F4
Pirtó H 289 H2
Pisak HR 294 D3
Pisarovina HR 287 G5
Pischeldorf A 286 D1

Piskavica BIH 292 B3
Piskó H 289 E5
Piškorevci HR 293 E1
Piskupat AL 299 H6
Pissodéri GR 303 G2
Pištaline BIH 291 G2
Pistula MNE 298 D3
Pistull AL 299 F3
Pisweg A 286 C1
Pitomača HR 288 C4
Pivka SLO 286 C5
Pivnice SRB 289 H6
Pjenovac BIH 293 F5
Pješčanica HR 287 G6
Pjezgë AL 299 E5
Plake NMK 300 C5
Plakoti GR 303 E6
Plana BIH 295 H4
Plana SRB 297 H1
Planina BIH 292 D6
Planina SLO 286 C4
Planina pri Sevnici SLO 287 F3
Planinica SRB 297 F2
Planinica BIH 292 C6
Plaški HR 291 E2
Plašnica NMK 300 C4
Plat HR 295 H5
Platanákia GR 301 G5
Platí GR 303 G2
Platičevo SRB 293 H2
Platischis I 286 A3
Plav MNE 296 D6
Plava = Plavë RKS 299 H2
Plave SLO 286 B4
Plavë RKS 299 H2
Plavna SRB 293 G1
Plavno HR 291 G6
Plećaši HR 291 F4
Pleš SRB 297 E3
Plešin SRB 297 E3
Pleškovec HR 287 H2
Pléssio GR 303 E6
Pleternica HR 292 D1
Pliberk = Bleiburg A 286 D2
Plikáti GR 303 F4
Pliskovo HR 291 G6
Plitvica HR 291 F2
Plitvička Jezera HR 291 F2
Plitvički Ljeskovac HR 291 F3
Pljevlja MNE 296 B3
Pllanë AL 299 F4
Ploče HR 295 F4
Pločnik SRB 297 G3
Plomin HR 290 B1
Ploshtan AL 300 A3
Ploski BG 301 H3
Plužine BIH 295 H4
Plužine MNE 296 A4
Počitelj HR 291 E4
Pócsa H 289 H5
Poćuta SRB 293 H5
Podareš NMK 301 F1
Podborje BIH 293 E5
Podbrdo BIH 292 C3
Podbrdo BIH 293 F2
Podbriježje BIH 292 A3
Podčetrtek SLO 287 F3
Podgaj MNE 296 A2
Podgajci Podravski HR 289 F5
Podgajci Posavski HR 293 F2
Podgarić HR 288 B5
Podglavica HR 294 B2
Podgora HR 295 E3
Podgora BIH 293 F4
Podgorač HR 289 E6
Podgorica MNE 296 B6
Podgorie AL 303 F2
Podgorje SLO 286 B6
Podgrad SLO 286 C6
Podgrađe BIH 292 C6
Podgrađe HR 293 G2
Podhum BIH 295 E1
Podhum BIH 295 G1
Podhum MNE 299 E3
Podkoren SLO 286 B2
Podkraj BIH 295 F3
Podkuk HR 291 F4
Podkum SLO 287 E4
Podlapača HR 291 F4
Podljubelj SLO 286 C2
Podlugovi BIH 295 H1
Podmol NMK 300 D5
Podmolje NMK 300 B5
Podnanos SLO 286 B5
Podnovlje BIH 293 E2
Podorašao BIH 295 G1

Podosoje HR 294 C1
Podovi BIH 291 G4
Podpeč SLO 286 D4
Podplat SLO 287 F3
Podprag HR 291 F5
Podrašnica BIH 292 B4
Podravno BIH 293 G5
Podravske Sesvete HR 288 C4
Podromanija BIH 293 F6
Podselo HR 291 G4
Podsreda SLO 287 F4
Podstrana HR 294 D2
Podstražje HR 294 C4
Podsused HR 287 G5
Podturen HR 288 B2
Podujevë = Podujevo RKS 297 G4
Podujevo = Podujevë RKS 297 G4
Podum HR 291 E2
Podunavci SRB 297 F2
Podvelež BIH 295 G3
Podvidača BIH 297 A3
Podvinjci BIH 293 E5
Podvinje HR 292 D1
Poganovci HR 289 F6
Pogány H 289 E4
Pogar BIH 293 F5
Poggersdorf A 286 D1
Pogogiani GR 303 E5
Pogradec AL 300 B6
Pojan AL 302 C2
Pojan AL 303 F2
Pojatno HR 287 G4
Pókaszepetk H 288 C1
Poklečani BIH 295 F2
Pokrovnik HR 291 G6
Pokupsko HR 287 G6
Polača HR 291 E6
Polača HR 291 G6
Polače HR 295 F5
Polaci i Vjetër RKS 297 F5
Polány H 288 D2
Poliçan AL 302 D3
Poliçan AL 303 E4
Poličnik HR 291 E5
Polígiros GR 303 F6
Polikárpi GR 301 E6
Polikástano GR 303 G4
Políkastro GR 301 G6
Polinéri GR 303 G5
Polipótamo GR 303 G2
Polis AL 299 G6
Poljaci SRB 297 H2
Poljanak HR 291 F2
Poljana Pakračka HR 288 C6
Poljane SLO 286 C3
Poljani BIH 293 E5
Poljčane SLO 287 F3
Polje BIH 292 C2
Polje Biševko HR 294 B4
Polje Crkvičko MNE 296 A3
Poljica HR 291 E5
Poljica Kozička HR 295 E3
Poljice BIH 293 F4
Poljice Čičevo BIH 295 H5
Poljice Popovo BIH 295 G5
Pollatë RKS 297 G4
Polom BIH 293 G5
Pološko NMK 301 E5
Polumir SRB 297 E2
Polzela SLO 287 E3
Pomena HR 295 F5
Ponashec RKS 299 G1
Ponikva NMK 301 F2
Ponor Koreničiki HR 291 F3
Ponoševac = Ponashec RKS 299 G1
Pontebba I 286 A2
Pontokerasiá GR 301 H5
Pontokómi GR 303 H3
Popina SRB 297 F2
Popovac HR 289 F5
Popovača HR 288 B5
Popov Do MNE 296 B3
Popovi BIH 293 G3
Popović-Brdo HR 287 F6
Popov Most BIH 296 A3
Pörböly H 289 G3
Poreč HR 290 A1
Poriče BIH 292 C3
Poroçan i Poshtëm AL 300 A6
Porozina HR 290 C1
Porpetto I 286 A4

Register

Bildnachweis

Bildnachweis/Impressum

Shutterstock.com, S. 172 Lukas Bischoff Photograph/Shutterstock.com, S. 173 Zdenek Matyas Photography/Shutterstock.com, S. 173 G/DaveLongMedia, S. 174-175 Ross-Helen/Shutterstock.com, S. 176 Andrew Mayovskyy/Shutterstock.com, S. 177 Honza Krej/Shutterstock.com, S. 178 M/Martin Siepmann, S. 178 M/Martin Siepmann, S. 179 Andrew Mayovskyy/Shutterstock.com, S. 180 A.S. Clark/Shutterstock.com, S. 180 G/Unaihuiziphotography, S. 180-181 G/Unaihuiziphotography, S. 182 Zdenek Matyas Photography/Shutterstock.com, S. 183 Matthew Figg/Shutterstock.com, S. 183 Przemyslaw Wasilewski/Shutterstock.com, S. 184-185 iwciagr/Shutterstock.com, S. 186 bieszczady_wildlife/Shutterstock.com, S. 186 Fabi Fischer/Shutterstock.com, S. 186-187 Unai Huizi Photography/Shutterstock.com, S. 188 M/Bruno Kickner, S. 189 Monika/Shutterstock.com, S. 189 M/Bruno Kickner, S. 190 marketa1982/Shutterstock.com, S. 191 G/Admir Idrizi, S. 191 M/Marketa Novakova, S. 192-193 AS Foodstudio/Shutterstock.com, S. 194 M/Martin Siepmann, S. 194 M/Walter Bibikow, S. 195 M/Martin Siepmann, S. 195 M/Martin Siepmann, S. 196 M/Martin Siepmann, S. 197 Zdenek Matyas Photography/Shutterstock.com, S. 197 M/Pavel Dudek, S. 198-199 Alla Simacheva/Shutterstock.com, S. 200 M/Baris Karadeniz, S. 200 trabantos/Shutterstock.com, S. 201 M/Erich Teister - etfoto, S. 204 Andrea Chiozzi/Shutterstock.com, S. 204 M/Martin Siepmann, S. 205 Andrea Chiozzi/Shutterstock.com, S. 206 BearFotos/Shutterstock.com, S. 206 Andres Naga/Shutterstock.com, S. 207 saaton/Shutterstock.com, S. 208-209 trabantos/Shutterstock.com, S. 209 M/Andrew Mayovskyy, S. 210 G/Martin Siepmann, S. 211 M/Martin Siepmann, S. 212 G/Sergijej1, S. 213 Dennis Jacobsen/Shutterstock.com, S. 213 Zhecho Planinski/Shutterstock.com, S. 213 saxanad/Shutterstock.com, S. 213 Vladislav T. Jirousek/Shutterstock.com, S. 213 G/SeppFriedhuber, S. 213 Helen J Davies/Shutterstock.com, S. 214-215 M/Matthias Graben, S. 215 G/Ozbalci, S. 216-217 M/DanitaDelimont, S. 217 M/DanitaDelimont.com, S. 218 Look/Thomas Stankiewicz, S. 219 marketa1982/Shutterstock.com, S. 219 Look/age fotostock, S. 220-221 G/Frans Sellies, S. 221 M/Martin Siepmann, S. 222 M/Marketa Novakova, S. 222 G/Michael Runkel, S. 223 M/Martin Siepmann, S. 224-225 marketa1982/Shutterstock.com, S. 226-227 M/Rodolfo Contreras , S. 228 M/Martin Siepmann, S. 229 M/Martin Siepmann, S. 229 M/Martin Siepmann, S. 230 andre quinou/Shutterstock.com, S. 230 M/Martin Siepmann, S. 231 M/Martin Siepmann, S. 232-233 M/imageBROKER, S. 234-235 M/Martin Siepmann, S. 236 Elton.xh/Shutterstock.com, S. 237 Iris_H/Shutterstock.com, S. 237 Netdrimeny/Shutterstock.com, S. 238 G/Martin Siepmann, S. 239 EvisDisha/Shutterstock.com, S. 240 marketa1982/Shutterstock.com, S. 241 Alla Simacheva/Shutterstock.com, S. 241 M/Witold Skrypczak, S. 242 M/Ian Fleming, S. 242 M/Robert Hackman, S. 242 Emanuel B/Shutterstock.com, S. 242-243 M/Jo Turner, S. 244-245 M/Dmitriy Gura, S. 245 Netdrimeny/Shutterstock.com, S. 245 M/Martin Siepmann, S. 245 Frank Bach/Shutterstock.com, S. 246 Tatjana Michaljova/Shutterstock.com, S. 246 M/Olga Kolos, S. 247 Arton/Shutterstock.com, S. 247 eyetravelphotos/Shutterstock.com, S. 247 M/Unai Huizi, S. 248 M/robertharding , S. 249 M/Jackie Ellis, S. 249 M/Martin Siepmann, S. 249 artem evdokimov/Shutterstock.com, S. 250 M/Peter Eastland, S. 250 Look/robertharding, S. 251 M/Witold Skrypczak, S. 251 M/Rupert Oberhäuser, S. 252-253 Leonid Andronov/Shutterstock.com, S. 253 M/Peter Eastland, S. 253 Leonid Andronov/Shutterstock.com, S. 253 Aleksandar Todorovic/Shutterstock.com, S. 254 Christian Wittmann/Shutterstock.com, S. 254 trabantos/Shutterstock.com, S. 255 GC photographer/Shutterstock.com, S. 255 trabantos/Shutterstock.com, S. 256-257 M/Benny Marty, S. 258 Pinewood Photography/Shutterstock.com, S. 258 leszczem/Shutterstock.com, S. 259 Look/robertharding, S. 260-261 M/Martin Siepmann, S. 261 M/Aliaksandr Mazurkevich, S. 261 M/Martin Siepmann, S. 262 M/Martin Siepmann, S. 262 M/Marketa Novakova, S. 263 M/Goran Šafarek, S. 264-265 G/Thomas Roche, S. 266-267 Look/Alois Radler-Wöss, S. 269 Look/Alois Radler-Wöss, S. 270 M/ClickAlps, S. 271 Mike Mareen/Shutterstock.com, S. 271 Look/Heinz Wohner, S. 271 M/Dalibor Brlek, S. 272 Simun Ascic/Shutterstock.com, S. 273 G/Alan Copson, S. 273 M/Toni Spagone, S. 273 Rudy Balasko/Shutterstock.com, S. 273 Look/Photononstop, S. 274 lialina/Shutterstock.com, S. 275 G/Tim E White, S. 275 Andrew Mayovskyy/Shutterstock.com, S. 275 Oleksandr Savchuk/Shutterstock.com, S. 276 Neil Bussey/Shutterstock.com, S. 277 M/Bruno Kickner, S. 277 Unai Huizi Photography/Shutterstock.com, S. 277 trabantos/Shutterstock.com, S. 278 G/Ayhan Süleyman, S. 279 Frank Bach/Shutterstock.com, S. 279 M/Martin Siepmann, S. 279 Elton.xh/Shutterstock.com, S. 280 Andrew Angelov/Shutterstock.com, S. 281 Look/robertharding, S. 281 M/Matthias Graben, S. 281 Alla Simacheva/Shutterstock.com, S. 282-283 Andrew Mayovskyy/Shutterstock.com,

© 2024 Kunth Verlag, München
MAIRDUMONT GmbH & Co. KG,
Ostfildern
Kistlerhofstraße 111
81379 München
Telefon +49.89.45 80 20-0

www.kunth-verlag.de
info@kunth-verlag.de

ISBN 978-3-96965-161-2
1. Auflage

Printed in Italy

Verlagsleitung: Grit Müller
Redaktion & Lektorat: Stefanie Schuhmacher
Gestaltungskonzept: Verena Ribbentrop
Grafik: Verena Ribbentrop
Texte: Daniela Schetar
Karten: © MAIRDUMONT GmbH & Co. KG, Marco-Polo-Straße 1, D-73751 Ostfildern

FSC
www.fsc.org
MIX
Papier | Fördert
gute Waldnutzung
FSC® C015829

Lust auf noch mehr Reise?

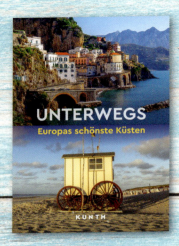

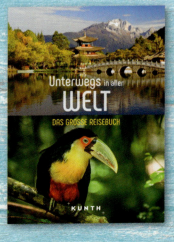

KUNTH